本研究得到国家社会科学基金重点项目"新形势下提升中国□□□□□□□与路径选择研究"（项目编号20AGL023）和重庆市社会科学规划□□□□□□我国粮食生产的结构演进、供给效应与政策选择研究"（项目编□□□□□

西南大学农林经济管理一流培育学科建设系列丛书（第二辑）

Agricultural Industrial Structure in China:
Evolution, Characteristics and Mechanism (1978-2013)

中国农业产业结构的演进、特征及成因
（1978—2013）

韩玉萍 著

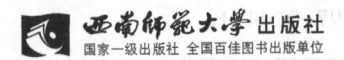

西南师范大学出版社
国家一级出版社 全国百佳图书出版单位

图书在版编目(CIP)数据

中国农业产业结构的演进、特征及成因：1978—2013 / 韩玉萍著. — 重庆：西南师范大学出版社，2021.8
ISBN 978-7-5697-0744-1

Ⅰ.①中… Ⅱ.①韩… Ⅲ.①农业产业—产业结构调整—研究—中国—1978-2013 Ⅳ.①F323

中国版本图书馆CIP数据核字(2021)第136950号

中国农业产业结构的演进、特征及成因(1978—2013)
ZHONGGUO NONGYE CHANYE JIEGOU DE YANJIN、TEZHENG JI CHENGYIN(1978—2013)
韩玉萍 著

责任编辑：刘　露
责任校对：李　炎
封面设计：杨　涵
排　　版：江礼群
出版发行：西南师范大学出版社
　　　　　地址：重庆市北碚区天生路2号
　　　　　邮编：400715　市场营销部电话：023-68868624
　　　　　http://www.xscbs.com
印　　刷：印通天下网络科技有限公司
幅面尺寸：170mm×240mm
印　　张：12.5
字　　数：210千字
版　　次：2021年8月第1版
印　　次：2021年8月第1次印刷
书　　号：ISBN 978-7-5697-0744-1

定　　价：49.00元

前 言

改革开放以来,我国农业在经济体制改革逐步深化、工业化和城镇化进程加快、国民经济快速增长、居民收入显著提高的背景下发展壮大,农业产业结构亦随之发生显著变化,彻底打破了过去以种植业为主的单一结构,逐步向农、林、牧、渔全面发展转变,农业产业部门关系日趋协调,部门内部产业空间不断拓展。但随着工业化和城镇化推进、城乡居民消费结构转换、农产品市场需求多样化发展、国际竞争压力增大等新的环境和挑战,农业产业结构演进中显现出农产品质量和层次不高、农产品供需结构矛盾加剧、农业区域结构雷同等问题。我国农业产业结构尚不合理、农产品市场竞争力不强、农业效益不高、农民依赖传统产业增收存在不少困难,农业产业结构优化调整仍是当前和今后农业发展面临的重要任务。农业生产的自身属性决定了资源禀赋、基础条件、市场需求、技术支撑、投入水平的明显差异,农业产业结构演进的方向、速度、层次在不同区域和时段存在很大差别,呈现出不同的特征。这些演进特征既是农业产业结构演进形态及功能变动的显著表征,也是农业产业结构演进规律的重要反映,深入研究1978年以来我国农业产业结构演进的特征及其背后的因果逻辑具有重要的理论和现实意义。

基于上述研究背景,本书从农业产业结构演进的总体、区域、部门三个关联层面识别农业产业结构演进的主要特征,采用动态分析、比较分析、理论模型分析与实证模型分析相结合的研究方法,判定农业产业结构演进特征形成的决定因素,研究这些特征形成的机理,对三十余年来农业产业结构演进特征做出概略性总结,对演进特征形成的因果逻辑做出解释,进而探索农业产业结构变动的内在规律,旨在对未来农业产业结构优化演进提供理论支持和实践依据。本书研究的主要问题是:农业产业结构演进表现出哪些鲜明特征,以及这些特征形成的影响因素是什么,其内在机理如何。

本书的主要研究内容包括：①1978—2013年中国农业产业结构演进过程分析。在考察1978—2013年我国农业发展的基础上，分析在此期间农业产业结构变动的过程。从全国、区域和部门三个层面观测该时段内农业产业结构的年际变化、阶段变化、趋向变化、产业构成变化、层次和水平变化等，为准确识别和科学判定农业产业结构演进特征提供基本依据。②农业产业结构演进特征的识别及其测定。利用1978—2013年我国农业产业结构演进的相关数据，从总体、区域和部门三个层面对农业产业结构特征进行总结。通过构建产业结构演进指数、结构变动度等指标，对全国农业产业结构演进的趋势特征、速度特征、层次特征和可持续特征进行衡量。通过测度产业结构演进相似系数、空间基尼系数、Moran's I 指数等指标，对区域农业产业结构演进的相似特征、差异特征、集聚特征和相关性特征进行衡量。通过测度产业数量变动率、产业关联指数等指标，对农业产业部门内部结构演进的产业构成特征、变动趋势特征、产业关联特征、层次特征、可持续特征进行衡量。③农业产业结构演进总体特征形成分析。根据1978—2013年我国农业发展过程，分析全国市场需求变化、技术进步、基础条件、农业投入、农业装备、政策与制度等因素对农业产业结构演进趋势特征、层次特征、速度特征及可持续特征形成的影响及机理，并建立计量经济模型对农业产业结构演进总体特征形成进行实证检验。④农业产业结构演进区域特征形成分析。从农业产业结构初始状态、市场需求、制度和政策等因素对农业产业结构演进的区域相似性特征形成进行分析，从资源禀赋、区位条件、经济发展水平、基础条件和技术水平等因素的差别，对农业产业结构演进区域差异性特征形成进行分析，从区域比较优势、技术进步、产业政策等因素对农业产业结构演进区域集聚特征进行分析，从市场条件、经济溢出效应和交通条件等因素对农业产业结构演进的区域关联特征形成进行分析，并建立计量经济模型对农业产业结构演进区域特征的形成进行实证检验。⑤农业产业结构演进部门特征形成分析。从市场需求、成本收益等因素对种植业结构演进的离粮特征、畜牧业结构演进的非猪倾向特征进行分析；从市场需求、要素配置等因素对农业产业结构演进的种养业占比收敛特征、要素替代特征的形成进行分析，并建立计量经济模型对农业产业结构演进部门特征的形成进行实证检验。

本书的主要研究结论包括：①1978—2013年，农业产业结构的偏态格局明显改变，其演进渐趋合理和稳定。在此期间，虽种植业、林业、畜牧业和渔业都有很大发展,但种植业占绝对主导地位的状况已显著改变,其产值占比由80%下降至53%,下降了27个百分点;畜牧业占比较低的状况显著改变,其产值占比由15%上升至29%,增加了14个百分点;渔业比重过低的局面根本改变,其产值占比由2%增加到10%,增加了8个百分点;林业比重低的状况也有一定改善,其产值占比由3%增加到4%,增加了1个百分点。反映在综合水平上,农业产业结构演进指数(Agricultural Structure Index,ASI)也由0.815降至0.616,表明一业独大的结构状况已经改变,多业协同发展格局正在形成。土地产出率与劳动生产率的测定表明,农业产业结构演进层次、水平逐步提高。而环境指数、耕地人口承载指数、经济指数的测定表明,农业产业结构演进的生态、资源、经济可持续性下降。Moore结构变化值测定表明,农业产业结构演进速率呈现明显的阶段性和波动性,2003年波动性开始减小、速度减缓,2006年后进一步减弱,表明农业产业结构演进趋向稳定,这一特征也得到了ASI值的有效支持,2003年以后的十年间ASI在0.61~0.62范围内小幅变动。模型实证分析表明,宏观经济、市场需求、要素供给、政策导向、生产经营行为,是影响农业产业结构演进特征形成的重要因素。正是这些因素的综合作用,才促进了演进特征的形成。②1978—2013年,区域农业产业结构演进的相似性有所减弱、差异性有所增强、集聚和关联特征逐步凸显。相似系数和差异系数测定表明,1978—1985年我国东、中、西部农业产业结构演进相似性极高、差异性很小,1985—2013年中部和西部农业产业结构演进相似性一直较高,而东部与中、西部之间差异性逐步显现,表明东、中、西三大区域的这一演进虽已出现分化,但差异化发展极不充分,各大区的区位差异、资源差异、经济发展水平差异、技术进步差异、市场需求差异在农业产业结构演进中的作用还未得到充分发挥。三大区内各省(区、市)农业产业结构演进相似系数逐渐下降(西藏除外),但仍处高位,表明三大区内省级(区、市)辖区还未充分利用各自优势,产业特色不突出,更未使优势特色产业形成地区农业的主导。空间基尼系数测定表明稻谷集聚性下降、小麦集聚性增强、玉米区域集聚性稳定、生猪区域集聚性变动不大、肉牛及肉羊生产区域集聚程度明显增强。对ASI及Moran's I指数的检验表明,东部各省(市)间农业产业结构演进的相关性很强(相关系数0.78~0.99),中部各省(区、市)间相关系数次之(相关系数0.71~0.9),西部各省(区、市)农业产业结构演进的相关系数较低,表明东部和中部内部各省(区、市)农业产业结构演进正在形成分工协作、相互依存的格局,而西部各省(区、市)

演进中这样的格局尚未形成。模型实证表明,区域农业产业结构演进特征形成受资源禀赋、基础条件及投入水平、技术进步、演进初始状态等多种因素影响,资源禀赋、基础条件及投入水平、技术进步差异决定了区域结构演进特征及形成的差别,而相似的初始结构、同一的制度与政策又使区域结构演进特征及形成具有某些相似性。③1978—2013年,农业部门内部结构演进的离粮、非猪倾向凸显,且要素替代活跃、演进层次及水平提高。在此期间,种植业中的粮食播种面积和产值占比双下降,蔬菜、水果等经济作物种植面积和产值占比双上升,产业结构特征偏向指数测定表明,种植结构演进的离粮特征明显;畜牧业中的生猪养殖业产品占比和产值占比双下降,肉牛、肉羊、家禽、奶牛养殖业产品占比和产值占比大幅上升,产业结构特征偏向指数测定表明,畜牧业结构演进中非猪倾向明显。农业部门结构演进中,技术替代自然资源、设施及设备替代劳动力、新型生产资料替代传统生产资料等十分活跃,这一替代使稀缺资源得以节省,要素产出率和劳动生产率大幅提高,农业产业结构演进层次和水平得到提升。模型实证表明,农产品市场需求变化、农业资源禀赋及生产条件、产业技术进步、不同产业收益差距等,是农业部门内部结构演进的重要影响因素,这些因素共同作用下推动这一演进的进程及部门特征的显现。④20世纪90年代中后期以来,种植业和畜牧业两大部门产值占比渐趋稳定、变幅收窄,但其内部结构演进活跃。1997—2013年,种植业产值占农业总产值比重由58.23%降至53.09%,畜牧业产值占农业总产值比重由28.73%上升到29.32%,种植业产值占比逐渐下降,年际变幅较小,畜牧业产值占比逐渐上升,年际变幅较小。这两大农业主要部门产值占农业总产值比重由86.96%下降至82.41%,下降较小,且年际降幅很小。2006年以来,这一趋势更处于较为稳定的状态,表现出明显的收敛特征。这表明种植业和畜牧业产品生产与需求基本达到平衡,种植业占比较高(超过50%)、畜牧业占比较低(接近30%),受我国居民以植物源食品为主、动物源食品为辅的消费习惯所影响。由此可以推断,在相当长时期内,我国农业产业结构演进不会步入西方发达国家以畜牧业为主的演进轨迹。与此同时,种植业和畜牧业内部结构演进十分活跃,种植业中粮食作物播种面积减少了95.65万公顷,而经济作物、水果种植、蔬菜种植面积分别增加了1 146.96万公顷、372.3万公顷、916.13万公顷,畜牧业中猪牛羊肉产量分别由3 596.25万吨、440.87万吨、212.82万吨增加到5 493.03万吨、

673.21万吨、408.14万吨,猪肉占比由68.26%下降至64.36%、牛肉占比由8.37%下降至7.89%、羊肉占比由4.04%上升至4.79%,禽肉占比由19.33%上升至22.96%。⑤农机总动力、财政支农、经济发展水平对农业产业结构演进特征的形成推动作用巨大,而市场需求、科技创新、城镇化的推动作用尚未充分发挥。农机装备水平提高,有利于提高劳动生产率和要素产出率,还有利于提高作业水平、增加产出、节约成本,对农业产业结构演进的产业构成、产业占比、发展层次与水平都能产生直接影响。财政支农和经济发展水平的高低决定农业投入的多寡,而农业投入多少既决定传统产业的改造,又决定新兴产业的生成与发展,对农业产业结构演进中的传统产业转型、产业选择及规模确定、技术及生产方式采用等均有直接影响。从理论上讲,市场需求、技术创新及城镇化,应当是推动农业产业结构演进及特征形成的重要力量,但模型验证表明,这些因素虽发挥正向推动作用,但作用不突出。这一方面表明市场需求变动与农业产业结构调整仍存在响应不足,未能对农业产业结构演进起到较大的拉动作用;另一方面也表明我国技术成果对农业产业结构演进的支撑作用未充分发挥;再一方面表明城镇化在农业产业结构演进中的协同推进作用不足,对农业产业结构演进特征形成的推动作用有限。

本书可能的创新之处在于:①从总体—区域—部门三个相互关联的层面,对改革开放以来我国农业产业结构演进特征进行较为全面的研判和总结,并对这些特征的形成机理进行深入分析论证,丰富了农业产业结构研究的内容。以演进特征为切入点观察和认知农业产业结构演进的规律,在思路和视角上具有新意。②研究发现我国种植业和畜牧业两大主要部门在农业总产值中的占比,从20世纪90年代中后期开始渐趋稳定,其变动幅度收窄,变动的收敛特征较为明显。这可能昭示,因我国居民以植物源食品为主的消费习惯,决定了种植业占有主导地位,而畜牧业占比不宜过高。由此可以推断,在相当长的时期内,我国农业产业结构演进不会步入西方发达国家以畜牧业为主的轨迹。③尝试构建农业产业结构演进指数(ASI),该指数能够综合反映农业产业结构演进的产业构成、产业关联、产业层次及水平的变化,可以综合表达农业产业结构演进的总体特征,这一指标的构建使农业产业结构演进的测度有了新的工具。

目 录

第一章 导 论 ... 1
- 第一节 研究的问题及背景 ... 1
- 第二节 研究目的及意义 ... 4
- 第三节 研究的范围界定及主要内容 ... 6
- 第四节 研究方法和技术路线 ... 9
- 第五节 全书框架设计 ... 12
- 第六节 本书可能的创新之处与不足 ... 12

第二章 理论基础与文献回顾 ... 14
- 第一节 理论基础 ... 14
- 第二节 相关文献综述 ... 19

第三章 农业产业结构演进特征形成的分析框架 ... 29
- 第一节 农业产业结构演进特征的识别 ... 29
- 第二节 农业产业结构演进特征的形成分析 ... 33
- 第三节 农业产业结构演进特征形成的影响因素分析 ... 37
- 第四节 农业产业结构演进的特征及其衡量 ... 41
- 第五节 农业产业结构演进特征形成的实证模型 ... 50

第四章 农业产业结构演进的历程：1978—2013年 ... 54
- 第一节 1978—2013年的中国农业发展 ... 54
- 第二节 全国农业产业结构的演进 ... 58
- 第三节 区域农业产业结构的演进 ... 61
- 第四节 农业部门产业结构的演进 ... 64
- 第五节 农业产业结构演进的动力 ... 74

I

第五章　农业产业结构演进的主要特征 ……78
第一节　农业产业结构演进中的主要总体特征 ……78
第二节　农业产业结构演进的主要区域特征 ……84
第三节　农业产业结构演进的主要部门特征 ……98

第六章　农业产业结构演进总体特征的形成分析 ……112
第一节　农业产业结构演进趋势特征的形成分析 ……112
第二节　农业产业结构演进层次特征的形成分析 ……115
第三节　农业产业结构演进速度特征的形成分析 ……120
第四节　农业产业结构演进可持续性特征的形成分析 ……124
第五节　农业产业结构演进总体特征形成模型 ……128

第七章　农业产业结构演进区域特征的形成分析 ……136
第一节　农业产业结构演进区域相似性特征形成分析 ……136
第二节　农业产业结构演进区域差异性特征形成分析 ……140
第三节　农业产业结构演进区域集聚性特征形成分析 ……143
第四节　农业产业结构演进区域关联特征形成分析 ……148
第五节　农业产业结构演进区域特征形成模型 ……151

第八章　农业产业结构演进部门特征的形成分析 ……158
第一节　种植业结构演进离粮倾向特征形成分析 ……158
第二节　畜牧业结构演进非猪倾向特征形成分析 ……162
第三节　农业产业结构演进农牧业占比区间收敛特征形成分析 ……165
第四节　农业产业结构演进部门生产要素替代特征形成分析 ……168
第五节　农业产业结构演进部门特征形成模型 ……171

第九章　研究结论及政策启示 ……178
第一节　研究结论 ……178
第二节　政策启示 ……181
第三节　研究展望 ……187

参考文献 ……188

第一章 导 论

第一节 研究的问题及背景

一、问题提出

经济发展的实践证明,一国经济发展不仅表现为经济总量的增长,同时必然伴随着产业结构的深刻变化,特别是工业化中期阶段后,经济增长以结构的加速转换为重要特征,农业经济也遵循着同样的规律(梅勒,1988)。从刘易斯、库兹涅茨到卢卡斯以及其他学者,对农业产业结构演进规律性的探究,一直是农业经济领域的重要主题。目前大多数关于农业结构演进和经济长期变革的经典理论和实证研究多集中于农业和农村经济向工业和城市经济的转型(Chenery et al.,1986;Laintner,2000)。对于绝大多数的发展中国家而言,农业在国民经济中依然占有重要地位,农业结构的演进问题,即从传统的基于生计需要的结构向市场主导的专业化更高的现代农业结构演进的规律性,同样非常重要(Emran,2012)。农业自身的属性决定了农业产业结构的演进是一个长期的渐变过程,不同时段,农业发展条件、市场需求、发展方向不同,农业产业结构演进的方向、速度、层次亦存在很大差别,农业产业结构演进随之表现出不同的特征,而这些特征是认知农业产业结构演进内在规律性的重要线索。

1978年以来中国农业发展进入一个新的历史阶段,经济体制改革、农业技术进步、城镇化和工业化的加速推进,从根本上改变了中国农业经济发展的环境,农业生产供给能力稳步提高,农业资源配置方式逐步改善,农村经济快速发展,农业产业结构显著变化。1978—2013年,农业总产值由1 397亿元增加至96 995亿元,提高了69倍;粮食产量由3亿吨增加至6亿吨,棉花产量由216.7万吨增加629.9万吨,油料产量由521.8万吨增加到3 516.99万吨,糖料产量由2 381.9万吨增至13 746万吨,猪牛羊肉产量由865.3万吨增长到6 574.4万吨,水产品产量由465.4万吨增长至6 172万吨;农、林、牧、渔业产值比例由400∶17∶75∶8演变为53∶4∶29∶10,效益较高经济作物、畜牧业和渔业成为重要的增长点,农业产业部门关系日渐协调,部门内部产业空间不断拓展,农业产业结构彻底打破了改革开放初期以种植业为主的单一结构,逐步向农、林、牧、渔全面发展转变。

伴随国民经济的迅速发展,城乡居民消费结构快速转变,我国人地矛盾日益突出,农产品市场波动加大,国际竞争压力增强。在这些因素的综合作用下,农业发展面临着新的环境和挑战,农业产业结构演进中暴露的问题日益凸显,具体表现在:农产品质量和层次不高,难以适应快速变化的市场需求,供需结构矛盾加剧;农业区域结构雷同,区域比较优势和资源转换效率发挥不充分;农业生产的自然和市场风险加大,农民依靠传统农业生产增收日益困难等。从总体上看,我国农业产业结构尚不合理,农产品市场竞争力不强,农业效益不高,农民增收还存在不少困难,农业发展仍面临艰巨任务。在经济社会发展新形势下,我国农业产业结构仍需要进一步优化调整,而这一调整是以现实结构为基础,以过去结构利弊得失为借鉴的。因此,对1978年以来的农业产业结构演进进行分析与总结,对当前农业产业结构形态进行评判,探索农业产业结构演进特征背后的因果逻辑显得十分必要。遵循着"对现象的性质和原因探求"的逻辑起点,本书对1978—2013年我国农业产业结构演进的研究所涉及的科学问题是:在经济社会改革进程中,农业产业结构演进表现出哪些鲜明特征?是哪些因素决定了这些特征的形成?其形成机理是什么?通过这三个方面的研究,试图对改革开放以来农业产业结构演进做出概略性总结,对农业产业结构演进特征形成所包含的因果逻辑提出解释,从农业产业结构演进特征的视角,探索农业产业结构演进的内在规律性,以期对农业产业结构演进的认知和农业产业结构优化提供理论支持与政策参考。

二、研究背景

改革开放以来,我国宏观经济形势发生了巨大的变化,农业发展的市场条件和农产品供求格局发生了根本性转变,农业产业结构演进面临新的环境和挑战,这一研究背景也是本书选题立论的基础,具体包括如下四个方面。

第一,农产品市场需求的快速转换,对农业产业结构调整提出新的要求。改革开放以来,我国居民人均收入持续增加,居民食物消费水平和消费结构发生了显著的变化,推动农产品的市场需求由追求数量向注重品质、安全方面转变。

1978—2013年,农村居民家庭人均食品消费支出占人均总收入比重由87%下降到28%,城镇居民这一指标由90%下降到21.4%,农村和城镇居民生活消费中食物的支出比例不断下降,恩格尔系数分别由67.7%和57.5%下降到35%和37.7%。从消费结构看,我国居民人均粮食消费水平在不断下降,对肉类、禽蛋、鲜奶、水产品的人均消费量不断提高,其中城镇居民人均粮食购买量由145.4公斤下降到78.8公斤,农村居民人均粮食消费量由247.8公斤下降到164.3公斤。城镇居民肉类、禽蛋、鲜奶、水产品年人均消费量分别增加了1.3倍、2倍、3.5倍和2.1倍。农村居民肉类、禽蛋、水产品的年人均消费量增加了2.8倍、7.4倍和6.8倍。市场需求数量与质量的转换,迫使农业产业选择与发展需要做出适应性调整,农业产业结构演进的产业构成及变化特征必然产生新的趋向。

第二,工业化和城镇化的加速推进,使农业产业结构演进的资源约束刚性增强。我国农业人均资源少,且随着工业化和城镇化进程的加快,农业生产面临资源日益紧张的压力,同时也面临着农产品需求的刚性增长。随着农产品市场化改革、农业资源和要素自由流动障碍的破除,在比较利益的驱动下,农村大量土地转为城镇和非农建设用地,农村劳动力大量涌向非农业领域就业。1978—2003年我国耕地面积年均减少96.01万公顷,虽然2004年以来耕地快速缩减的状况得到缓解,但人均耕地匮乏的压力并未有效缓解。1978—2013年我国城镇化率由17.9%提高到54.7%,城镇化率的大幅提高与农村劳动力向城市大量转移直接相关,也增加了对农产品的刚性需求。土地、劳动力、资本等传统农业生产要素加速向非农部门转移,影响着农业生产的资源要素配置结构,促进了对要素节约、附加值高的农业产业的选择,对农业产业结构演进特征的形成产生重要影响。

第三,农业技术的进步与推广,为农业产业结构的演进层次提高提供了条件。我国农业投入已转向劳动力数量减少和对资本、技术的依赖性逐渐增强的阶段。改革开放以来,我国品种技术、种养技术、设施技术、机械技术等农业生产技术取得了突破性的进展,有力地促进了农产品产出能力的大幅提升,推动农业产业结构不断演进。品种技术、种养技术的进步,拓展了农业产业的范围,提高了要素产出效率,对农业产业结构构成特征、趋向特征的形成产生影响。设施技术、机械技术大幅度改善了农业生产条件,降低了农业生产成本,有效提高了农业产品质量,促进了农业产业结构演进层次特征和效益特征的形成。化肥技术、植保技术、疫病防治技术等,不仅能够促进农业生产效益的提高,还可以保护农业资源,改善生态环境,对农业产业结构演进可持续特征形成产生直接影响。此外,生物、信息技术、农副产品加工技术对农业生产提供了新的手段,也开拓了新的发展领域,对农业产业结构的演进产生深远的影响。

第四,农村经济制度和政策创新,为农业产业结构演进提供了可能。改革开放以前,在计划经济体制下,农民没有生产决策的自主权,农业生产按照国家指令进行生产,从某种意义上讲,农业产业结构的变动是国家计划的结果,而不是农业产业系统自身演进的结果。1978年起,以家庭联产承包责任制为标志的一系列农业农村制度和政策的确立和创新,彻底改变了农业产业发展的制度环境。首先,土地制度创新以及关于土地经营承包权的一系列重大决定,赋予了农户生产决策权和收益索取权,使农户成为农业生产的微观主体,决定了生产经营者盈利导向和专业化生产的可能,对农业产业结构演进趋向、层次特征的形成产生影响。其次,中国农产品市场化改革做出促进市场发育的一系列制度安排,使政府退出了对大多数农产品市场和价格的干预,渐进地建立起一套更为有效的交易制度,确保农户能够有效获得生产资料和进入产品销售渠道的机会,赋予了农民通过增加产量、提高质量、扩大收益的权利,实现了由市场价格信号引导农业资源配置和农业生产决策,推进了农业产业发展的优化选择,对农业产业结构演进特征的形成产生影响。再次,农业产业发展支持政策、农业产业发展的差别化扶持政策等,对农业产业结构演进特征形成产生了重要影响。

第二节 研究目的及意义

一、研究目的

本书以产业结构演进等相关理论为基础,结合农业产业结构演进过程的典型事实,识别并科学判断农业产业结构演进特征,采用规范分析和实证分析,系统研究农业产业结构演进的特征及其形成的内在原因,尝试探寻农业产业结构演进的规律性。具体研究目的有如下三个方面。

第一,构建农业产业结构演进特征形成的分析框架,从特征识别、形成条件、推进主体、影响因素及特征衡量等方面构建农业产业结构演进特征的逻辑思路,丰富和拓展对农业产业结构演进规律性认知的理论探索。

第二,分析改革开放以来我国农业产业结构演进的过程,从总体、区域和部门三个层面对我国农业产业结构演进动态变化特征进行科学判断,揭示特定时段农业产业结构演进的趋向、速度、水平,以探寻农业产业结构演进的规律性。

第三,借助规范分析和实证分析方法研究我国农业产业结构演进特征及其形成内在原因的因果关系,为理解改革开放以来我国农业产业结构演进的脉络提供理论支撑,为正确评价我国农业产业结构演进的质量和对未来农业产业结构优化调整提供政策建议。

二、研究意义

1.理论意义

农业产业结构的演进是一个动态、渐进的发展过程,不同时段农业产业结构总是与特定时期资源禀赋状况、经济发展水平、农业生产条件、居民消费水平、经济制度与产业政策等融合在一起。不同国家或地区,农业产业结构演进必然表现出不同的特征;同一国家或地区,在不同时段农业产业结构演进特征也不尽相同。改革开放以来,我国农业发展进入新的历史阶段,农业基础地位不断强化,农业产出大幅提高,农产品需求结构快速转换,农业产业结构深刻变革。在农业发展内外部环境重大变迁的新形势下,我国农业发展的环境更加复杂和不确定,如何构建我国农业结构演进分析的综合理论框架,如何捕捉结构演进中微妙而深刻的变动规律,如何进行农业结构调整以应对当前农业经济面对的机遇和挑战,都紧迫地呼唤更多农业产业结构的尝试性理论探索。本书以改革开放以来中国农业产业结构演进的构成变化、层次变化、趋向变化等特征为研究起点,探寻农业产业结构演进在总体层面、区域层面和产业层面的特征及其形成的内在原因,对于判别特定国情下农业产业结构演进典型事实,剖析问题的真实根源,丰富对农业产业结构演进规律性认知,具有重要理论价值。

2.现实价值

农业产业结构演进中进行农业产业结构调整始终是我国政府农业和农村发展面临的关键性问题。改革开放以来,我国大体经历了四次较大的结构调整期,第一轮是改革开放初期,废除"以粮为纲"的农业生产方针,实行"决不放松粮食生产,积极发展多种经营"的战略;第二轮是1985—1991年,大幅度调减粮食和棉花播种面积;第三轮是1992—1997年,提出发展高产高效农业;第四轮为自1998年开始的农业结构调整。一系列重要的农业产业结构调整政策,有效地改善了我国农业产业结构状况,有力地促进了农业经济的持续发展。三十余年来的经验事实亦充分证明,我国农业经济取得了举世瞩目的成绩,农业产业结构调整在促进农业经济发展中发挥了重要的作用。但我国农业产业结构不合理的矛盾依然较为突出,如农业产业结构与市场需求的不适应、农业产业结构与农民持续增收的要求不适应、农业产业结构与现代农业发展的目标不适应,等等。农业产业结构调整问题成为新的历史阶段农业和农村发展面临的关键问题,站在历史的重要节点上,回顾我国农业产业结构演进的过程,识别和分析农业产业结构演进的特征及其内在原因,揭示农业产业结构演进的内在因果联系,审视和总结我国农业发展道路的经验与教训,提出未来农业产业结构调整中的关键问题和政策建议,不仅是我国农业向现代农业转换的现实需要,更是探索我国农业产业结构优化和促进农村经济可持续发展的必然选择,对未来我国农业产业结构调整的方向和发展方略具有重要的现实意义。

第三节 研究的范围界定及主要内容

一、研究范围界定

根据本书的研究目的,将文中涉及的核心概念及研究范围做出如下界定:

1.关于农业产业结构

农业产业结构是一个具有多层次的复合体,已成为对农业产业结构认知的共识。结合现有关于农业产业结构的内涵及其界定,本书所述我国农业产业结构主要包含两个结构层面,第一层级为部门结构,即农业(种植业)、林业、畜牧业和渔业四个部门之间的产值构成及其内在关系构成的结构,其中需要说明的是,通常部门结构还包含农林牧渔服务业(2003年调整计入),由于统计口径的改变以及数据的可得性,本书未将其纳入部门结构的研究范畴。第二层级为部门内产业结构,即各部门内部根据产品和产业特点而划分的若干不同产业组成的结构,如种植业结构可划分为粮食作物、经济作物和其他作物,畜牧业结构可划分为猪、牛、羊等畜牧产品组成的结构等,其中需要说明的是,限于农业部门内产业结构的复杂性和数据可得性,本书在研究部门内产业结构时主要选取农业产业结构中占主体部分的种植业和畜牧业两个部门;此外,由于农业各部门内部的产品种类繁多,对部门内部产业结构的分析难以细化至每一种产品,本书选取了各部门主要的产业结构作为结构分析的基础,其中,种植业产业结构的分析主要包含了粮食作物和非粮食作物形成的结构,其中粮食作物主要是稻谷、小麦和玉米,非粮食作物主要是棉花、大豆、糖料、蔬菜;畜牧业结构的分析主要包含了猪、牛、羊肉畜产出结构,同时也涉及了禽蛋、牛奶等其他畜产品生产。

2.关于农业产业结构演进

农业产业结构演进是指农业产业受到农业产业自身发展、经济水平、制度安排、技术进步、基础条件改变等因素影响,引起一国(地区)一定时段内农业各部门及各部门内部产业之间产值、产量等数量关系变动的过程,是农业各部门不断发展的综合作用结果。这一过程既反映出农业各部门数量关系的改变(量变),也反映出农业各部门层次、水平的提升(质变)。由于农业产业结构演进是一个渐进的、长期的过程,基于本书选题立意和研究目的,对研究时段和研究地域进行说明。关于研究时段,本书研究时段为1978—2013年,在对这一时段内农业产业结构演进进行必要的分段分析时,本书按照经济史专家的分段标准,将1978—2013年划分为1978—1984年、1985—1991年、1992—2000年、2001—2007年、2008—2013年五个阶段,这一分段是与中国经济改革的进程紧密契合的(董辅礽,2008)。关于研究地域,由于我国幅员辽阔,不同地域的资源禀赋、气候条件、经济发展水平都有一定的差异,为了更为细致地刻画农业产业结构的演进,本书在空间上涉及全国、东中西三大经济区以及三十一个省(区、市)三个层面,根据研究需要,在农业产业结构演进总体特征和部门特征的分析时主要研究全国这一宏观层面;在区域特征的分析时涉及三大经济区及各省(区、市)。

3.关于农业产业结构演进特征

农业产业结构演进所表现出的各产业之间和产业内部所形成的复杂、广泛而密切的数量关系和技术经济联系,往往具有其内在一般规律,并由一些相关的比例关系呈现出来,形成产业结构演进的特征。这些特征具有"量"和"质"两种属性,前者是一定时段内农业产业部门之间及部门内部产业之间的经济数量和比例关系;后者是农业产业结构演进层次、水平、绩效变化形成的产业结构演进的改善。由于农业产业结构自身的多层次性以及农业产业结构演进过程的动态性,农业产业结构演进的特征具有多个方面,且随农业产业结构演进发生变化,本书对农业产业结构演进特征的分析,主要从农业产业结构构成变化、速度变化、层次和水平变化、趋向变化、空间变化等视角观察农业产业结构演进的特征。

二、研究的主要内容

为达到预期研究目的,本书研究的主要内容包括以下五个方面。

1.1978—2013年中国农业产业结构演进过程分析

在考察1978—2013年我国农业发展的基础上,分析在此期间农业产业结构变动的过程。从全国、区域和部门三个层面观测该时段内农业产业结构的年际变化、阶段变化、趋向变化、产业构成变化、层次和水平的变化等,为准确识别和科学判定农业产业结构演进特征提供基本依据。

2.农业产业结构演进特征的识别及其测定

利用1978—2013年我国农业产业结构演进的相关数据,从总体、区域和部门三个层面对农业产业结构特征进行总结。通过构建产业结构演进指数、结构变动度等指标,对全国农业产业结构演进的趋势特征、速度特征、层次特征和可持续特征进行衡量。通过测度产业结构演进相似系数、空间基尼系数、Moran's I指数等指标,对区域农业产业结构演进的相似特征、差异特征、集聚特征和相关性特征进行衡量。通过测度产业数量变动率、产业关联指数等指标,对农业产业部门内部结构演进的产业构成特征、变动趋势特征、产业关联特征、层次特征、可持续特征进行衡量。

3.农业产业结构演进总体特征形成分析

根据1978—2013年我国农业发展过程,分析全国市场需求变化、技术进步、基础条件、农业投入、农业装备、政策与制度等因素对农业产业结构演进趋势特征、层次特征、速度特征及可持续特征形成的影响及机理,并建立计量经济模型对农业产业结构演进总体特征形成进行实证检验。

4.农业产业结构演进区域特征形成分析

从农业产业结构初始状态、市场需求、制度和政策等因素对农业产业结构演进的区域相似性特征形成进行分析;从资源禀赋、区位条件、经济发展水平、基础条件和技术水平等因素的差别,对农业产业结构演进区域差异性特征形成进行分析;从区域比较优势、技术进步、产业政策等因素对农业产业结构演进区域集聚特征进行分析;从市场条件、经济溢出效应和交通条件等因素对农业产业结构演进的区域关联特征形成进行分析,并建立计量经济模型对农业产业结构演进区域特征的形成进行实证检验。

5.农业产业结构演进部门特征形成分析

从市场需求、成本收益等因素对种植业结构演进的离粮特征、畜牧业结构演进的非猪倾向特征进行分析；从市场需求、要素配置等因素对农业产业结构演进的种养业收敛特征、要素替代特征的形成进行分析，并建立计量经济模型对农业产业结构演进部门特征的形成进行实证检验。

第四节　研究方法和技术路线

一、主要研究方法

本书研究方法注重理论研究和实证方法的合意性，将规范分析与实证分析、定性分析与定量分析、数理模型和系统性描述相结合，对农业产业结构演进特征及其成因进行深入研究。在理论研究中，注重产业演进理论、空间经济理论、农业发展理论的借鉴和综合运用。在实证研究中，强调数据的可靠，方法合意的原则。具体研究方法体现在：

1.数理模型和系统性描述相结合

数理模型在对产业结构变动问题的认知和分析方面提供了广阔的途径和工具。但农业产业结构演进过程是一个复杂的系统性问题，单纯运用数理分析工具解释农业产业结构演进特征存在模型复杂或解释有限等困难。因此基于研究对象的复杂性，本书采用数理模型结合系统性统计描述对农业产业结构演进特征做深入的分析。本书数理分析主要体现为基于各章节分析的需要，通过农业产业结构演进指数、产业结构相似系数、空间基尼系数等一系列统计指标的构建对农业产业结构演进特征进行描述和测定。采用新古典经济学的相关模型、空间计量模型、动态面板模型等数理分析载体对农业产业结构演进特征形成原因进行实证。本书的系统性描述体现在遵循内在逻辑的自洽，对农业产业结构演进特征构建理论分析框架，并对农业产业结构演进特征及其形成的内在成因进行规范分析。

2.比较分析方法和历史分析方法相结合

农业产业结构演进的不同阶段以及不同区域农业产业结构的演进特征具有显著差异，为了深入分析农业产业结构演进的特征以及成因，采用比较分析方法和历史分析方法，从时序角度，对改革开放以来农业产业结构演进过程的特征进行分析,以空间视角,对农业产业结构演进的区域差异与关联特征进行分析。

3.演化分析和政策分析相结合

农业产业结构的演进是一个自然发展的客观过程,同时受到政策与制度等人为因素的干预。在对农业产业结构演进历程的分析中采用演化分析方法去考察农业产业结构演进的内在逻辑,同时对政策制度影响农业产业结构演进的机理采用"政策—结构—效应"等政策分析法。

4.静态研究与动态研究相结合。

农业产业结构演进是一个动态的过程,随着农业发展条件、市场需求等因素的改变,农业产业结构演进特征也会发生变化,对农业产业结构演进趋势、水平、层次等特征的分析要置于不同时段的动态视域下才能做出科学的研判。农业产业结构的演进是一个缓慢的渐进过程,农业产业结构演进特征也具有阶段性特点,此外,区域间农业产业结构演进特征的比较,也体现了横向的静态比较。

二、资料选择与应用

本书用于研究农业产业结构演进特征及其成因的数据主要涉及以下几方面:一是农业综合数据。包括人口、劳动力、气候和资源条件、交通区位情况、经济发展水平等方面的相关数据。二是农业生产条件数据。如耕地、机械动力、物耗、水利设施等方面的数据。三是农业产业数据。包括农业总产值及各部门产值、种植业主要农作物播种面积、主要农产品产量和产值、畜牧业主要畜产品生产情况和产量、渔业主要水产品养殖面积和产量、主要林产品产值数据,以及农产品成本收益方面的数据等。研究所需的数据主要来源于以下资料:(1)统计年鉴。《中国统计年鉴》(历年)、《中国农村统计年鉴》(历年)、《新中国六十年统计资料汇编》、《改革开放三十年农业统计资料汇编》、《中国农业年鉴》(历年)、《全国农产品成本收益资料汇编》(历年)。(2)数据库。中华人民共和国国家统计局数据库、CNKI中国农业与经济社会发展统计数据库、中宏统计数据库、EPS数据平台、地球系统科学数据共享平台等数据资源平台。(3)前人相关研究成果,包括专著、期刊和研究报告等。

三、研究的技术路线

本书以1978—2013年农业产业结构演进过程为研究的起点,通过对这一演进过程中农业产业结构变动的趋势、层次、速度等方面变化的考察与分析,识别农业产业结构演进特征,并采用农业结构演进指数等统计分析指标和计量方法对农业产业结构演进特征进行衡量和研判,在此基础上,对农业产业结构演进特征形成的内在原因与机理进行理论分析和实证分析,探寻农业产业结构演进的规律性,提出优化我国农业产业结构调整的对策建议。本书遵循的主要研究思路和技术路线可由图1-1直观地进行反映。

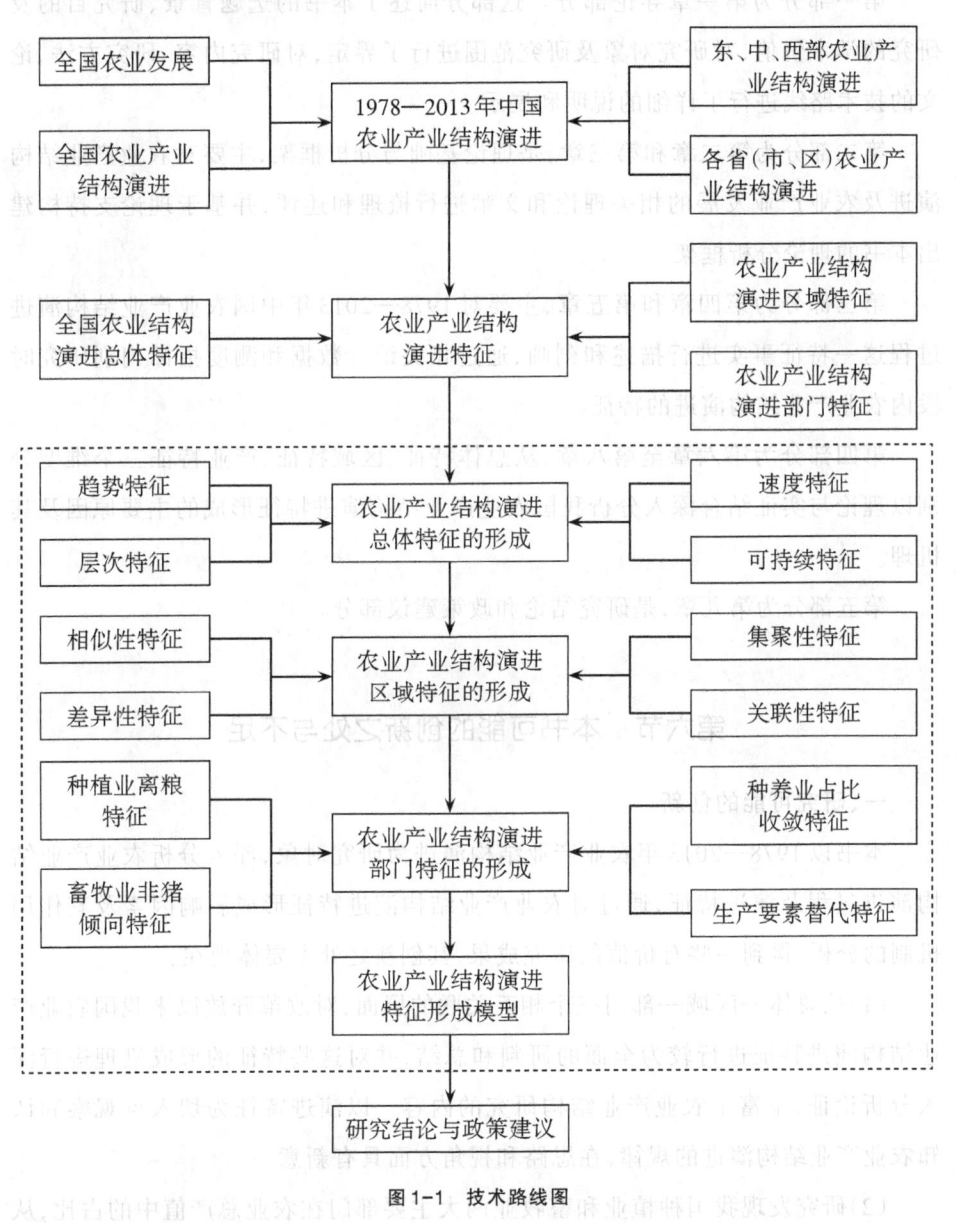

图1-1 技术路线图

第五节 全书框架设计

本书遵从"导论—理论基础与文献借鉴—特征事实—内在成因分析—结论与政策含义"的逻辑思路安排本书章节,本书共九章,可归为五个部分。各章主要内容的安排如下:

第一部分为第一章导论部分。这部分简述了本书的选题背景、研究目的及研究的学术价值,对研究对象及研究范围进行了界定,对研究内容、研究方法、论文的技术路线进行了详细的说明和展示。

第二部分为第二章和第三章,是理论基础与分析框架,主要对农业产业结构演进及农业产业发展的相关理论和文献进行梳理和述评,并基于理论支持构建出本书的理论分析框架。

第三部分为第四章和第五章,主要对1978—2013年中国农业产业结构演进过程这一特征事实进行描述和刻画,通过相关统计数据和测度指标判别研究时段内农业产业结构演进的特征。

第四部分为第六章至第八章,从总体特征、区域特征、产业特征三个维度分别以理论与实证结合深入分析我国农业产业结构演进特征形成的主要原因及其机理。

第五部分为第九章,是研究结论和政策建议部分。

第六节 本书可能的创新之处与不足

一、研究可能的创新

本书以1978—2013年农业产业结构演进为研究对象,深入分析农业产业结构演进过程及演进特征,通过对农业产业结构演进特征形成影响因素及其作用机制的分析,得到一些有价值的研究成果,其创新之处主要体现在:

(1)从总体—区域—部门三个相互关联的层面,对改革开放以来我国农业产业结构演进特征进行较为全面的研判和总结,并对这些特征的形成机理进行深入分析论证,丰富了农业产业结构研究的内容。以演进特征为切入点观察和认知农业产业结构演进的规律,在思路和视角方面具有新意。

(2)研究发现我国种植业和畜牧业两大主要部门在农业总产值中的占比,从

20世纪90年代中后期开始渐趋稳定,其变动幅度收窄,变动的收敛特征较为明显。这可能昭示,我国居民以植物源食品为主的食物习惯,决定了种植业占有主导地位,而畜牧业占比不宜过高。由此可以推断,在相当长的时期内,我国农业产业结构演进不会遵循西方发达国家以畜牧业为主的轨迹。

(3)尝试构建农业产业结构演进指数(ASI),该指数能够综合反映农业产业结构演进的产业构成、产业关联、层次、水平等方面的变化,可以结合表达农业产业结构演进的变动特征,这一指标的构建使农业产业结构演进的测度有了新的工具。

二、研究存在的不足

农业产业结构的演进是一个复杂的过程,本书只是从总体—区域—部门层面演进特征的视角对改革开放以来我国农业产业结构演进特征及其形成机理进行了研究,还存在很多需要完善的方面,总体来说,本书仍存在以下不足:

(1)农业产业结构的演进是一个复杂长期的渐进过程,这一过程在不同时段、不同区域具有不同的特征,这些特征又折射出农业产业结构演进的内在规律性。由于研究目标的限定,本书对农业产业结构演进特征进行了总结,对演进特征形成进行了系统分析,但对演进规律未进行深入探讨。

(2)由于农业产业结构的多层次性,对其演进及特征形成的分析,可用农业产业部门相关资料也可用农业产业相关资料,直接利用具体的产业相关资料进行分析效果会更好。因详细且长时序的农业产业资料获取困难,本书主要利用农业产业部门相关资料进行分析,无法深入到部门内每一类农产品之间结构关系的研究,使分析的具体性受到一定约束。

第二章 理论基础与文献回顾

伴随农业经济的发展，农业产业结构处于不断变动之中，关于农业产业结构演进的研究一直是国内外农业经济研究中的重要问题，同时也产生了丰硕的理论成果。本章主要围绕农业产业发展和产业结构演进的相关理论和研究进展进行梳理与借鉴，为本书的研究寻求理论基础和进一步拓展的理论空间。

第一节 理论基础

一、产业结构演进理论

产业结构演进理论研究作为产业经济发展领域的重要命题一直备受关注，早期关于产业结构演进的思想可追溯至威廉·配第（1672），配第首先发现了经济发展与产业结构变动之间存在重要的关联。其后，霍夫曼对产业结构理论进行了开拓性研究，1931年，他在《工业化的阶段和类型》中对近20个国家50年间的工业化进程进行了实证分析，发现消费资料工业净产值与资本资料净产值之比在工业化发展进程中持续下降，他把这一规律的形成原因归结为生产要素相对数量、国内外市场的资源配置、技术进步、劳动者技术特征和消费者偏好等因素的相互作用。

克拉克（1940）在《经济进步的条件》中进一步阐明了产业结构演进过程中劳动力在产业间流动配置的规律性特征，即随着全社会人均国民收入的提高，劳动力从第一产业向第二产业转移，当人均国民收入进一步提高时，劳动力便向第三产业转移，即配第—克拉克定理。他认为，随着人均收入的增加，人们对产品和服务需求的转换，以及不同部门生产效率的差异是这一规律性特征形成的内在原因。

库兹涅茨在《现代经济增长》（1966）、《各国经济增长的数量方面》（1971）等著作中深入研究了产业结构变动的总体规律，主要结论包括：第一，随着社会物质资料的不断丰富,农业部门产出占GDP的比重将逐步减少,同时农业部门劳动力在总就业人口中的份额也将趋于下降。第二,大多数国家的农业部门比较劳动生产率均趋于下降,最终会降到小于1的程度,在现代化发展到某一个阶段时,农业部门劳动力占总就业人口的比重与农业产出占GDP的比重都会急剧下降,农业部门增加值的下降速度也快于其吸收劳动力的下降速度。最后,他在对农业产业结构演进特征产生的内在原因的论述中指出,农产品的固有属性、需求结构的高度变动、对外贸易及技术革新的扩散在经济发展水平不断提高的过程中对产业结构演进起着重要作用。

钱纳里和赛尔奎因等进一步拓展了对产业结构演进问题的研究,钱纳里在《工业化和经济增长的比较研究》(1986)中揭示了产业结构演进的动态特征,并归纳出产业结构变动的"标准模式",即将结构转变分为初级产品生产、高增长的工业化和发达经济三个阶段。在产业结构演进过程中,发达国家第一产业的产值和劳动力开始逐渐向第二产业转移,而且转移速度基本同步;而当第二产业增加值持续提高时,农业剩余劳动力开始向工业部门转移,英国是典型代表国家。发展中国家在经济发展的过程中,第一产业也会向第二产业转移,但是产业结构的转换普遍先于就业结构的转换。关于产业结构变动的根本原因,他认为"人们曾提出过各种假说来揭示结构转变的基本过程,这些假说可以分为三种:一是需求说,主要以恩格尔定律所做的概括为基础;二是贸易说,主要以随资本和劳动技能的积累而产生的比较优势的变化为基础;三是技术说,主要源于设计加工产品对原材料的替代以及生产率增长速度差异的影响"。同时他指出中间需求、战略和政策等因素对农业产业结构变动产生了重要影响。

赫尔希曼(1958)在关于产业结构演进与资源配置之间规律性的论述中指出,由于资源的稀缺性,发展中国家必须将有限的资源配置到最能发挥经济效率的部门中去,以选择合适的发展路径,并指出这种不平衡政策和路径的选择会引起产业结构的变动。

罗斯托(1960)在《经济成长的阶段》中提出了主导产业及其扩散理论,其中包括产业结构演进的基本特征与经济成长阶段的内在规律。他把经济成长阶段具体划分为:传统社会阶段、起飞准备阶段、起飞阶段、成熟阶段、高额群众消费阶段和追求生活质量阶段,并认为每个阶段的演进是以主导产业部门的更替为特征的,经济成长的各个阶段都存在相应的起主导作用的产业部门,主导产业对其他产业的扩散效应促进了经济增长。产业结构变化的过程就是主导产业不断发生演进的过程,而产业的技术创新形成了主导产业演替的基本动力。比如:起飞准备阶段主要产业是农业和劳动力密集型工业,而一旦进入起飞阶段,传统产业向现代产业转换,农业部门的劳动力开始向第二产业和第三产业逐渐转移。

此外,在关于产业结构演进规律的讨论中,日本学者赤松要的雁型形态论、美国学者弗农的产品循环说、法国经济学家佩鲁的增长极理论等都揭示了产业系统间的相互作用以及产业系统的地域发展特征。而且,李嘉图的相对比较成本学说、赫克歇尔—俄林的资源禀赋理论、筱原三代平的动态比较费用学说等也对产业结构演进规律的形成从不同角度提供了有利的解释。

产业结构演进理论系统并深入探索了产业结构变动形态和变动原因,揭示了产业结构演进的规律性。上述理论成果为本书理解农业产业结构的形成、演进动因和演进路径提供了重要的理论支持和逻辑线索。

二、农业发展阶段理论

农业发展具有阶段性,不同的农业发展阶段表现出显著的特征,梅勒、韦茨、速水佑次郎等学者对农业发展阶段及特征进行了重要的理论研究并形成了农业发展阶段理论。梅勒(1966)按照技术的性质对发展中国家农业发展阶段做出判断,将传统农业向现代农业的转变过程划分为三个阶段:第一阶段为传统农业阶段,在这一阶段,农业是整个经济中最大的部门,同时农产品需求由于人口和收入增加而迅速上升,受经济转变速度的限制和人口增长的压力,劳动节约型的农业机械使用将受到限制,同时由于资本比劳动稀缺,农业发展将以提高土地生产率为重点,这一阶段的基本特征将表现为技术停滞、生产的增长主要依靠传统投入;第二阶段为低资本技术农业阶段,在此阶段,农业部门的重要性相对降低,所占比率越来越小,资本变得越来越充裕,农业生产能力不断提高,其特征主要表现为:技术的稳定发展和运用、资本使用量减少;第三阶段为高资本技术农业阶段,其特征是技术高度发展和运用、资本集约使用。其后,韦茨(1971)根据美国农业发展的实践将农业发展阶段分为:以自给自足为特征的生存农业阶段,以多种经营和增加收入为特征的混合农业阶段和以专业化生产为特征的商品农业阶段。速水佑次郎(1988)根据日本农业发展的实践将农业发展阶段分为:以增加生产和市场粮食供给为特征的发展阶段和以着重解决农村贫困为特征的发展阶段。在前一阶段中,提高农产品产量的政策被赋予重要作用,并以农产品价格支持政策为重点来提高农民的收入水平;而在后一阶段,调整和优化结构则成了农业发展的重要手段。

农业发展阶段理论揭示了不同阶段农业生产条件、技术进步、发展目标和农产品市场需求的变化特征,对农业发展阶段理论的借鉴有利于对农业产业结构演进特征及其与农业发展的关系进行有益的思考和拓展。

三、制度创新理论

制度创新指的是能使创新者获得追加利益的现存制度的变革,是改进现有制度安排或引进一种全新制度以提高制度效率及其合理性的一类活动,其实质是调整生产关系和体制变革,提高创新及经济运行的效率。有效的制度创新能够降低交易成本,影响经济绩效,促进外部效用内部化。其中,交易成本是科斯(1937)在《企业的性质》中提出的概念,他认为交易是有成本的,交易成本主要是"发现相对价格的成本",包括交易准备阶段的成本和谈判履约成本。

林毅夫(1992)、樊胜根(1991)、McMillan(1989)等指出以家庭联产承包责任制为主的制度创新所带来的激励机制变化是我国农业发展和生产力巨大增长的重要源泉。林毅夫(1993)在《制度、技术和中国农业发展》中指出农业经营制度的创新刺激了劳动者的劳动激励,使农民获得了其劳动努力的边际报酬率的全部份额,同时还节约了监督费用。诺斯(2008)指出制度创新的根本原因是个人或集团承担创新的成本是有利可图的,其最终目的在于获取在旧有制度下不能获得的收益,或者说一项新的制度之所以能够实现是由于其体现的预期收益超过预期成本。他在《制度、制度变迁与经济绩效》中指出制度创新的主体分为"两级行动团体",包括"初级行动团体"和"次级行动团体",并指出制度创新首先由能预见潜在利润的"初级行动团体"发起,进而由"次级行动团体"基于自身利益出发参与变迁,帮助初级行动团体来获取收入。并且,产权理论指出制度创新的一个重要功能就是重新界定产权,内化外部性,这包括"使用和处置经济资源并从中获取效用或收益的权利约束"。产权安排将直接影响资源配置的效率,一个社会的经济绩效如何最终取决于产权安排对个人行为所提供的激励。张红宇(2002)也认为以"家庭承包经营为基础,统分结合的双层经营体制"为特征的农村基本经营制度创新正是对农村土地产权结构的深刻改革,对土地承包权及承包期的制度创新是调动农民生产积极性的必要前提之一,也是相当长时期内农民最根本的生活保障。

农村制度创新是指为了改变农村的社会、经济现状,加快农业、农村的发展,促进农村生产力的提高,通过调整和完善农村现存的各项规章制度,正确处理好所有者、经营者和劳动者三者之间的关系,充分体现各方面的权利、义务和利益,同时调整农村的内部组织结构,推行制度化管理,使各个方面的权利得到充分体现,各种生产要素得到更优化的组合,以最大限度地发挥农村各个生产要素的潜能。改革开放以来的一系列农业创新制度促进了对农村微观经济组织的改造,确立了以家庭为基本经营单位的农业生产微观主体,赋予了农户生产决策权和收益索取权,促进了农业生产的积极性,引发了农业资源要素流动,优化了资源配置。因此,农业制度创新是中国农村变革的主要线索,是理解农业结构演进的关键。

四、农业技术创新理论

舒尔茨(1964)在《改造传统农业》一书中指出,改造传统农业,促进农业转型的关键是在农业部门引入新的生产要素,而新生产要素的引入依赖于农业技术创新,并通过创新改善要素效率,提高产出收益率,促进农业发展。希克斯(1946)把农业技术创新分为劳动节约型技术创新和土地节约型技术创新,认为前者能够促使动力和机械对劳动的替代,后者则促使劳动或工业投入对土地的替代。农业生产的目标在于降低生产过程的资源耗费,提高资源产出的质量和品质。有效的农业技术创新能够顺应动植物生长发育的自然规律,改善生物生产性能,提高对资源的利用和转化效率,从而提高农业资源产出率。速水佑次郎和拉坦(2000)在《农业发展的国际分析》中进一步对不同资源禀赋的国家农业技术创新进行比较,进一步深化了希克斯农业技术创新理论的内涵,指出技术的发展可以促进经济中相对丰富的、便宜的要素对相对稀缺的、昂贵的要素的替代,技术创新在促进相对不稀缺要素对相对稀缺要素的替代过程中起着催化剂的作用。并且,他们详细分析了农业技术创新中的机械技术进步和生物化学性技术创新对农业资源产出率和劳动生产率的影响。机械技术进步,如农业机械、农业生产设施的改进,不但可以缩短单位农产品生产的劳动时间,大幅度提高劳动生产率;而且使劳动者更容易支配更大的动力,耕种更多的土地,扩大所能经营的土地面积,使人均产量更高,对劳动生产率的提高具有重要意义。生物和化学性技术创新能够明显提高农业资源产出率,主要表现为提高单位土地面积的作物产量、单位饲料或单位存栏的牲畜产量等方面。其原因在于农业技术创新通常在作物生产中能够起到如下作用:(1)开发土地和水资源,为作物生长提供良好的环境;(2)通过增加植物营养中的有机物和无机物的来源改变土壤环境,以促进植物的生长,并运用生物和化学手段保护作物免遭病虫害;(3)选择和培育生物上有效率的作物品种,使其特别适用于对那些可以人为控制的环境因素做出反应,能够解除资源缺乏弹性对增长的制约。因此,由无弹性的土地供给给农业带来的制约可以通过生物技术的进步加以消除,由无弹性的劳动力供给带来的制约可通过机械技术的进步解决。上述理论也成为希克斯—速水佑次郎—拉坦—宾斯旺格假说的重要基础,其主要强调了:在没有市场扭曲的情况下,市场中的要素价格将反映要素相对稀缺的水平和变化,农民将受要素价格变化的诱使去寻求那些能替代日益稀缺的生产要素的技术选择。Feder(1984)和Schmookler(1966)也指出市场需求变化是新技术或产品的创新产生的重要动因,当市场对某种产品需求增加时,会诱导与此产品相关的发明与创新。

农业技术创新理论揭示了一国(地区)的农业技术创新是对该国(地区)资源禀赋状况和产品需求增长的动态反映,技术进步的诱导在于相对要素价格的变化和产品需求的增长。农业技术创新与农业资源产出率、劳动生产率、市场需求变动密切相关,直接影响农业发展和农业产业结构演进的方向,并进一步决定农业生产规模经济存在的可能和农民从事某一农业生产的收益空间。农业技术创新是解释农业发展和农业产业结构演进特征的重要因素,为理解农业产业结构演进提供了重要理论基础。

第二节 相关文献综述

一、国外相关研究

1. 关于农业产业结构演进规律性特征的研究

关于农业产业结构演进规律性特征的揭示,库兹涅茨(1966)指出随着社会物质资料的不断丰富,农业部门的产出占GDP的比重将逐渐降低,且农业劳动力会逐步转移出农业产业。并基于对不同国家同一时点上的截面数据的对比分析,进一步指出农业部门的比较劳动力生产率低于工业和服务业。赤松要(1932)指出不同国家伴随着产业转移先后兴盛衰退,以及在其中一国中不同产业先后兴盛衰退的过程,从而揭示了后进国家参与国际分工实现产业结构高度变化的"雁行形态"演进特征。速水佑次郎和拉坦(2000)基于对1960—1980年40多个国家农业结构和生产率的比较,揭示了发达国家和欠发达国家农业发展和结构演进的差异特征,并阐释了资源禀赋、现代投入品、人力资本和农场规模对其的重要内在影响。Chavas(2008)指出近年来农业生产的专门化特征,如发达国家大规模畜禽生产,是农业产业结构演进的重要趋势并引起关注。Lauber通过对瑞士山地农业产业结构的变动特征研究发现,在具有特殊资源条件的山区,农业产业结构变迁呈现出明显的路径依赖特征。

2.关于农业产业结构演进影响因素和动力机制的研究

农业产业结构演进是由多重因素共同作用和推动的复杂变迁过程,通常农业经济学者从其中某一个或几个影响因素子集切入研究对农业产业结构演进的影响。基于对现有研究进展的梳理,主要包括以下方面。

一是技术变迁对农业产业结构演进的影响。技术进步主要通过影响农业生产成本、要素投入结构和水平来影响农业产业结构演进。Goddard,Weersink,et al.(2002)认为,技术影响了农业生产成本和规模,使得长期生产成本曲线向右扩张,并指出1962—1978年美国快速的技术变革带来TFP(全要素生产率)每年2.4%的增加,生产力增长带来的要素投入结构和水平变化是农业产业结构变动的重要原因。Capalbo,Denny(1986)在分析美国1962—1978年农业产业结构变动的过程中指出,随着农业技术的进步,劳动力投入每年约有3.2%的下滑,资本和物质投入每年约有3%和3.9%的增加。Karagiannis,Furtan(1990)同样发现加拿大中部和北美大草原地区的农业生产因技术进步带来的机械使用大幅替代劳动力,在1926—1978年间劳动力有0.7%和3.8%的负增长。Lu et al.(1985)认为生物技术进步成果的采纳相比机械技术成果而言,不需要大笔的资本投入,具有更低的可获得门槛,有力地促进了农业结构的变迁。Slade,Feder(1984)指出新技术不仅通过生产环节影响产出,而且会产生新品种和新生产区,新技术使得原本不能种植某种作物的地区具备了生产条件,如:气调储藏技术使得北美苹果生产大幅提高。

二是人力资本对农业产业结构演进的影响。人力资本作为一项要素投入在经济增长和产业发展中具有重要作用(Schultz,1960)。Boehlje(1992)指出人力资本的提升使得农场管理者通过对信息的加工,更有效地配置资源和评估新技术,同时随着新生产技术和人力资本增加,农户家庭结构发生变化,新技术的发展置换出了闲暇时间,使劳动者有精力从事更有价值的劳作,为家庭提供风险分散的收入多元化保障,传统农业结构被打破,农业产业的生产专业化、产前采购等环节的链条得到延展。Berman(1994)指出劳动力资本在产业结构变化中转移,具体表现为产业内高素质劳动力的增加和产业间高素质劳动力由低收益产业向高收益产业配置。Goddard,Weersink,et al.(2002)从人力资本影响需求结构转换的角度考察了对农业结构的演进,他指出人力资本的增加使得消费者更加"见多识广",从而影响食品或消费结构"认知"后的提升,如对饮食健康的认知导致了红肉消费的降低和家禽肉类消费的增加,同时消费者也更关心食品的胆固醇和脂肪含量。因此,人力资本某种程度上影响了消费结构的改变,通过"生产什么、以什么形式呈现给消费者"影响着食物生产的结构变动。

三是人口特征对农业产业结构演进的影响。Gale(1993)认为农民数量的减少也将影响未来的农业产业结构,他指出潜在农业进入者的减少会导致农业生产的萎缩,同时年轻农业人口的减少会导致传统农业经营主体的变化,如第三方、市场企业等非农经营主体的进入。同时,低人口出生率、增长的人口寿命等代际人口特征也会影响农业产业结构。他还指出移民人口特征对农业产业结构具有潜移默化的影响,如加拿大和美国的移民人口特征也影响了传统农业的生产结构,导致本土农产品(如乳制品)的减少,非传统产品(如西洋参、芥末、香料)的增加。

四是公共政策、制度变迁对农业产业结构演进的影响。诺斯(1973)指出有效的制度是经济增长的关键。新古典增长理论在制度给定的前提下分析经济增长的事实,只能识别出诸如要素积累、技术进步等最为直接的增长条件,但实际上增长是一种十分复杂的现象,必须着眼于经济成败背后的各种制度和价值体系。Brinkman,Warley(1983)将政策对农业结构的影响划分为四类:部门因素、公共因素、宏观因素和其他因素。其中部门因素主要指供需平衡、边际成本价格、市场稳定程度、技术等方面;公共因素主要是影响特定部门和组织的政策,如结构制度、税收、信誉、商品扶持、风险社会化、原料补贴、研发及其推广;宏观因素旨在对经济总体的约束,包括利率、汇率、交通、能源;其他因素包括对农村生活、土地使用的控制等。Sumner(1985)指出农业产业结构的演进是经济调整进程的一部分,受到政策和技术进步的影响,其中农业价格和市场政策对农业产业结构的演进有重要的影响。Mellor(1996)指出发展中国家缺的不是"传统所说的稀缺资源",而是"制度性"资源,即:提供激励的机制、改变生产可能性边界的科学研究、新型投入物的生产设施、为农业生产服务的机构以及帮助农民进行决策的教育。Bain,Scherer(2001)等在20世纪30年代构建了"结构—行为—绩效"的产业分析框架模型(SCP)来解释制度对结构进而对经济绩效的影响。Reimund,et al.(2002)将此模型修正后用于肉鸡、蔬菜等产业的结构分析,并指出结构的变动源自产业外既有或新增条件的变动,结构变化是对这些条件做出的自觉性调整和适应,产业结构演变的最初是农民、原料供应商、批发商等采用新技术,演变的第二阶段将产品生产调整至更具修正弹性的新领域,第三阶段是效率提高后的产出大幅增加的阶段,随后的第四阶段,新制度出现并且产业内结构调整为更具风险规避的模式。Binswanger(2005)进一步指出制度是重要的且其作用是可以被模型化的。

五是资本对农业产业结构演进的影响。Lowenberg-Deboer(2000)分析了以收益获得为目标函数的农户债务行为影响结构变动。他发现美国在1980年以前的30年中农场耐用投入品和农场规模的增加伴随着贷款的增长,指出举债可以增加农户资本获利的水平,这是资本获得可持续收益的结果。Vicker(2003)等将资本纳入结构变动的解释模型中,融入生产理论、资本理论和公司行为。企业(农场)被假设为追求财富最大化,财富视为收入、资本获得的函数。投入分为耐用品(土地及其改良)和非耐用品(如化肥等),耐用品的投入从两个方面影响着财富,一是通过产品的生产带来的收入,二是通过增值产生的财富。非耐用品的投入只能通过生产过程带来收入增加。农场运营中不动产是最重要的耐用品投入,在这一模型中所蕴含的农场规模是值得关注的。

此外,Fisher(1939)与Clark(1940)强调需求因素的重要性。Pasinetti(1981)

进一步认为不同部门之间需求收入弹性的差异对结构变迁产生重要影响。

3.关于农业产业结构演进测度方法的研究

里昂惕夫(Wassily Leontief)提出的投入产出分析法(Input and Output Analysis)被广泛应用于分析产业结构演进中产业之间的相互联系。弗罗斯特(Jay W. Forrester)构建了系统动力学模型(SD)用于分析产业长期、动态的仿真,但由于建模过程过于繁杂,且预测精度不高,20世纪90年代后应用范围逐步缩小。Leon(1874)提出的一般均衡模型(Computable General Equlibrim Model,CGE),综合了投入产出、生产函数和规划等方法,用于分析经济系统中各部门经济技术联系。由Charnes,Cooper(1978)等创建的数据包络分析(Data Envelopment Analysis,DEA)运用数学规划模型评价具有多个输入和输出部门(单元)的相对有效性,可用于农业结构演进的综合评价研究。此外,国外学者将多种数理方法应用于产业结构变动的研究,如Weisz,Clark(2011)从演化经济学的视角采用合作演化方法分析产业部门、制度框架、社会环境及结构之间动态的相互影响和相互作用的过程。Happe(2004),Gertrud,et al.(2007)采用基于智能体的仿真模型农业政策仿真(Agripolis:agent-based simulation model)分析农业产业结构的变动。Pissarides(2010)采用多部门增长模型对产业结构的变动进行研究,并指出结构变动是部门之间资源要素的重新配置和部门间不均衡增长的结果。

二、国内相关研究

1.关于农业产业结构演进特征的研究

农业产业结构演进是一个动态的长期过程,这一过程呈现出趋向、层次等演进特征的变化,农业结构演进也是一个有序的过程,是农业不断向广度和深度扩展的过程,是农业资源利用效率、劳动生产率和投入产出率不断提高的农村经济完善过程(卢良恕,2002)。吴进明和王天良(2000)指出我国农业产业结构演进的方向由传统的粮食观念向现代食物观念转变,由传统的种养业二元结构向粮食作物、经济作物、饲料作物的三元结构转变,由传统农产品的加工业向现代的食品制造业转变,由依靠耕地向整个国土资源的开放利用转变,由注重物质投入的资源型产业向物质投入与智力投入并重的知识型产业转变。黄宗智(2010)认为中国正在经历着一场"隐性农业革命",一个由高值农产品(如鱼、肉、蛋、奶、蔬菜、水果)的市场需求推动的农业结构演进过程。李炳坤(2012)指出农业产业结构演进是一个农产品优质率以满足农产品市场需求的变化过程,通过优化生态环境、遵循农业结构调整的区域优势、健全农业产业体系来确保农业产业结构演进的效益。

农业产业结构演进过程也常常伴随着产业间要素流动和利用情况的变动。程名望、史清华(2007)利用岭回归模型分析了1978—2004年我国产业结构变动与劳动力转移、经济增长之间的关系,指出农业经济增长和农村改革为农村劳动力转移创造条件,总结了产业结构的演进中劳动力在不同部门配置的特征。刘彦随、陆大道(2003)分析了1997—2001年各省农业结构调整的比较优势及其调整的区域效应特征,概括出"省级区域农业结构调整优势效应凸显,但区域效应差异显著"的基本特点。张孟林(2006)系统分析了黑龙江省农业产业结构,通过构建农业产业结构优化模型及其评价方法,对黑龙江农业产业结构进行了系统评价和优化分析。袁璋(2006)对我国中部地区农业产业结构演进及其调整优化方向进行了研究。何剑(2008)通过结构转换系数对新疆农业内部各部门的变动速度和变动趋势进行分析,并验证了其农业结构转换与促进农业经济增长的关系。汤进华等(2010)对湖北省1983—2008年农业结构内部变动特征及其竞争力进行了分析。

2.关于农业产业结构演进的衡量标准和评价的研究

关于产业结构的衡量标准主要有两方面,即总产值的部门构成和劳动力的部门构成(李姚矿,2006),对农业产业结构演进动态过程的综合评价多以合理化、优化、高效化等作为演进方向或绩效的基本认知,评价方法多数通过构建评价指标体系进行测度。如张冬平、袁飞(2001)利用数据包络方法对我国1993—1997年的农业产业结构变动效率进行分析并得出该阶段农业结构效率逐年下降的结论。周宏、褚保金(2002),张孟林(2006)认为农业产业结构优化或合理化的评价应该包括合理利用资源、产业各部门协调发展、具有有效的市场需求应变能力的经济、社会、生态效益俱佳的产业结构体系,并通过EPA、DEA等理论与方法构建合理农业产业结构综合评价指标体系和评价模型。李宝瑜、高艳云(2005)以反向视角通过构建产业结构年度变化失衡指数对产业结构不合理的程度进行综合评价。李成贵(1999)、袁璋(2006)主要通过农林牧渔产值结构、农作物播种面积的变化、粮食作物种植结构变化和经济作物种植结构变化来反映农业产业结构的演进。张立柱(2007)通过构建产业结构动态演进的合理化、高级化和高效化评价指标体系,并采用基于粗糙集测度方法、人工神经网络和数据包络分析的系统方法分别测度了农业产业结构的合理化、高级化和高效化程度。董凤丽(2011)利用"偏离—份额"模型对沈阳经济区农业产业结构演进及其效益进行了系统研究,并对沈阳经济区农业产业结构及种植业内部结构的演进效益进行了综合分析,同时,借助结构偏离分量、竞争力偏离分量、份额分量及总偏离量等指标对农业产业结构演进类型进行了分类。

具体对农业产业结构演进进行综合评价的方法主要有:崔元峰等(2004)、李凤琦(2013)等运用灰色系统模型对农业产业结构进行评价研究;董凤丽等(2013)、金兴等(2014)采用"偏离—份额"分析模型对区域农业结构进行评价研究;此外,系统动力模型、仿真模型、投入—产出分析法、DEA运筹学方法、大道模型等也被用于农业产业结构演进的综合评价。测度产业结构变动的指标主要有:产业结构变动值指标、Moore结构变化值指标、产业结构熵数指标和产业结构超前系数指标等四大类(宁晓青、陈柏福,2008)。刘志彪、安同良(2002)在探究产业结构演变和经济增长的关系过程中,用Moore结构变化值指标测算了不同阶段中国产业结构的变动度。

从动态的角度看,一个经济体的产业结构变化具有两个维度,即产业结构合理化和产业结构高级化,学界一般采用结构偏离度和非农产值来衡量这两个维度。基于实际情况,郑若谷、干春晖、余典范(2011)采用泰尔指数和第三产业产值与第二产业产值之比分别衡量这两个维度。除了这些指标外,也有人采用付凌晖(2010)提出的一种用于衡量产业结构高级化的简捷有效的方法,通过引入空间夹角的方法,可以在三维空间中对比三次产业中两两之间的关系,并赋予第三产业最高的权重,第二产业其次,第一产业最低,最后得出的产业高级化值可以较为全面的表现产值结构水平(雷霆,2014)。

刘刚和沈镭(2007)在分析西藏产业结构的演进特征和机理过程中,主要借助产业结构熵、多样化指数、产业结构相似度指数、就业产业结构偏离度和偏差系数以及产业结构转换速度系数和产业结构转换方向系数等指标运用了偏离—份额分析法(SSM)和产业重心分析法并结合GIS方法分析了西藏农林牧渔业产业重心的时空动态演进过程。其中,偏离—份额分析法(SSM)是对产业结构研究特征研究的主要数量方法。在西方,这一方法被广泛用于分析产业结构变动对区域经济增长的影响。刘鹤等(2010),熊友云等(2010),陈延斌、陈才(2011),潘伟等(2012)也采用了该方法对黄河中上游能源化工区、甘肃、吉林和新疆的产业结构的演进特征进行研究。除SSM方法以外,文琦(2009)基于集对分析法对榆林市产业结构演进特征和机理进行了研究,集对分析法是我国学者赵克勤于1989年提出,将确定性与不确定性因素予以系统辩证分析与数学处理的方法。马东、黎平、杨友宁(2014)基于网络分析方法,根据投入产出数据通过构建产业结构网络模型及产业部门中心地位的度量指标,从各部门在产业结构中所处地位的视角,分析了发达国家和新兴国家产业结构的演进特征。高更和(2006)等从空间角度探讨产业结构变动对区域经济增长的贡献,认为区域产业结构政策和产业投资政策是影响产业结构变动对区域经济增长贡献的主要因素;闫家厂(2009)等采用灰色关联度分析方法研究了河南省产业结构调整对经济增长的影响,认为在未来第三产业的产业结构变动对经济增长的关联度越来越密切。刘勇(2011)等采用对比分析、相关分析和回归分析等计量经济学方法分析了河南省城市化与产业结构演变的互动关系。

3.关于农业产业结构演进内在原因的研究

农业产业结构是一个动态发展的多层次复合系统,市场是农业结构演进的内在调配机制(尹成杰,2001)。需求变动必然要求农业产出结构做出适应性变化,成为推动农业产业结构逐步演进的最根本动力(曾尊固等,1994;王雅鹏,2001;袁璋,2004)。随着人均国民收入的提高,人们需求结构的变化推动着农业结构由种植业为主转向畜牧业、渔业等与种植业共同发展的结构,人们对食物质量诉求的提高,推动农业生产更加追求精细化、生态化和多元化,拉动农业结构向高级化方向演进(刘涛,2013)。

黄季焜等(2011)研究了技术创新在农业产业结构演进中的作用,指出伴随着种子研发技术、病虫害防治技术等农业技术大爆炸,粮食生产的产量得到大幅的提升,使得人们可以用较少的土地生产需要的粮食,从而为农业结构的变动奠定基础,技术创新促进新品种的呈现,吸引人们不断实现对旧产品的替代,而这一替代过程正是农业要素与资源的新一轮配置过程。李泳(2006)认为随着科技创新的不断深入,农业产业结构演进遵循农业产业结构优化与科技创新耦合的规律。宋德军(2013)通过构建农业产业结构优化与科技创新耦合性评价模型,应用因子分析法分别将衡量科技创新与农业产业结构优化水平的多个变量进行数据浓缩,并通过协整回归分析、VAR模型的预测方差分解等方法评价农业产业结构优化方向、演变趋势与科技创新的祸合与偏离。其中,农业技术水平集中反映在农业生产集约度上,而高集约度的设施型农业部门随着技术进步,资金投入的增加,发展更快,在农业产业结构中的份额逐渐上升,地位日趋重要(袁璋,2004)。

制度是决定农业产业结构的内生变量,是制约农业产业结构演进的决定性因素(熊德平、冉光和,2002)。林毅夫等(2000)研究了制度环境等基础设置对农业产业结构演进的重要作用,指出有效的制度创新能够为经济结构演进提供有效的激励机制,为结构调整和优化提供制度基础和保障,同时还为产业更迭提供进入或退出机制。熊德平(2002)认为制度和政策通过把市场需求转化为现实产业的基础条件,对农业产业结构演进产生影响。宋凌云等(2012)研究了地方官员在短期内引领产业结构变动中的重要影响机制。杨婧(2013)具体分析了土地流转制度、农产品流通体制和农村金融体制三者作用于农业产业结构演进的过程。

要素的丰裕程度和要素结构直接影响产业结构的演进方式和发展方向。自然资源、劳动力资源、资金资源和技术资源等资源供给是产业结构演进的基础和前提,其中自然资源禀赋在很大程度上制约一个国家的产业结构,资金资源的充裕程度和资金在不同部门的投向影响产业结构演变的方向和速度,技术资源主要是通过影响需求结构和供给结构导致产业结构变动(苏东水,2006)。自然资源的差异性和自然资源对农业产品的制约性是形成农业产业结构的自然基础,合理的产业结构必须发挥本地区自然条件和资源禀赋的比较优势,根据自然资源的多样性和差异性,宜农则农,宜林则林,宜渔则渔,宜牧则牧应是农业产业结构形成中必须遵循的原则(张少兵,2008)。李益敏等(2015)同样得出农业产业结构演进受区域资源环境约束的结论,认为规避制约因素,挖掘资源禀赋,培育特色优势,是农业产业结构优化的基础。蒋桂芹等(2013)探讨水资源与产业结构演进互动关系的一般规律,从水资源在经济生产中的作用过程入手,通过剖析水资源供给对产业结构演进的作用及产业结构演进对水资源利用的反作用,系统梳理了水资源与产业结构演进的互动关系。郑兴耘(2005)认为在资金、技术投入影响之下的农业产业链完善及延伸是未来农业产业结构演变的主要方向和目的,优质资金供给是其主要的制约因素。

三、国内外相关研究述评

农业产业结构演进是一个动态的持续过程,不同国家农业产业结构演进具有不同的特征,同一国家不同时段农业产业结构演进也存在显著差别,农业产业结构演进问题注定是一个值得永恒探讨的问题(Peterson,1983)。农业产业结构的演进受多种因素的影响是国内外学者已达成的共识,近年,对农业产业结构演进的基本特征及其内在原因的探讨也逐步形成了丰富的研究成果。但是,由于资源条件的差异和农业发展阶段的不同,国外关于农业产业结构演进问题的经典理论和实证研究尚未形成一个统一的研究框架,且多集中于农业和农村经济向工业和城市经济的转型(Matsuyama,2005),而对于绝大多数的发展中国家而言,农业在国民经济中依然占据重要地位,农业结构自身的演进问题,即从传统的基于生计需要的结构向市场主导的专业化更高的现代农业结构演进的规律性,同样非常重要。

同时,农业产业结构演进是一个复杂的动态过程,虽然国内学者对农业产业结构演进问题的研究不断深入,但其多集中于特定区域农业产业结构,以及对农业产业结构演进结果的评价。并且,对改革开放以来我国农业产业结构演进动态过程的特征研究集中于现状描述,缺乏系统的总结,对演进特征形成背后原因和机制的讨论也不甚详细。鉴于此,本书以现有研究成果为起点,构建自洽的逻辑和理论框架,立足中国改革开放以来经济社会快速变迁的历史背景,对1978—2013年中国农业产业结构演进过程呈现出的特征进行总结,遵循宏观—中观—微观的逻辑思路对农业产业结构演进的总体特征、区域特征和部门特征进行深入分析,并对这些演进特征形成的内在原因和机制进行规范和实证研究,拓展新的视角来认知农业产业结构演进的规律性,为农业产业结构演进提供参考。

第三章 农业产业结构演进特征形成的分析框架

农业对自然资源和生态环境依赖强,又需劳动、资金、物资、技术投入,是利用动物、植物、微生物生长发育,生产人们生活必需品及加工原材料、提供多种服务的特殊产业。农业又是由多个部门及众多产业组成的系统,随市场需求变化、发展条件改变、发展目标转移,这一系统的产业构成、数量关联、水平层次等结构形态相应改变,且在一定时段内表现为农业产业结构的演进过程。不同国家和地区农业发展的资源禀赋、支撑条件、制度环境、投入水平各异,农业产业结构的演进显现出不同的特征,利用这一因果关系构建理论分析框架,总结农业产业结构演进特征的形成规律,可为其优化调整提供依据。

第一节 农业产业结构演进特征的识别

研究特定国家或地区农业产业结构演进的特征形成,其前提是准确判定演进的特征,即首先应对演进特征进行识别。要准确判定国家或区域农业产业结构演进的特征,需要找到可靠的判别依据,确定判别内容,选择科学的判别方法。

一、农业产业结构演进特征识别的依据

无论对特定国家或地区,农业发展条件、市场对农产品及农业服务的需求、农业发展目标都会随时间的推移而发生改变,农业产业结构为适应这些改变会进行相应的调整,并显现出一定的时间阶段特征。因此,对农业产业结构演进特征的判别,必须明确这一判别所针对的时段,将其放在特定时段内加以考察。一方面,因为不同时段内农业发展条件、市场需求、农业发展取向不同,农业产业结构调整的方向、速度、层次亦存在很大差别,演进特征自然也不可能相同,不存在一成不变的农业产业结构演进特征,更不能脱离一定的时间背景对其进行判别。另一方面,因为农业产业结构演进特征的判别需要通过比较才能得出正确

结论,对于不同国家或地区的比较应当在对应的时段内进行,而对于同一国家或地区的考察则应在不同时段间进行比较。

农业产业结构演进特征是在其演进过程中形成的,演进过程是判别演进特征的基本依据。对一定时段内农业产业结构变动过程的考察与分析,观测该时段内农业产业结构的年际变化、阶段变化、初期至末期的变化,观测农业产业系统产业构成的变化、产业关联关系(特别是数量依存关系)的变化、产业构成及关联的变动速度及趋势,观测农业产业技术的变化。生产手段的变化、生产经营方式的变化,观测农业产业投入水平的变化、产出水平的变化、农业产品及服务质量的变化,并在此基础上去其表象,探寻其发展变化背后的因果关系和内在规律,便能较为准确地判定其演进特征。作为农业产业结构演进特征判定的基本依据,结构演进的相关信息应当系统、完整、准确,年际的同类信息应当连续和可比,信息的分解或归并应科学合理,信息的分析应全面、客观,由此才能对农业产业结果演进特征做出正确判定。

农业产业结构决定农业产业系统的功能,与此相应,农业产业系统的功能应当是其结构及特征的反映。因此,农业产业系统的运行状况及其结果,亦应当作其结构演进特征判定的重要依据。通过对一定时段内农业劳动力投入、资金投入、物资投入及资源环境消耗的考察,以及对农产品产出、农业服务提供、农业发展满足市场需求态势的分析,便可以对该时段内农业产业系统的投入—产出关系做出评估,并以此为依据对农业产业结构演进的利弊得失做出估计,对其演进特征做出正确的判别。作为农业产业结构演进特征判别的重要依据,农业产业系统运行及其结果的相关信息同样要求系统、完整、准确和年际的可比,一方面应注意统计口径的变化,使其在观测时段内具有相同的内涵,另一方面应重视数据来源,选用可信度高的数据,以信息的可靠性保证农业产业结构演进特征判别的准确性。

二、农业产业结构演进特征判别的内容

不同的国家或地区,因其资源禀赋和市场需求不同,农业产业结构的演进特征不可能一样。在特定时段内,不同国家和地区因经济社会发展的阶段不同、农业发展的基础条件不同、农业技术进步的水平不同、农业投入强度不同、农业政策不同,农业产业结构演进的特点也有很大的差异。但无论哪一类国家或地区,

农业具有很多共同的特质,其结构演进也存在一些共同(或类似)的规律,可以从相关领域和方面对农业产业结构演进特征进行归纳和总结,构建其判别的内容体系。有鉴于此,一个特定国家或地区在一定时段内的农业产业结构演进特征,可以从总体特征、区域特征、部门特征三个方面加以判别。

(1)一个国家在一定时段内农业产业结构演进总体特征主要包括以下内容:

第一,在该时段内农业产业结构演进的方向及趋势特征;

第二,在该时段内农业产业结构演进的层次及水平特征;

第三,在该时段内农业产业结构演进的速度、阶段及波动特征;

第四,在该时段内农业产业结构演进的可成长及可持续特征。

(2)一个国家在一定时段内农业产业结构演进的区域特征主要包括以下内容:

第一,不同区域农业产业结构演进的相似性特征;

第二,不同区域农业产业结构演进的相异性特征;

第三,不同区域农业产业结构演进的集聚性特征;

第四,不同区域农业产业结构演进的关联性特征。

(3)一个国家在一定时段内农业产业结构演进的部门特征主要包括以下内容:

第一,种植业结构演进的特征;

第二,畜牧业结构演进的特征;

第三,种植业和畜牧业结构关联及占比变动特征;

第四,农业部门结构演进中要素替代特征。

上述各个方面对特定国家或地区一定时段内农业产业结构演进特征进行分析以揭示其全貌,并使特征的判别较为全面和准确。当然,一个国家或地区在一定时段内农业产业结构演进的总体特征、区域特征、部门特征,既有独立性也具相关性,在对其分析与判别时,应当重视它们之间的区别与联系。还应当指出的是,对特定国家或地区一定时段内农业产业结构演进特征的判别内容,既可按上述总体、区域、部门三个层次展开,也可按其他思路展开(如取向、过程、结果),只要能对演进特征进行全面分析和准确判别即可。

三、农业产业结构演进特征判别的方法

对特定国家或地区农业产业结构演进特征的判别,都是通过对该国或该地区一定时段内农业产业发展及结构变化的分析完成的,这一分析所使用的方法就是农业产业结构演进特征的判别方法。由于农业产业结构演进既有属性方面的特征又有数量方面的特征,对其判别应用定性和定量两种方法或二者结合的方法来完成,定性方法主要用于判别其好坏、优劣、状态、趋势等特征,而定量方法则主要用于判别其速度、波动、占比、关联等特征。

用于判别农业产业结构演进特征的定性方法主要有分解—综合法、归纳—演绎法、对比(类比)分析法等。分解—综合法是通过对某一时段内特定国家或地区农业产业结构演进过程和结果的解析,观察其不同侧面和局部的发展变化,再将这些变化加以综合,从总体和全局上考察其变动的方向、趋势、程度及利弊得失,进而对农业产业结构演进特征加以判别。归纳—演绎法是通过对某一时段内,特定国家或地区农业产业结构演进不同侧面和局部的归类及总结,观察这一演进的总体方向、趋势,并经过严密的因果逻辑关系分析,对农业产业结构演进特征进行判定,并对这些特征可能产生的后果进行预估。对比(类比)分析法是通过将特定国家或地区某一时段内农业产业结构演进的过程和结果,与其另一时段的情况加以比对,考察不同时段内农业产业结构变动的差异及其原因,进而对该时段内农业产业结构演进的特征加以判别;或通过将特定国家或地区某一时段内农业产业演进过程和结果,与其他国家或地区同一时段(或类似发展阶段)的情况进行对比,考察不同国家或地区农业产业结构变动的差异及原因,进而对该国或地区农业产业结构演进特征进行判别。

用于判别农业产业结构演进特征的定量分析方法主要有统计分析法、计量模型法、系统分析法等。统计分析法是通过对某一时段内,特定国家或地区农业产业结构变动过程及结果相关数量指标的统计、计算、分析,对其不同局部和侧面的发展变化进行考察,对其利弊得失及可能的趋势进行评估,进而对农业产业结构演进特征进行判别。计量模型法是在相关经济理论指导下,构建农业产业结构变动与其影响因素的相互关系模型,再利用样本数据对模型进行估计,通过对估计结果的分析揭示它们之间内在的依存关系,进而对农业产业结构演进特征加以判别。系统分析法是将农业产业作为一个系统,通过对某一时段内特定

国家或地区农业产业的构成、不同农业产业及其相关关系的发展变化、农业发展的总体态势及投入—产出效果等方面的分析,考察农业产业系统运行效率与效益,进而对农业产业结构演进的特征做出判别。

第二节 农业产业结构演进特征的形成分析

农业产业结构演进是一个复杂的过程,其特征随演进过程的发展而逐渐形成。任何国家和地区的农业产业结构,都会随内外部条件的改变而发生演进,但在不同的时段、不同的国家或地区内外部条件存在很大差别,因而不同的时段、不同的国家或地区,农业产业结构的演进会呈现各自不同的特征。分析农业产业结构演进特征形成与内外部条件的关系,可以深入认识其内在规律,为引导农业产业结构向科学合理的方向调整提供依据。

一、农业产业结构演进特征形成的条件

农业产业结构演进的取向、过程和结果,都会受到内外部条件的制约,其特征形成同样如此,即不同的内外部条件会导致农业产业结构演进呈现出不同的特征。农业产业结构演进特征形成的外部条件主要有农业制度与产业政策、经济社会发展、市场需求与变化等,内部条件有资源禀赋与生态环境、基础设施、技术与投入等,这些条件虽相互作用但互有区别,故农业产业结构演进特征的形成,是这些条件综合作用的结果。

在农业产业结构演进特征的形成中,外部条件主要发挥引导、约束或保障作用。农业制度与产业政策既是农业产业结构演进方向及趋势形成的条件,也是农业部门结构演进特征形成的条件,并且对其他结构演进特征的形成提供不同的激励或施加不同的约束。由制度与政策权威性和强制性所决定,农业产业结构演进只能在其允许的范围内推动,演进特征也只能在这一范围内形成,从而使其成为演进特征形成的重要条件。经济社会发展水平决定国家或地区经济实力,决定对农业产业结构演进的支撑能力,以及对农产品数量、质量、类型的需求水平,是农业产业结构演进方向、演进层次、演进速度等特征形成的重要条件,还是区域农业产业结构演进特征差异的条件。市场需求与变化既是农业结构演进方向及趋势特征形成的条件,也是农业产业部门结构及层次特征的形成条件,还

是农业产业结构演进关联特征形成的条件,正是市场需求及变化拉动的农业产业结构演进,才能使其相应的演进特征产生。

在农业产业结构演进特征的形成中,内部条件主要发挥支撑、保障、促进作用。农业资源禀赋及生态环境是农业产业结构演进方向和趋势特征形成的基础支撑条件,也是区域农业产业结构演进特征形成的基本依据,同时还是农业产业结构演进关联特征及层次特征形成的基础条件。农村公共基础设施及农业基础设施,不仅是农业产业结构演进方向、产业关联特征形成的必要条件,也是农业产业结构演进层次特征形成的基础条件,还是农业产业结构演进可持续特征的重要条件。技术与投入既是农业产业结构演进方向及趋势特征、速度特征形成的重要条件,也是农业产业结构演进区域差异及部门差异特征形成的重要条件,还是农业产业结构演进层次特征及可持续特征形成的关键条件,正是技术和投入的支持才使农业产业结构演进的多种特征得以形成。

二、农业产业结构演进特征形成的推进主体

农业产业结构演进特征的形成作为一种经济现象,是自然因素作用和人为推进的结果。在一定时段内特定国家或地区自然因素既定的条件下,人为推进便成为农业产业结构演进特征形成的决定力量。这一人为推进力量虽有多重来源,但主要是政府、农业生产经营者、社会公众(农产品及服务的需求者)三类,他们以不同的方式通过不同的途径促进农业产业结构演进特征的形成。

政府通过农业发展制度设计和政策制定,对农业产业结构演进加以引导和施加约束,从而推进农业产业结构演进特征的形成。政府通过农业制度创新和政策变革,对农业产业结构演进原有进程和格局加以干预,又会促使农业产业结构改变,促使结构演进新特征的形成。政府既拥有公共决策权、行政干预权,也掌握不少人财物力,有多种手段和途径对农业产业结构演进特征的形成施加作用。除应用农业发展制度与政策外,还可利用行政干预手段、财政投入手段、金融服务手段、技术支持手段等,促使农业产业结构演进特征形成。因此,政府是推进农业产业结构演进特征形成的主体,且这一地位是其他主体所不能替代的。

生产经营者是农业生产经营活动的直接抉择者和实施者,掌握可支配的土地、劳动力、资金、物资及一定的生产经营技能与经验,通过生产经营抉择、生产要素配置、生产经营活动开展,对农业产业结构演进施加影响,进而推进农业产业结构演进特征的形成。农业生产经营者通过农业生产经营的选择决定产业发展,促进农业产业结构演进方向及趋势特征的形成。通过对可支配生产要素的配置,决定产业发展重点、规模及速度,推进农业产业结构演进的产业构成、产业关联、产业发展过程特征的形成。通过对农业生产经营活动的实施,决定采用的生产技术、生产手段及经营管理措施,推进农业产业结构演进层次特征的形成。由于生产经营者在农业发展中的独特地位及重要作用,其成为农业产业结构演进特征形成的核心推进主体。

本书所述社会公众,主要指农业产品及服务的直接或间接需求者,如城镇和农村居民(农民兼具生产者和需求者双重角色)、农产品加工企业、农产品营销企业等。这些公众虽不直接参与农业生产(农民除外),但通过对农产品及农业服务的需求、对相关制度及政策的影响以及对农业发展的支持,推进农业产业结构演进特征的形成。社会公众通过对农产品及服务类型、数量、质量的需求,拉动农业产业结构演进并使其与需求相适应,进而促进农业产业结构演进方向特征、关联特征、层次特征的形成。社会公众对农产品及服务需求等的关心,会促成某些农业制度及政策出台,并通过这些制度及政策的实施,推进农业产业结构演进特征的形成。社会公众也有机会通过不同方式和途径,按一定的理念推进农业产业结构演进,并使其形成某些独有的特征。由于这些作用的决定,社会公众也成为推进农业产业结构演进特征形成的主体。

三、农业产业结构演进特征形成的动力来源

农业产业结构演进特征的形成与其他经济现象的产生一样,都需要有一定的动力加以推进才能实现。农业产业结构演进特征形成的动力来源于政府、生产经营者及社会公众,他们推进农业产业结构演进特征形成的目标和动机不同,推进的方式和途径也有差异,其推进所产生的合力,最终决定了农业产业结构演进特征的形成。

政府推进农业产业结构演进某些特征的形成,是与其发展农业的目标相对应的。政府发展农业的目标具有多元性,但主要是满足社会对农业产品及服务的需求、增加农民的收入并保持其生产积极性、保障农业可持续发展及安全三个方面。农业产业结构演进的不同特征,会造成农产品产出、农业效益、农业可持

续性的不同结果。政府根据发展目标,应用多种手段推动农业产业结构演进,形成某些演进特征,使产出的农产品及提供的服务在数量、质量上能满足社会需求,农业的效益能够提高并使农民收入增加,资源利用与生态保护科学有效,农业可持续发展能力得到增强。假设有A、B两类农业产业结构演进特征,其农产品产出能力分别为Q_A和Q_B,农业效益分别为R_A和R_B,农业可持续发展能力分别为C_A和C_B。设政府农产品产出目标为Q,农业效益目标为R,农业可持续发展能力目标为C,则当$Q-Q_A<Q-Q_B$、$R-R_A<R-R_B$、$C-C_A<C-C_B$三个条件同时成立时,政府就会推进A类农业产业结构演进特征的形成,因为具有这类特征的农业产业结构演进更容易使政府目标实现。

生产经营者推进农业产业结构演进特征的形成,是与其追求更高收益的目标相联系的。生产经营者发展农业的目标虽有增加就业、增加收益等多个方面,但在市场经济条件下增加收益(或盈利)是其主要目标。农业产业结构演进的不同特征,会带来农业生产成本与效益的不同结果,且优劣差异较大,生产经营者会依据其差异,采用不同的办法推进农业产业结构演进特征的形成,使这一演进带来更高的收益(或盈利)。假设原有农业产业结构状态下可获收益(或盈利)为Y_0,这一结构可以通过具有A、B两类特征的演进发生变化,演进状态下的农业收益(或盈利)可分别达到Y_A和Y_B,当$Y_B>Y_0$及$Y_A>Y_B$同时成立时,生产经营者就会推进A类演进特征的形成,因为具有A类特征的农业产业结构演进,不仅能使收益(或盈利)增加,而且增加的数量最大。由此可见,生产经营者对农业产业结构演进特征形成的推进,其动力来源于增加收益(或盈利),正因为具有某些特征的农业产业结构演进能带来收益(或盈利)增加,生产经营者才会产生推进这类演进特征形成的动力。

社会公众推进农业产业结构特征的形成,是与其对农产品及农业服务需求满足目标相联系的。社会公众发展农业的目的是获得数量丰富、品质优良且物美价廉的农业产品及服务,农业产业结构演进的不同特征,使满足这些要求的功能存在很大差别,不同类型的社会公众会依据自己的偏好,推进农业产业结构演进某些特征的形成,以更好满足自己的需要。

第三节 农业产业结构演进特征形成的影响因素分析

农业产业结构演进特征的形成，有其内在的因果关系，特征形成是结果表达，而影响因素是内在原因。影响农业产业结构演进特征形成的因素很多，但主要的是资源禀赋与基础条件、市场需求及变动、技术与投入、制度与政策等几方面，正是这些因素综合作用的结果，才促成农业产业结构演进特征的形成。对农业产业结构演进特征形成与影响因素的因果关系进行分析，可以深入认知农业产业结构演进特征形成的机制。

一、资源禀赋与基础条件对农业产业结构演进特征形成的支撑及约束

与其他产业相比，农业对自然资源和生态环境的依赖极强。与其他产业类似，农业发展也需要基础条件的支持。农业产业结构演进及其特征的形成都会受到资源禀赋和基础条件的强烈影响。影响农业产业结构演进特征形成的自然资源主要有土地资源、水资源、生物资源三大类，生态环境主要有自然气候、林草植被、环境条件三大类，基础条件主要包括公共基础设施、农业基础设施、农业服务设施等，这些因素一方面从不同角度对农业产业结构演进特征的形成产生独特影响，另一方面通过组合效应对农业产业结构演进特征形成综合影响。

土地资源、水资源、生物资源等自然资源是农业发展最基本的自然物质基础，也是农业结构演进特征形成的最基本的自然物质支撑，对农业产业结构演进特征形成具有重大影响。首先，这些自然资源的类型决定了农业产业可选择的领域，从而对农业产业结构演进的产业构成特征施加直接影响。其次，自然资源的数量决定了农业产业的发展规模，进而对农业产业结构演进的产业关联特征及变动速度特征产生直接影响。再次，自然资源的质量既决定农业产业发展速度及产出能力，也决定农业产业的发展水平及投入—产出效率，进而对农业产业结构演进的速度特征、层次特征、效益特征产生重要影响。同时，这三类自然资源的匹配程度，通过对农业产业发展的支撑与约束，对其产业结构演进特征的形成发挥多方面的影响作用。

气温、降水、光照、林草植被、水环境、大气质量、污染防治等生态环境条件，既支撑又制约农业产业发展，对农业产业结构演进特征形成产生重要影响。首先，生态环境决定农业产业的可选择范围，特别是自然气候条件对农业产业选择更具有决定性作用,从而对农业产业结构演进的产业构成及产业发展方向特征产生直接影响。其次,生态环境为农业发展提供的条件不同,其发展速度、规模、水平也不一样,进而对农业产业结构演进的速度特征、产业关联特征及层次特征产生直接和间接影响。再次,生态环境对农业产业的生产效率、投入—产出效率具有一定的决定作用,从而对农业产业结构演进的效率及效益特征产生重要影响。

交通、通信、能源、农田水利、农地整治及改良、种养业生产设施、农业生产服务设施等基础设施,是农业产业发展和结构演进的重要支撑。这些支撑条件对农业产业结构演进特征的形成具有重大影响。首先,基础设施对农业产业选择范围具有支撑及限定作用,特别对新兴农业产业发展支撑作用很大,由此对农业产业结构演进的产业构成特征形成具有较大影响。其次,基础设施还在一定程度上决定农业产业的发展规模,进而对农业产业结构演进的产业关联特征产生影响。再次,基础设施对农业产业的资源产出率、劳动生产率及成本效益具有决定作用,从而对农业产业结构演进的效率及效益特征产生影响。

二、市场需求对农业产业结构演进特征形成的导向

与其他产业类似,市场对农业产品及服务的需求,既是农业产业发展的基本依据,也是农业产业发展的重要条件。对于农业生产经营者,只有按市场需求选择相应产业发展并进行生产,才能完成从生产到消费的再生产过程,也才可能收回成本并获得利润。因此,市场需求为农业产业选择及发展提供导向,市场需求变动促进农业产业选择及发展演进,进而对农业产业结构演进特征的形成施加重要影响。

市场对农业产品及服务类型和品种的需求,引导农业产业选择和发展与之相适应。市场对农业产品及服务类型和品种需求发生改变,又迫使农业产业在选择和发展方面进行调整,以适应变化的市场需求。市场需求的这一导向作用,通过生产经营者的抉择,对农业产业结构演进的产业构成及变化特征产生影响。市场对农业产品及服务的数量需求,引导农业产业发展的规模抉择。市场需求的这一导向,亦通过生产经营者的选择,对农业产业结构演进的层次特征形成产生影响。当然,市场对农业产品及服务类型和品种的需求是有一定数量与质量要求的,市场对农业产品及服务的数量需求也是分类型和品种并有一定质量要

求的,市场对农业产品及服务的质量需求也是针对不同的类型和品种并有一定数量要求的,因此,市场需求包含多重含义,市场需求对农业产业结构演进特征的形成具有全方位的影响。

市场信息的真实与及时传递,对市场需求导向在农业产业结构演进特征形成作用的有效发挥极为重要。只有市场需求信息真实可靠并能及时准确传递给生产经营者,他们才能在农业产业选择和发展中正确抉择,促进农业产业结构演进并使其具备可更好满足市场需求的特征形成。如果市场需求信息失真或真实信息不能及时准确传递给农业生产经营者,他们就会在农业产业选择和发展中做出错误抉择,造成农业产业结构演进失序并使其与市场需求相悖特征形成。

三、技术与投入对农业产业结构演进特征形成的决定

技术与投入既是农业产业发展的重要条件,也是推动农业产业发展的强大动力。这一条件的提供使农业产业发展的领域拓展和水平提高有了更大的空间,这一动力的提供又使农业产业发展的方向选择和规模扩大有了更大的余地。条件提供与动力生成的双重作用,有力促进农业产业发展和结构演进,不同水平的技术与投入,又造成农业产业结构演进不同特征的形成。

技术对农业产业结构演进特征形成的决定作用体现在以下方面。第一,品种技术、种植技术、养殖技术的进步,不仅可以开拓农业产业,还可以大幅提高要素产出率和劳动生产率,在满足市场所需农产品生产时可节省要素投入,节省的要素又可用于其他农业产业的发展,从而带来技术对农业产业演进的产业构成特征、发展特征及效率特征形成的影响。第二,品种技术、种植技术、养殖技术、设施技术的进步,可以显著提高农产品单产和总产,改善农产品质量,降低农产品生产成本,增加农业收益,并由此对农业产业结构演进的层次特征和效率特征形成产生重要影响。第三,农业机械技术和信息技术的进步,不仅可以大幅提高农事作业效率并在一定程度上决定农业产业发展规模,还可以使农事作业精准化、精细化,也有利于提高农产品质量和降低生产成本,进而对农业产业结构演进的层次特征、规模特征、效益特征的形成产生影响。第四,土肥技术、植保与动物疫病防控技术、灌溉技术、废弃物无害化处理技术的进步,可促进农业资源环境保护、改善生态环境条件,从而对农业产业结构演进的可持续特征形成直接产生影响。第五,不同农业产业技术进步的差异及不同地区农业技术进步的差

异,导致不同农业产业及不同地区农业产业发展的水平及效益差异,进而对农业产业结构演进的产业构成及产业关联特征、区域差异特征产生影响。

资金和物资(主要是资金)的投入,通过对农业产业发展的支撑和保障作用,对农业产业结构演进特征的形成施加影响,其影响主要体现在四个方面。第一,资金和物资投入很大程度上决定农业产业的发展速度和水平,不同的产业投向还会造成其发展的差异,进而对农业产业结构演进的产业关联特征、产业发展水平及差异特征形成产生重要影响。第二,资金和物资投入是传统农业产业改造和新兴农业产业发展的关键条件,通过对这两类产业发展的支撑作用,进一步对农业产业结构演进的产业构成特征及层次特征形成施加影响。第三,资金和物资投入对农业基础设施建设、农业生产服务设施建设及先进技术推广应用必不可少,而这些设施和技术对农业产业选择及发展具有重要决定作用,并由此对农业产业结构演进的产业构成及关联特征、层次特征产生影响。第四,资金和物资投入的地区差别,对地区间农业产业选择差异有一定作用,对地区间农业产业发展水平差异有重要决定作用,由此导致农业产业结构演进的区域特征及层次特征的形成。

四、制度与政策对农业产业结构演进特征形成的诱导和指引

相关制度是农业产业发展必须遵循的规则,对农业产业发展有刚性指导和约束作用。政策是依据基本制度制定和推行的对策及措施,对农业产业发展有具体的诱导、激励、约束作用。制度与政策通过对农业产业发展领域、发展重点、发展规模、发展速度的调控,影响农业产业结构演进特征的形成。

相关制度通过为农业产业发展提供社会环境,实施指导和约束,对农业产业结构演进特征的形成施加影响,具体表现在五个方面。第一,农村土地家庭承包经营及使用权流转制度,决定了生产经营者盈利导向、农业规模化和专业化生产实现的可能,由此对农业产业结构演进的产业构成特征、层次特征和效益特征形成产生影响。第二,农地管理和保护制度,对不同类型土地的利用规定了范围,对各类土地保护提出了要求,通过农业产业选择的限定和生产方法的约束,对农业产业结构演进的产业构成特征、产业关联特征及层次特征形成产生影响。第三,农村劳动力就业制度和农村人口迁移制度,对农村人口数量、农业劳动力供给数量与素质、农业基础设施建设、农业技术推广有很大决定作用,并对农业产业选择、生产方式及技术选择、生产效率与效益施加很大约束,并由此对农业产业结构演进的产业构成特征、产业关联特征、层次特征及效率与效益特征形成产生重大影响。第四,农产品国内贸易制度使不同地区农产品可以自由交换,使不同地区可以按比较优势进行农产品生产。农产品国际贸易制度不仅可与国外互通有无,还可促进国内比较优势产品的出口和国外优质产品的进口,并推进农业产业发展的优化选择。贸易制度通过对农业产业发展的拉动,对农业产业结构演进的产业构成特征、产业关联特征、变动速度特征的形成产生影响。第五,农业生态环保制度对自然资源利用与保护、污染防控与治理、废弃物资源化利用等做出具体规定,这些规定对农业产业选择、生产经营成本与收益均有决定性作用,通过这些作用的发挥,对农业产业结构演进的产业构成及关联特征、层次特征及效益特征形成产生影响。

相关政策为农业产业发展提供具体规制,对农业产业发展实施激励或约束,并对农业产业结构演进特征形成产生影响,具体表现在三个方面。第一,农村公共设施和农业基础建设支持政策,决定农业产业发展的基础条件,对农业产业选择、发展规模、技术应用发挥多重作用,并通过这些作用对农业产业结构演进的产业构成特征、规模特征、层次特征形成施加影响。第二,对不同农业产业发展的差别化扶持政策,对不同区域农业产业发展的区别性扶持政策(主要表现为专项投入与补贴),导致不同农业产业和不同区域农业发展方向、规模发生分异,进而对农业产业结构演进的产业构成特征、产业关联特征、产业规模特征的形成产生影响。第三,农产品价格保护及收储政策,给生产经营者提供一个明晰的收入预期,使一些农业产业发展保持相对稳定,使一些农业产业发展得到及时调整,由此对农业产业结构演进的速度及波动特征、产业构成及关联特征形成施加影响。

第四节 农业产业结构演进的特征及其衡量

对一个国家(特别是大国)一定时段内农业产业结构演进特征形成进行研究,需要对其特征做出准确判定,并在此基础上逐一分析。由于研究对象的复杂性,为方便分析,可将演进特征归为总体特征、区域特征、部门特征三大类,对特征形成进行分类研究。农业产业结构演进特征有的表现为属性或趋势,有的表现为数量或比率,要分析这些特征就需要对其进行衡量,前者只能进行定性判断,而后者则可进行定量测度。衡量结果为研究农业产业结构演进特征形成提供了基础。

一、农业产业结构演进总体特征及其衡量

一国在一定时段内农业产业结构演进的总体特征包含丰富的内容,特别是对于大国较长的历史阶段更是如此。为方便分析,可以从演进的取向与趋势、演进的速度与波动、演进的层次与效果、演进的可持续性四个方面进行总结和衡量。

1.农业产业结构演进取向与趋势特征及其衡量

在一定时段内,农业产业结构演进取向主要指演进对农业产业发展目标的选择与取舍,演进趋势主要指演进的方向及态势。农业产业结构演进的过程表现为农、林、牧、渔四部门产值的持续非均衡增长过程,农业各部门增长因速度和幅度差异,形成一连串的各部门占比起伏相继并关联于农业产业内的序列,农业产业结构演进趋势特征可通过四部门产值占农林牧渔业总产值比例形成的序列进行表达。

本书构建农业产业结构演进指数(ASI),来综合反映农业产业结构演进的产业构成变化、产业关联变动、产业层次及发展水平变动,计算公式为:

$$ASI_t = \sqrt{\sum_{n=1}^{N}\left(Q_{nt}/Q_t\right)^2} \qquad (式3-1)$$

式中$t(t=1,2,\cdots,T)$表示年份,$n(n=1,2,\cdots,N)$表示产业(部门),Q_{nt}表示第n种产业在t年份的生产总值,Q_t表示t年份农业产品及服务总产值。本书中农业产业包括农业(种植业)、林业、牧业和渔业。

2.农业产业结构演进速度与波动特征及其衡量

在一定时段内,国家农业产业结构演进速度主要反映演进过程的快慢,演进波动主要反映演进过程的平稳性。农业产业结构演进速度可用Moore结构变化值来衡量。农业产业结构演进的波动可通过农业结构变动度来衡量。

Moore结构变化值运用空间向量测定法,以向量空间夹角为基础,将n个产

业视为一组 n 维向量,把两个时期间两组向量的夹角作为表示产业结构变化程度的指标,计算公式为:

$$\mathrm{MOR}_t = \sum_{n=1}^{N} W_{n,t} W_{n,t+1} \bigg/ \sqrt{\sum_{n=1}^{N} W_{n,t}^2 \sum_{n=1}^{N} W_{n,t+1}^2} \qquad (式3-2)$$

式中,MOR_t 表示 Moore 结构变动值,$W_{n,t}$ 为第 t 期第 n 个产业所占比重,不同时期产业份额之间变化夹角为 θ_t,而 $\theta_t = \arccos \mathrm{MOR}_t$,$\theta$ 值越大,表明产业结构变化速率也越大,揭示了产业结构变化的过程。

农业结构变动度(SBV)反映考察期内区域农业产业结构总体平均变动的幅度。其值越大,说明农业产业结构变动幅度越大。

$$\mathrm{SBV} = \sqrt{\left| \sum_{n=1}^{N} W_{n_2}^2 - \sum_{n=1}^{N} W_{n_1}^2 \right|} \bigg/ T \qquad (式3-3)$$

式中,SBV 表示年均农业结构变动度。W_{n_1}、W_{n_2} 分别表示考察期基期、末期农业部门 n 在农业总产值中的比重,N 表示农业部门个数,T 表示考察期年份。

3.农业产业结构演进层次与效果特征及其衡量

一定时段内,农业产业结构演进的层次与效果,主要反映演进的水平及其效率变化,可用先进农业技术覆盖率、农机作业率、土地产出率、劳动生产率等指标进行衡量。其中,农业技术覆盖率主要反映种植业和养殖业生产应用现代科学技术(如优良品种技术、先进种养技术等)的范围和规模,通过不同观测期的占比变动判断农业产业结构演进的技术水平变化,计算公式为:

$$\mathrm{ATR}_t = \sum_{n=1}^{N} A_{nt} \left(Q_{nt} / Q_t \right) \qquad (式3-4)$$

式中,ATR_t 代表先进农业技术覆盖率,N 表示农业产业体系中产业数量,Q_{nt} 表示农业产业体系中 n 产业 t 年产值,Q_t 表示 t 年农业产业总值,各产业生产中先进技术应用占比为 A_{nt}。

农机作业率主要反映种植业和养殖业生产活动中,由现代农业机械完成的范围及规模占比,通过不同观测期的比较,可以判断农业产业结构演进的生产工具和手段的变动,计算公式为:

$$\mathrm{AMR}_t = \sum_{n=1}^{N} M_{nt} \left(Q_{nt} / Q_t \right) \qquad (式3-5)$$

式中，AMR_t表示农机作业率，N为农业产业体系中产业数量，Q_t为t年农业总产值，各产业中由现代农机完成的农事活动占比为M_{nt}，产值为Q_{nt}。

农业生产中的土地产出率（ADR_t）和劳动生产率（ALR_t）分别反映了农业产业结构演进中土地和劳动力的利用效率，将不同观测期土地产出率和劳动生产率进行比较，可判断农业产业结构演进中生产要素利用效率的变动。计算公式为：

$$ADR_t = Q_t/S_t \quad\quad\quad （式3-6）$$

$$ALR_t = Q_t/L_t \quad\quad\quad （式3-7）$$

式中，Q_t为总产值，S_t、L_t分别表示第t年农业生产中的农用土地使用面积和农业劳动力使用量。

4. 农业产业结构演进可持续特征及其衡量

一定时段内，农业产业结构演进的可持续性指演进态势的可延续性及优化的可能性。不同学者从不同视角提出对农业可持续性的测度。Douglass(1984)认为农业可持续性应该包括环境重要性、食物充足性和社会公平性三个属性。Brown et al.(1987)从农业发展目标导向角度提出了农业可持续性应包含生态可持续性、经济可持续性和社会可持续性。Swaminathan(1988)指出农业可持续性是在给定土地上作物产量随着时间而产生的一种非负的增长趋势。Brklacich et al.(1991)将农业可持续性归纳为环境重要性、持续产量、承载能力、生产单位可获得性、农产品的供给确保和平等方面。李周(2006)、段红霞(1996)等从资源、经济和生态三方面考察我国农业可持续性。考虑到数据资料的可得性，本研究农业产业结构演进可持续性特征主要包含经济、生态和资源可持续性三个方面。经济可持续性是指在农业产品及服务上能满足市场需求，在经济上能获得赢利，可以自我维持、自我积累、自我发展，更多地表现为生产的可持续性。生态可持续性是指农业生态环境的保护、修复和改善，使之更加适合农业发展需要。资源可持续性是指农业自然资源的保全（数量保持、质量改善）和水平。

农业产业结构演进的生态可持续性可通过环境指数（AEI）来进行表达，采取单位耕地面积化肥施用量构建环境指数，表征现代农业生产要素的投入对农业可持续发展的影响。资源可持续性主要是衡量农业资源的利用情况，具体通过农业的人口承载指数（ACI）变动进行表达。经济可持续性可通过农业产业结构演进的经济指数（AJI）进行表达。具体计算公式如下：

$$AEI = \sqrt[n]{\prod_{i=1}^{n} C_t / \overline{C}} \qquad (式3-8)$$

式中，C_t表示第t年单位耕地面积化肥施用量，$\overline{C}$表示历年单位耕地面积化肥施用量的平均值，AEI<1表示化肥施用量有利于农业可持续发展，AEI>1，表明化肥使用量对农业可持续发展造成危害。

$$ACI_t = (\sum_{n=1}^{N} Z_t B_{nt} / Q_t) / N \qquad (式3-9)$$

式中，Z_t表示第t年的人口总数，B_{nt}表示第t年人均消费几部门产品及服务价值量，Q_t表示第t年农业总产值，N表示研究期年份。ACI增大表示农业资源利用趋好、具有可持续性，ACI变小表示土地资源满足不了可持续发展需要。

$$AJI = \sqrt{E_0/E_t \times Q_0/Q_t} \qquad (式3-10)$$

式中，E_0和Q_0分别表示基期年农村居民年人均纯收入和农业总产值，E_t和Q_t分别表示考察年农村居民年人均纯收入和农业总产值。AJI>1表明农业经济实现了增长，农业产业结构演进具有经济可持续性；相反，AJI<1则不具有经济可持续性。

二、农业产业结构演进区域特征及其衡量

不同区域（如省级辖区）因其资源禀赋、基础条件、经济社会发展水平的差异，在一定时段内农业产业结构演进呈现不同特征。在要素及产品自由流动条件下，区域农业产业结构演进又呈现关联特征。区域农业产业结构演进也可从趋势、层次、速度、可持续性几方面分析其特点，但从不同区域独特性和相互关系的角度，区域农业产业结构演进的相似性、差异性、集聚性、关联性是其主要特征。

1.区域间农业产业结构演进的相似性特征及其衡量

一定时段内，不同区域农业产业结构演进的相似性反映不同区域农业产业结构演进的共同特征，即区域间农业产业结构的趋同程度，可用联合国工业发展组织(1981)提出的产业结构相似系数进行衡量，该指标将各细分产业置于向量的不同维度，通过测量各向量间的夹角余弦值确定系数高低，取值范围为[0,1]，系数大小与结构相似程度呈正相关，即相似系数趋于上升则产业结构趋于相同；反之则表示产业结构趋异。计算公式为：

$$ASS_{abt} = \sum_{n=1}^{N} W_{ant} W_{bnt} \bigg/ \sqrt{\sum_{n=1}^{N} W_{ant}^2 \sum_{i=1}^{N} X_{bnt}^2} \qquad (式3-11)$$

式中,ASS_{abt}表示地区a和b第t年的结构相似程度。N表示农业部门个数,W_{ant}和W_{bnt}分别表示地区a和b在t年第n个农业部门产值在农业总产值中所占比重。ASS_{abt}较大表明a、b两地区t年农业产业结构相似度高,相反则表明两地区t年差异较大。这一方法还可以转换用于对不同区域农业产业结构演进在速度、层次、可持续的相似程度进行分析。

2.区域间农业产业结构演进的差异性特征及其衡量

一定时段内,不同区域农业产业结构演进的差异性反映不同区域同一观测期内农业产业结构演进的趋异特征,可用采用Krugman(1991)年提出的结构差异度指数对农业产业结构趋异问题进行衡量。计算公式为:

$$ASD_{abt} = \sum_{n=1}^{N} \left| W_{ant} - W_{bnt} \right| \qquad (式3-12)$$

式中,ASD_{abt}表示地区a和b第t年的农业结构差异度指数,N表示农业产业部门个数,W_{ant}和W_{bnt}分别表示区域a和b在t年第n个产业部门在区域农业结构中所占的比重。该指数的数值介于0至2之间,当该指数为0时,表明区域间结构完全相同,当该指数为2时,表明产业结构完全不同,当地区间结构差异越大时,该指数值也会越大,若大多数年份这一指数都较高,表明地区a和b农业产业结构演进差异性显著。这一方法也可以对不同区域农业产业结构演进在速度、层次、可持续方面的差异性进行测度。

3.区域间农业产业结构演进的集聚性特征及其衡量

一定时段内,区域农业产业结构演进的集聚性反映了该时段某些产业逐渐向特定区域集中并形成一定规模,占有较大份额,有的区域甚至成为某种农产品的主要产地,反映不同区域农业产业结构演进中产业构成、产业关联的变化,以及重点产业、主导产业的形成。集聚性能够衡量产业的地区分布特征,根据农业自身特点以及农业区域分布特征,本书采用Krugman(1991)提出的区位基尼系数(Locational Gini Coefficient),来反映农业空间分布上的不均匀程度,其计算公式参照Wen(2004)的公式形式,如下:

$$(i \neq j) G_{nt} = \frac{1}{2(H-1)} \sum_{i=1}^{H} \sum_{j=1}^{H} (W_{int} - W_{jnt}) \qquad (式3-13)$$

式中G_{nt}表示农业产业（部门）n在t年的空间基尼系数，下标i和$j(i,j=1,2,\cdots,H)$，n表示农业产业或部门，W_{int}和W_{jnt}分别表示省份i和省份j第n种产业（部门）在全国所占的份额，H代表省份数。一个农业产业（部门）在区域间的分布越均匀，这种农业产业（部门）空间基尼系数就越小；当所有省份该种农业产业（部门）所占的份额都相等时，该农业产业（部门）的空间基尼系数就为0。如果一种产业（部门）完全集中在一个省份，则其空间基尼系数就接近于1。空间基尼系数是一个相对集中度指标，它的值在0~1之间变动，越接近1表明农业集聚程度越强。

4. 区域间农业产业结构演进的相关性特征及其衡量

一定时段内，不同区域农业产业结构演进的关联性指区域间这一演进相互联系，相互影响，具有不同程度的相关性，即在同一时段内某区域的农业产业结构演进会受到其他区域的影响和制约。这种关联性可以简单用相关系数进行衡量。设地区a和地区b在观测期内各年份的农业产业结构演进指数为ASI_{at}和ASI_{bt}，则两区域在t年$(t=1,2,\ldots,T)$农业产业结构演进的总体相关系数R_{ab}的计算公式为：

$$R_{ab} = \sum_{t=1}^{T}\mathrm{ASI}_{at}\cdot\mathrm{ASI}_{bt}\bigg/\sqrt{\sum_{t=1}^{T}\mathrm{ASI}_{at}^{2}}\cdot\sqrt{\sum_{t=1}^{T}\mathrm{ASI}_{bt}^{2}} \qquad (\text{式}3\text{-}14)$$

相关系数的值在0~1之间，越接近于1，表明地区a、b农业产业结构演进关联性越强。若计算出的相关系数越接近于0，则关联性弱。

此外，空间经济学理论认为，一个空间单元上的某种经济地理现象或某一属性值与邻近空间单元上同一现象或属性值是相关的，即存在空间相关性，这种相关性可采用Moran's I指数与散点图等空间统计方法进行衡量。计算如下：

$$\mathrm{Moran's\ I} = \frac{\sum_{i=1}^{H}\sum_{j=1}^{H}P_{ij}(F_i-\overline{F})(F_j-\overline{F})}{S^2\sum_{i=1}^{H}\sum_{j=1}^{H}P_{ij}} \qquad (\text{式}3\text{-}15)$$

其中，$S^2 = \frac{1}{H}\sum_{i=1}^{H}(F_i-\overline{F})^2$，$\overline{F} = \frac{1}{H}\sum_{i=1}^{H}F_i$，$i$、$j$代表各地区，$H$为地区单元总数，$F_i$、$F_j$分别表示第$i$和第$j$地区的指标观察值，即各地区的ASI水平，$P_{ij}(i\neq j)$为空间权重矩阵元素。Moran's I指数的取值范围为$[-1,1]$，取值等于0表示地区之

间不存在空间相关性,大于0表示地区价格之间存在空间正相关,小于0表示负相关。绝对值越大,表明价格空间相关性越强,反之则越弱。

三、农业产业结构演进部门特征及其衡量

对于一国或一定区域,农业(种植业)、林业、畜牧业、渔业四大产业部门因其对资源及基础条件要求不同,其产品或服务的市场需求不同,技术进步的水平不同,在一定时段内的结构演进表现出不同的特征,且相互间还存在不同程度的关联关系。农业产业部门的结构演进可以从内部产业构成及变动趋势、内部产业关联及动态变化、内部产业结构演进的速度及层次、可持续性等方面分析其特点。我国农业四部门中,农业(种植业)和畜牧业占主体地位,是农业产业结构演进部门特征分析及衡量的重点。

1. 农业部门产业结构演进的产业构成、变动趋势特征及其衡量

一定时段内,农业部门内部产业构成及其变动趋势,前者指结构演进中因某些传统产业被淘汰及新兴产业的发展引起的产业重组,后者指这一重组的产业选择取向,反映农业产业部门内部产业结构的动态变化。农业部门内部产业数量变化可用产业数量变动率(ZYS)衡量,产业变动趋势可用产业产值占比(ZYB)进行测度。设第 t 年($t=2,3,\ldots,T$)农业部门的产业个数为 N_t,第 n 个产业($n=1,2,\ldots,N$)的产值为 Q_{nt},农业总产值为 Q_t,则产业数量变动率 ZYS_t 及产业产值占比 ZYB_{nt} 为:

$$ZYS_t = (N_t - N_{t-1})/N_{t-1} \qquad (式3-16)$$

$$ZYB_{nt} = Q_{nt}/Q_t \qquad (式3-17)$$

对观测期各年的 ZYS_t 和 ZYB_{nt} 值进行计算,若 ZYS_t 的值逐年增加(或大多数年份增加),表明农业产业部门内的产业构成趋于多元与复杂;若 ZYS_t 值逐年减小(或大多数年份减少),表明农业部门内的产业构成趋于简化与单一。若 ZYB_{nt} 值逐年增大(或大多数年份增大),表明部门产业结构演进趋向于第 n 种产业的发展;若 ZYB_{nt} 值逐年减小(或大多数年份减小),便表明农业产业结构演进存在抑制第 n 种产业的倾向。

2. 农业部门产业结构演进的内部关联、动态特征及其衡量

一定时段内,农业部门产业结构演进的内部产业关联及动态变化,指结构演进中内部各产业的相互影响和制约的依存关系,以及这种依存关系的发展变动,

反映农业部门内部各产业发展的非均衡性及其相互关系的变动性。这种依存关系可用产业变动相关系数(ZBX)和相对规模系数(GMX)加以衡量,ZBX表示两个产业在结构演进中变动的相关程度,GMX表示两个产业在结构演进中变动的相对规模大小。设农业部门中a、b两个产业第t年($t=1,2,\ldots,n$)的产值分别为Q_{at}和Q_{bt},占该部门总产值的比重为W_{at}和W_{bt},则a、b两个产业在结构演进中的相关系数ZBX_{ab}及GMX_{ab}为:

$$ZBX_{ab} = \left(\sum_{t=1}^{T} W_{at} \cdot W_{bt}\right) \bigg/ \sqrt{\sum_{t=1}^{T} W_{at}^{2}} \cdot \sqrt{\sum_{t=1}^{T} W_{at}^{2}} \qquad (式3-18)$$

$$GMX_{ab} = Q_{at}/Q_{bt} \qquad (式3-19)$$

若将农业部门中各产业间的ZBX进行计算,就可从计算结果中判断不同产业在结构演进中发展变化的关联性和相互间的依存关系。若以第n个产业为参照系,对观测期各年农业部门所有产业对其的相对规模系数,则从计算结果就可分析在结构演进中不同产业发展的动态变化。

3. 农业部门产业结构演进的速度与层次特征及其衡量

一定时段内,农业部门产业结构演进的速度及层次,主要指这一演进的进度快慢和演进的技术水平高低,反映农业部门内部各产业在演进中的总体变动及各产业的变动情况。这一变动情况可用算数平均速度(SBV)、几何平均速度(GBV)、先进技术应用占比(XAF)等指标进行衡量,农业产业结构演进的算数平均速度是指观测基年与末年各产业占比加权差额的方根,与观测年数的比值,而几何平均速度是这一差额对观测年数的方根。前者反映农业产业结构演进的年平均变化,后者反映农业产业结构演进的年递增(减)变动。设农业部门在观测基期为t_1年和末期为t_2年,相隔为k年,农业产业体系中共有N个产业,第j个产业基期和末期的产值分别为Q_{jt1}和Q_{jt2},第t年该产业先进技术应用占比为XGB_{jt},该部门在第t年的农业总产值为Q_t,则SBV、GBV、XAF分别为:

$$SBV = \sqrt{\sum_{j}^{N}\left(Q_{jt_2}/Q_{jt_2}\right)^{2} - \sum_{j}^{N}\left(Q_{jt_1}/Q_{jt_1}\right)^{2}} \bigg/ N \qquad (式3-20)$$

$$GBV = \sqrt[N]{\left[\sum_{j=1}^{N}\left(Q_{jt_2}/Q_{t_2}\right)^{2} - \sum_{j=1}^{N}\left(Q_{jt_1}/Q_{t_1}\right)^{2}\right]} \qquad (式3-21)$$

$$XAF = \sum_{j=1}^{N} XGB_{jt}\left(Q_{jt}/Q_{t}\right) \tag{式3-22}$$

计算出 SBV 和 GBV,就可以对该农业部门在 t_1 和 t_2 时期结构演进快慢做出判定。计算出观测期各年的 XAF 值,从其逐年的变化中就可以发现该农业部门在结构演进中的技术层次变动。

(4)农业部门产业结构演进的可持续性特征及其衡量

在一定时期内,农业部门产业结构演进的可持续性,指演进趋势的可持久性及进一步优化的可能性,主要反映这一演进对该部门发展的后效应,可用资源(如土地、水资源)保全率(LPR)、要素产出率(NDF)、要素替代率(YST)、劳动生产率(NSF)等指标加以衡量。设第 t 年某农业部门某生产要素使用量为 NDS、劳动力为 NDL、部门农业总产值为 Q_t,该年本部门有 N 个产业且第 j 个产业对某资源的使用量为 ZAS_{jt}、可保持优良状态的数量为 NZD、第 j 个产业在第 t 年的产值为 Qj_t,第 t 年 e 要素的产出率为 NDF_{et},第 $t+1$ 年因 h 要素的新投入或追加使要素 e 的产出率达到 $NDF_{e,t+1}$,则 LPR、NDF、YST、NSF 的计算公式分别为:

$$LPR_t = \sum_{i=1}^{n}\left[NZD_{jt}/ZAS_{jt}\right]\left(ZAS_{jt}/NDS_t\right) \tag{式3-23}$$

$$NDF_t = Q_t/NDS_t \tag{式3-24}$$

$$YST_{t+1} = \left(NDF_{e,t+1} - NDF_{et}\right)/NDF_{et} \tag{式3-25}$$

$$NSF_t = Q_t/NDL_t \tag{式3-26}$$

计算出农业部门在观测期内的上述指标值,若这些指标值逐年上升,表明该产业部门在结构演进中的可持续发展能力增强,相反,则表明可持续发展能力减弱。

第五节 农业产业结构演进特征形成的实证模型

农业产业结构演进特征的形成是由诸多因素共同作用的结果,各种因素作用的方向、方式、强度互不相同,各自充当不同的角色。正是这些因素的变动,才使农业产业结构演进形成某些独有特征。应用数学模型分析这些因素变动与农业产业结构演进特征形成的关系,可以揭示农业产业结构演进特征形成的内在机理,对农业产业结构演进的正确引导提供科学依据。

一、农业产业结构演进总体特征形成模型

农业产业结构的演进是一个复杂的过程,促成农业产业结构演进总体特征形成的影响因素较多,这些因素的作用方向、方式、强度不同,且相互关联、协同发挥作用。由于农业产业结构演进总体特征形成与作用因素的非线性关系,本书采用非线性函数描绘它们之间的关系。若设农业产业结构演进总体特征为Y_t,影响总体特征形成的因素有K种,设为$X_{kt}(k=1,2,\cdots,K)$,则他们之间的关系模型可用下式表达:

$$Y_t = AX_{1t}^{b_1}X_{2t}^{b_2}\cdots X_{kt}^{b_k}e^{u_t} \qquad （式3-27）$$

或

$$\ln Y_t = \ln A + b_1\ln X_{1t} + b_2\ln X_{2t} + \cdots + b_k\ln X_{kt} + u_t \qquad （式3-28）$$

式3-27中,Y_t表示观测期内各年农业产业结构演进的总体特征,$X_{1t},X_{2t},\cdots,X_{kt}$表示观测期内$(t=1,2,\cdots,T)$,各年对农业产业结构演进特征形成有重要作用的k种因素,$b_1,b_2,\cdots,b_k$为这些因素对农业产业结构演进特征形成的作用贡献,A表示K种因素协同作用对农业产业结构演进特征形成的影响,是一个指数模型。

利用式3-27(或式3-28)描绘农业产业结构演进总体特征形成与其作用因素的关系,由于农业产业结构演进总体特征反映在多个方面,不便用某单一变量表达,且有特征仅表现在层次及趋势等方面,难以量化与测度,这便给被解释变量Y_t的选择带来困难。而农业产业结构演进指数(ASI)提供了一个有效的工具。$ASI_t(=\sqrt{\sum_{n=1}^{N}(Q_{nt}/Q_t)^2})$能够综合反映农业产业系统的产业构成、产业比重、产业规模和水平,体现了t时点的基本结构特征,可以作为t时点农业产业结构演进总体特征的表达,即可用ASI_t代表被解释变量Y_t。式3-27(或式3-28)中的解释变量X的选择,依据产业结构理论及农业产业特点,在分析论证对农业产业结构演进总体特征形成具有作用的因素构成基础上,从中选择起主要作用的因素,这些因素内涵较为单一,便于测度与量化,对少数不便测度及量化的因素,可用作用相近的因素替代或人为赋值。

二、农业产业结构演进区域特征形成模型

本书所指区域是以行政区划的省、自治区、直辖市,范围大,人口多,自然条件、资源禀赋、地理区位、经济发展水平各不相同。应用数学模型分析区域农业

产业结构演进特征的形成,主要分析经济地理因素对农业产业结构演进特征形成的影响,及二者之间内在的关联关系,为区域农业产业结构的优化调整提供科学依据。与总体特征形成的分析过程相似,这一分析的过程主要包括选择合意的模型函数形式、确定被解释变量和解释变量及其测度、选用恰当的方法进行估计与检验。

对农业产业结构演进趋于特征形成的分析,其模型的函数形式主要由各作用因素与结构演进趋于特征形成的关系所决定。与结构演进总体特征形成分析的情况类似,各因素对于特征形成的作用方向、方式、强度不同,且具有非线性特征,其因果联系应用非线性函数进行表达。但对农业产业结构特征形成的分析要涉及不同区域单元,且不同区域的结构演进对模型参数影响各异,根据实际情况,设定面板数据模型的形式。若设区域个数为N,序号为$n(n=1,2,\cdots,N)$,观测期个数为T年,序号为$t(t=1,2,\cdots,T)$,影响农业产业结构演进趋于特征形成的因素有G种,序号为$g(g=1,2,\cdots,G)$,则各作用因素与农业产业结构演进区域特征的关系可用以下公式表达:

$$Y_{nt} = \sum_{g=1}^{G} b_{ngt} X_{ngt} + u_{nt} \qquad (式3-29)$$

在实际应用中,为估计的方便,采用变系数模型为:

$$Y_{nt} = \sum_{g=1}^{G} b_{ng} X_{ngt} + u_{nt} (T>N) \qquad (式3-30)$$

在式3-30中,被解释变量Y_{nt}表示第n个区域在t年的农业产业结构演进特征,可以用该区域对应年份农业产业结构演进指数(ASI_{nt})表示。解释变量X_{ngt}表示第n个区域在t年对农业产业结构演进区域特征形成发挥重要作用的第g个因素,b_{ng}为模型参数,u_{nt}为随机误差项。各区域ASI_{nt}通过农业产业结构演进指数计算公式获得,而X_{ngt}则应根据区域特征形成的相关理论和关联关系进行筛选。为避免式3-30基于OLS/ML方法估计可能产生的偏差,需要对面板数据进行Granger因果关系检验及平稳性检验,根据检验结果对数据进行处理,并选择相应的方法对模型参数进行估计和检验。

三、农业产业结构演进部门特征形成模型

本书所指农业产业部门是按产品特征划分的农业(种植业)、林业、畜牧业、渔业四大部门,每一部门内部包含众多不同的农业产业,从事不同农业产品的生产。农业产业结构的演进,一方面表现为部门关系的变化,另一方面表现为各部门内部产业构成及关系的变化,产业特征突出。农业产业结构演进部门特征表现在多个方面,内涵各不相同,形成的作用因素也不一样,这对特征形成的实证形成挑战,一是难以用一个综合性变量反映部门特征的变动和水平;二是难以准确筛选对部门特征形成具有重要作用的影响因素。在这种情况下,按农业产业结构演进的主要部门特征构建模型,可以分别完成对不同部门特征的形成分析。

本书以农业产业体系中种植业和畜牧业之间的部门关系,反映农业产业结构演进的部门特征,应用数学模型进行分析。设观测期为 T 年,第 t 年($t = 1,2,\cdots,T$) 种植业总产值为 Q_{zt}、畜牧业总产值为 Q_{st},则第 t 年种植业与畜牧业比值 $ZYB_t = Q_{zt}/Q_{st}$,对这一比率变动具有重要影响作用的因素有 D 种($d = 1,2,\cdots,D$),第 t 年的第 d 种要素为 X_{dt},则 ZYB_t 与 X_{dt} 的关联关系可以用下式表达:

$$ZYB_t = \lambda X_{1t}^{\alpha_1} X_{2t}^{\alpha_2} \cdots X_{Dt}^{\alpha_D} e^{\varepsilon_t} \tag{式3-31}$$

或

$$\ln ZYB_t = \ln\lambda + \alpha_1 \ln X_{1t} + \alpha_2 \ln X_{2t} + \cdots + \alpha_D \ln X_{Dt} + \varepsilon_t \tag{式3-32}$$

在式3-31中,ZYB_t 为第 t 年种植业与畜牧业产值的比值,表示两部门之间的结构比例关系特征,X_{dt} 表示对 ZYB_t 变化有重要作用的 P 种因素,$a_1,a_2,\cdots,a_D$ 为这些因素对 ZYB_t 形成的贡献,λ 表示 D 种因素协同作用对 ZYB_t 形成的影响,是一个指数模型。当式3-31(或式3-32)中的被解释变量和解释变量经过计算整理后,便可选择合意的方法对模型进行估计与检验。

第四章 农业产业结构演进的历程：1978—2013年

农业产业结构演进过程是农业产业结构演进特征判别的基本依据，对农业产业结构演进过程进行细致的考察与分析，是科学总结农业产业结构演进特征的基础。本章遵循"总体—区域—部门"的三个关联层面和逻辑思路，对1978—2013年中国农业产业结构演进过程和轨迹进行全面的刻画与简要评析。

第一节 1978—2013年的中国农业发展

1978年以来，农村集体土地家庭联产承包经营制的逐步确立，赋予了农民生产自主权和收益权，同时伴随农村市场化改革、农产品贸易自由化和农业技术进步，我国农业资源配置得到极大改善，生产综合能力大幅提升，农业经济快速增长，农民收入不断提高。

一、全国农业发展

改革开放以来，中国经济增长取得了举世瞩目的成就。1978—2013年，国内生产总值由3 650.2亿元增加到588 018.8亿元，人均GDP由382元增加到43 320元，扣除价格因素，年均增速分别达9.8%和8.7%。同期，中国农业经济也实现了快速增长，农产品供给能力极大提升，农产品市场供应日益丰富，如表4-1所示。

表4-1 1978—2013年中国农业经济增长

指标	单位	1978年	1985年	1990年	1995年	2000年	2005年	2010年	2013年
国内生产总值	亿元	3 650.2	9 064.6	18 824.8	60 146.5	98 562.2	184 576	407 138	588 018.8
人均GDP	元	382	860	1 654	5 074	7 902	14 259	30 567	43 320
农业总产值	亿元	1 397	3 619.5	7 662.1	20 340.9	24 915.8	39 450.9	69 319.8	96 995.3
粮食产量	万吨	30 476.5	37 910.8	44 624.3	46 661.8	46 217.5	48 402.2	54 647.7	60 193.8
油料产量	万吨	521.8	1 578.4	1 613.2	2 250.3	2 954.8	3 077.1	3 230.1	3 517
棉花产量	万吨	216.7	414.7	450.8	476.8	441.7	571.4	596.1	629.9

续表

指标	单位	1978年	1985年	1990年	1995年	2000年	2005年	2010年	2013年
肉类产量	万吨	1 062	1 926.5	2 857	5 260.1	6 013.9	6 938.9	7 925.8	8 535
水产品产量	万吨	465.5	705.2	1 237	2 517.2	3 706.2	4 419.9	5 373	6 172
粮食人均占有量	千克	319	360.7	393.1	387	366.1	371.3	408.7	443.5
农民人均纯收入	元	134	398	686	1 578	2 253	3 255	5 919	8 896

数据来源：历年《中国农村统计年鉴》。

农业总产值从1 397亿元增长到96 995.3亿元，年均增长速度达4.4%。1978年我国粮食产量为30 476.5万吨，粮食人均占有量为319千克，2013年我国粮食产量达到60 193.8万吨，人均粮食产量达到443.5千克，比1978年分别增长1倍和0.4倍。其他主要农产品如油料、棉花、肉类、水产品2013年产量分别达到3 517万吨、629.9万吨、8 535万吨和6 172万吨，分别比1978年增长6倍、2倍、7倍和12倍。2013年，我国谷物、籽棉和花生产量稳居世界第一位，油菜籽、甘蔗、大豆产量分列第二、四、四位，人均农产品占有量达到世界中等以上水平[1]。农村人均纯收入达8 896元，比1978年的134元增长了65倍，其中工资性收入占比大幅增加，家庭经营收入占比不断下降。伴随收入的增加食物消费水平不断提高，农村居民人均粮食消费量显著下降，由1978年的247.8千克下降到2013年的178.5千克，农村居民人均猪牛羊肉、蛋及制品、水产品消费量大幅提高，分别由1978年的5.8千克、0.8千克、0.8千克增加到2013年的22.4千克、7.0千克和6.6千克[2]。

二、东、中、西三大区农业发展

改革开放以来，我国东、中、西三大地区[3]农业经济显著持续增长，区域间差异显著。1978—2013年，东部地区农业总产值由512.9亿元增加到38 459.4亿元，增长了74倍，中部地区和西部地区农业总产值分别由509.3亿元、284.1亿元

---

[1] 数据来源：新中国成立65周年统计资料，国家统计局，2014年。
[2] 数据来源：国家统计局网站。
[3] 本书参照相关统计年鉴的划分标准，将全国31个省（区、市）分为东部、中部和西部三大地区，其中东部地区包括：北京市、天津市、河北省、辽宁省、上海市、江苏省、浙江省、福建省、山东省、广东省和海南省11个省（市）；中部地区包括黑龙江省、吉林省、山西省、河南省、安徽省、湖北省、湖南省和江西省8个省份；西部地区包括内蒙古自治区、新疆维吾尔自治区、宁夏回族自治区、青海省、甘肃省、陕西省、重庆市、四川省、贵州省、云南省、广西壮族自治区和西藏自治区12个省（区、市）。

增加至32 740.7亿元、25 795.2亿元,分别增长了63倍和69倍(见表4-2)。图4-1显示,三大地区农业经济增长速度表现出一定的阶段性,1978—1993年三大地区农业总产值持续缓慢增长,其中东部地区农业总产值最高,中部地区次之,西部地区最低,仅约为东部地区农业总产值的56%;1993—2003年三大区农业总产值增长明显加速,东部地区增速显著高于中、西部地区,区域农业经济发展差距拉大;2003年以后三大地区农业总产值快速增长,中、西部地区增速快于东部地区,与东部地区农业总产值的比值由0.69、0.53增加到0.85和0.67,差距显著缩小。

表4-2　1978—2013年中国东、中、西部地区农业经济增长(单位:亿元)

农业总产值	1978年	1985年	1990年	1995年	2000年	2005年	2010年	2013年
东部地区	588.7	1 558.4	3 276.8	9 108.0	11 296.9	17 099.5	28 352.4	38 459.4
中部地区	509.3	1 167.9	2 519.9	5 897.1	7 865.9	12 779.4	23 314.1	32 740.7
西部地区	366.1	869.2	1 882.5	4 587.3	5 752.9	9 571.7	17 653.1	25 795.2

注:我国2003年起执行国民经济行业分类标准,2003年起农业总产值包含农林牧渔服务业产值。数据根据历年《中国农村统计年鉴》相关数据计算整理。

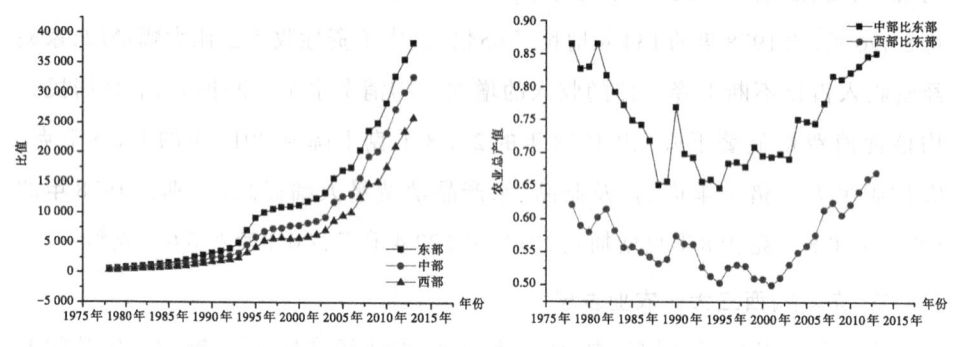

图4-1　1978—2013年中国三大区农业总产值的变动及区域差异

三、各省(区、市)农业发展

1978年以来,我国各省农业快速发展,同时也表现出显著的差异(见表4-3)。2013年,农业总产值较高并超过5 000亿元的省份分别是山东、河南、江苏、河北、四川、湖北和湖南;农业总产值较低且少于500亿元的省(区、市)分别是西藏、青海、上海、天津、北京和宁夏。1978—2013年农业总产值增幅最大的七个省(区)分别是新疆、海南、内蒙古、福建、宁夏、辽宁和山东,分别增长了132倍、119倍、94倍、89倍、88倍、87倍和85倍。从实物衡量的农业产出量看,2013年,粮食产量最高的三个省份分别是黑龙江、河南和山东,产量均超过了4 500万吨。肉类总产出最高的三个省份分别是山东、河南和四川,总产量均超过690万吨,肉类产出水平最低的三个直辖市(自治区)分别是上海、西藏和宁夏,总产量均不足30万吨。水产品总产出最高的三个省份分别为山东、广东和福建,总产量分别达863.16万吨、816.16万吨和658.48万吨,水产品产出最低的三个省(区)分别是西藏、青海和甘肃,仅为0.04万吨、0.6万吨和1.39万吨。

表4-3 1978—2013年中国各省(区、市)农业产出的情况

地区	农业总产值(亿元) 1978年	农业总产值(亿元) 2013年	粮食产量(万吨) 1978年	粮食产量(万吨) 2013年	肉类产量(万吨) 1978年	肉类产量(万吨) 2013年	水产品产量(万吨) 1978年	水产品产量(万吨) 2013年
北京	33.05	421.78	186	96.13	9.44	41.8	0.18	6.39
天津	6.72	412.36	117.10	174.71	6.51	46.48	4.50	39.86
河北	75.86	5 832.94	1 615	3 364.99	41.7	448.78	13.69	123.06
山西	29.01	1 447.01	674	1 312.80	15.15	83.21	0.07	4.56
上海	18.26	323.48	260.88	114.15	12.86	23.75	21.40	28.88
浙江	65.71	2 837.39	1 395	733.95	42.27	174.27	87.52	550.82
江苏	105.87	6 158.03	2 290	3 422.99	—	383.23	39.76	509.38
广东	85.94	4 946.81	1 632	1 315.90	48.45	435.23	72.17	816.13
山东	102.22	8 749.99	2 250	4 528.20	60.8	774.77	74.03	863.16
辽宁	49.20	4 349.72	1 175	2 195.60	—	420.12	46.79	505.03
吉林	37.78	2 670.60	1 056	3 551.02	15.64	262.66	1.03	18.58
黑龙江	60.90	4 633.26	1 500	6 004.07	33	221.28	2.17	48.86
内蒙古	28.35	2 699.50	180	2 773	—	244.9	1.42	14.13
河南	95.38	7 198.09	1 900	5 713.69	44	699.05	2.47	85.01
宁夏	4.81	430	118	373.40	1.23	27.37	0.03	14.49
新疆	19.12	2 538.88	375	1 377	9.65	139.40	0.62	13.17
湖北	84.46	5 160.56	1 725.50	2 501.30	63.89	430.08	11	410.37
湖南	81.37	5 043.58	1 900	2 925.74	69.02	519.23	11.87	234.06
江西	49.29	2 578.35	1 050	2 116.10	25.30	321.93	5.93	242.65
四川	95.71	5 620.27	3 000	3 387.10	78.02	690.39	4.74	126.06
福建	36.33	3 281.96	728.50	664.36	24.27	211.21	44.76	658.48
安徽	71.07	4 009.24	1 482	3 279.60	49.94	403.83	5.32	215.53

续表

地区	农业总产值(亿元)		粮食产量(万吨)		肉类产量(万吨)		水产品产量(万吨)	
	1978年	2013年	1978年	2013年	1978年	2013年	1978年	2013年
海南	9.56	1 144.94	114.29	190.90	4.34	82.85	6.41	183.14
广西	46.20	3 755.19	927	1 521.80	—	420.02	11.71	319.34
重庆	35.80	1 513.74	814.71	1 148.13	—	207.85	—	38.50
西藏	3.92	128	50.50	96.15	4.71	26.82	—	0.04
青海	5.99	310.30	90.50	102.37	5.99	31.81	0.44	0.60
陕西	36.27	2 562.51	800	1 215.80	14.20	112.56	0.22	12.52
云南	40.02	3 056.04	864	1 824	29.23	359.40	1.12	48.63
甘肃	22.45	1 517.74	491	1 138.90	14.99	91.01	0.02	1.39
贵州	27.46	1 663.02	643.50	1 029.99	12.80	199.74	0.37	16.70

注：表中肉类产量为猪、牛、羊肉总产量，数据来源于中华人民共和国统计局网站。

第二节 全国农业产业结构的演进

一、全国农业产业结构演进的产业构成

改革开放以来，随着我国农业的快速发展和产出的大幅提高，农业产业结构发生了显著变化，农、林、牧、渔业产值占农业总产值比重由1978年的80∶3∶15∶2演变为2013年的53∶4∶29∶10[①]。如图4-2显示，种植业在农业总产值中的占比呈持续下降趋势，由1978年的80%下降至2013年的53%，下降了27个百分点，平均每年下降0.8个百分点，但在农业产业结构中仍占有50%以上的比重，其重要地位依然不容忽视。畜牧业的发展波动较大，但总体上升趋势显著，畜牧业产值由1978年的209.27亿元增加至2013年的28 435.49亿元，在农业总产值中的占比由14.98%增加至29%。渔业产值处于平稳上升的态势，从1978年的22.07亿元增加到2013年9 634.58亿元，每年平均上升274.64亿元；林业产值也呈现出不断上升的趋势，但增长幅度低于其他部门，从1978年的48.06亿元增加到2013年的3 902.43亿元，渔业和林业产值在农业总产值中的占比由5%增加到14%。可见，种植业和畜牧业一直保有很高的份额，是我国农业两大主要部门，但其构成关系

---

① 2003年起农业总产值包含了农林牧渔服务业产值，因此农、林、牧、渔业产值占比之和小于1。

发生了很大变化,种植业、畜牧业产值比例由1978年的80∶15,转变为2013年的53∶29,农牧结构渐趋合理。

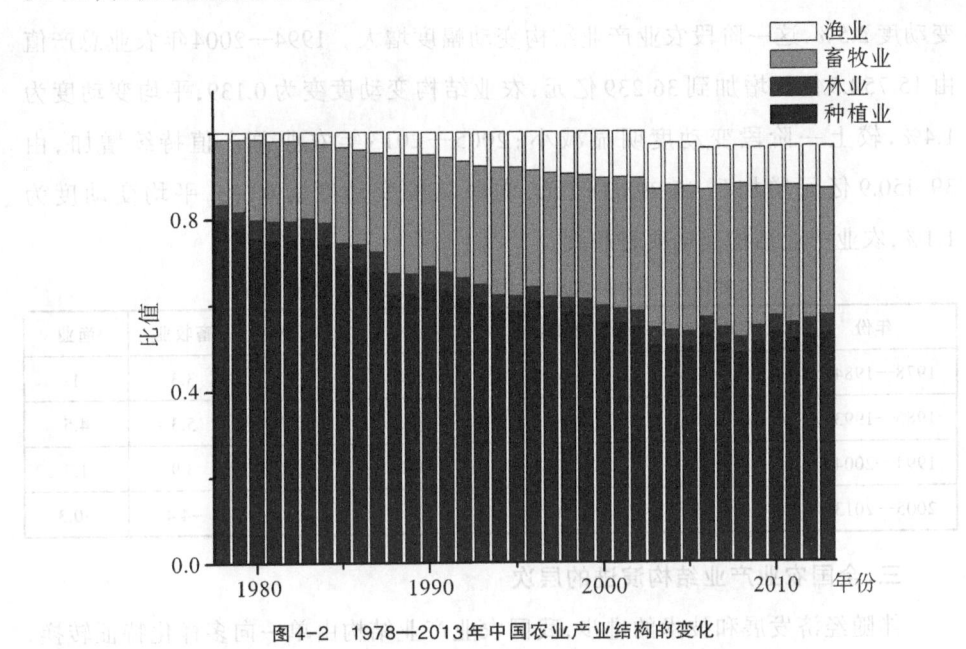

图4-2 1978—2013年中国农业产业结构的变化

二、全国农业产业结构演进的阶段

农业产业结构的演进是一个长期渐进的演变过程,同时在年际和时段间的变化不是均匀的,具有显著的阶段性。改革开放初期,我国经济发展缓慢,解决吃饭问题是农业发展面临的头等大事,农业产业结构是"以种植业为主,种植业以粮食为主"的高度单一的偏态结构。随着经济体制的深化改革和经济发展,20世纪70年代末到90年代初期,我国农业在稳定发展种植业的同时加快发展林、牧、副、渔业,农业结构变化显著,进入20世纪90年代以来,我国经济社会发展提速,人民生活由温饱向小康迈进,农产品市场需求由数量扩张向质量提高转换,农业产业结构进一步转换。

1978—1984年,农业总产值由1 397亿元增加到3 214.1亿元,农林牧渔产业部门的产值构成由80∶3∶15∶2演变为1984年的74∶5∶18∶3,这一阶段的农业结构变动度[①]为11.4%,平均变动度为1.9%(见表4-4),农业产业结构演进较为缓慢。

---

① 农业结构变动度用来衡量考察期农业产业结构变动的幅度,其值等于考察基期与末期农业各部门产值占比差值绝对值的和。其值越大,说明农业产业结构变动幅度越大。

1985—1993年农业总产值由4 013亿元增加到10 995.5亿元,农林牧渔产业部门的产值构成由69:5:22:4变动为60:5:27:8,农业产业结构变动度为19.6%,平均变动度2.5%,这一阶段农业产业结构变动幅度增大。1994—2004年农业总产值由15 750.5亿元增加到36 239亿元,农业结构变动度变为0.139,平均变动度为1.4%,较上一阶段变动度明显减小;2005—2013年农业总产值持续增加,由39 450.9亿元增加到96 995.3亿元,农业结构变动度为0.085,平均变动度为1.1%,农业产业结构变动明显趋缓。

表4-4　1978—2013年中国农业结构变动度(单位:%)

年份	平均变动度	总变动度	种植业	林业	畜牧业	渔业
1978—1984年	1.9	11.4	-5.9	1.2	3.3	1
1985—1993年	2.5	19.6	-9.1	-0.7	5.3	4.5
1994—2004年	1.4	13.9	-8.1	-0.2	3.9	1.7
2005—2013年	1.1	8.5	3.4	0.4	-4.4	-0.3

三、全国农业产业结构演进的层次

伴随经济发展和技术的进步,我国农业产业结构由单一向多样化特征转换,优质、高产、高效农业加快发展,农业产业结构演进的层次和水平不断提高。改革开放初期,农业生产以传统农业为主要特性,以追求高度自给为目标,生产投入主要依赖土地和劳动力,农业产出能力弱。改革开放以来,现代农业投入不断增加,农业产出能力大幅提升。1978—2013年,农业机械总动力由1.2亿千瓦增加到10.4亿千瓦,农业科技三项支出由1.1亿元增加到56.7亿元,财政支农支出由0.015万亿元增加到1.3万亿元,分别增加了8倍、51倍和64倍[1],农业投入持续快速增加,推动农业产业向更高层次和水平发展,农产品供给不仅解决了占世界五分之一人口的温饱问题,而且为工业化的推进提供了重要支撑。2013年,粮食产量达到60 194万吨,比1978年增长97.5%,实现2004年以来的"十连增",连续7年稳定在5亿吨以上的水平;谷物、油菜籽、甘蔗、大豆、水果、肉类产量居世界前列,农民人均纯收入也由1978年的134元增加到2013年的8 896元,增长了66倍[2]。

---

[1] 数据来源:中华人民共和国国家统计局网站。

[2] 数据来源:同上。

第三节　区域农业产业结构的演进

农业生产依赖于自然资源,我国地域辽阔,不同地域间自然条件和区位条件差异显著。一般而言,不同地区资源条件的基本差异会带来不同的最优产业选择。我国东、中、西部地区以及各省(区、市)农业产业结构的初始状态总体存在着较为显著的差异,1978年以来,随着经济发展、技术进步及基础条件的变化,区域农业产业结构的动态演进在产业构成、演进层次、趋向等方面表现出明显差异。

一、东、中、西三大地区农林牧渔部门结构演进

1978年以来,我国东、中、西三大地区农业产业结构变动如表4-5所示。1978—2013年间,我国三大地区农业产业结构的演进,种植业产值占农业总产值的比例在三大地区中表现出不同程度的下降态势,东部地区由77.27%下降为51.51%、减少25.8个百分点,中部地区由79.38%下降为56.27%、减少23个百分点,西部地区由77.26%下降至59.16%、减少18个百分点。东部地区种植业产值占比下降最快,而西部地区下降最为缓慢,东部地区下降幅度较西部地区多10个百分点。从三大地区畜牧业占农业总产值的比重看,西部地区比例明显高于东部和中部,且三大地区均呈现不同程度的增长,与1978年相比,2013年东部地区畜牧业产值占农业总产值的比重增加了10个百分点,中部地区增加了18个百分点,西部地区增加了14.6个百分点,中部地区畜牧业在农业结构中的比重增长最快。从三大地区林业在农业产业结构中的占比看,林业产值占农业总产值的比重较低,总体变动不大,其中中部地区略高于东部和西部地区。1978—2013年我国渔业发展较快,特别是东部地区,渔业产值占农业总产值的比重由3.16%增加至18.29%,增加了15个百分点。与此同时,中部地区由0.82%提升到6.6%,西部地区渔业发展慢于东、中部,这一比重由0.21%增加至3.16%,仅增加近3个百分点,由此可见,三大区农业产业结构演进表现出不同的特征和发展趋势。

表4-5　1978—2013年三大区农、林、牧、渔业产值构成的变动(单位:%)

项目	地区	1978年	1982年	1986年	1990年	1994年	1998年	2002年	2006年	2010年	2011年	2012年	2013年
种植业	东部	77.27	73.21	66.94	62.21	55.43	54.17	51.87	52.61	51.80	50.01	50.40	51.51
	中部	79.38	78.14	69.80	66.47	61.09	56.85	56.19	55.24	57.36	55.03	56.01	56.27
	西部	77.26	75.48	68.35	66.48	63.83	64.03	59.52	57.49	58.87	57.29	58.63	59.16

续表

项目	地区	1978年	1982年	1986年	1990年	1994年	1998年	2002年	2006年	2010年	2011年	2012年	2013年
林业	东部	4.02	4.73	5.07	4.17	3.62	3.21	3.53	3.80	3.87	3.57	3.62	3.67
	中部	5.24	4.82	5.18	5.24	4.42	4.16	3.92	4.14	4.18	4.19	4.30	4.50
	西部	3.56	4.28	5.76	4.76	4.15	3.55	4.14	4.75	3.73	3.89	3.77	4.15
畜牧业	东部	15.55	19.03	22.08	25.55	28.63	28.63	29.32	29.59	30.87	29.35	27.98	26.53
	中部	14.56	15.55	21.88	24.67	29.29	31.87	32.56	32.84	32.72	34.92	33.44	32.63
	西部	18.97	19.95	25.18	27.84	30.86	30.77	34.39	35.68	34.33	35.78	34.52	33.53
渔业	东部	3.16	3.03	5.91	8.07	12.32	13.99	15.27	14.00	13.46	17.07	18.00	18.29
	中部	0.82	1.48	3.14	3.63	5.20	7.12	7.34	7.78	7.68	5.86	6.26	6.60
	西部	0.21	0.29	0.71	0.92	1.16	1.65	1.95	2.08	1.97	3.04	3.08	3.16

注：2003年以后的农业总产值扣除了农林牧渔服务业产值。根据历年《中国农村统计年鉴》相关数据计算所得。

二、各省(区、市)农林牧渔部门结构的演进

伴随农业的发展，各省(区、市)农业产业结构随之发生显著变化。如表4-6所示，除海南和西藏，各省(区、市)种植业在农业总产值中的占比均有不同程度的下降，其中下降幅度超过30%的省(市)为福建(-39%)，辽宁(-38%)、吉林(-37%)、北京(-32%)、安徽(-32%)和江西(-31%)；下降幅度低于10%的省(区)分别是青海(-0.1%)、甘肃(-0.5%)和新疆(-1.6%)。除青海和西藏外，各省(区、市)畜牧业产值占农业总产值的比重快速上升，其中增幅最大的五个省份分别是吉林(34%)、辽宁(25%)、河南(24%)、四川(22%)和黑龙江(20%)。其中增幅较小的五个省(区、市)分别是新疆(1%)、甘肃(1.5%)、上海(2%)、江苏(5%)和浙江(5.3%)。从林业产值占农业总产值的比重看，北京增加了16个百分点，海南下降了37个百分点，其余各省林业产值占比变动总体变动较小。由于受资源禀赋的约束，各省份渔业产值占比均有增加但变动差异较大，其中渔业占比增幅超过10%的省份有11个，如福建增幅达34%，海南增幅达23%，江苏和浙江增幅分别达21%和22%；渔业占比增加较小且低于1%的省(区)包括西藏、内蒙古、新疆、宁夏、甘肃和陕西，由此可见，资源禀赋和经济发展水平各异的各省(区、市)农业产业结构演进的产业构成和趋势差异显著。

表4-6 1978年和2013年各省(区、市)农业产业结构变动情况

省(区、市)	农业产业结构(%,1978年)				省(区、市)	农业产业结构(%,2013年)			
	种植业	林业	畜牧业	渔业		种植业	林业	畜牧业	渔业
河南	85.70	2.70	11.40	0.20	甘肃	79.90	1.63	18.33	0.14
吉林	85.29	2.30	12.20	0.21	新疆	72.96	1.94	24.41	0.69
陕西	85.22	3.23	11.52	0.03	陕西	70.17	2.77	26.34	0.73
黑龙江	83.74	4.27	11.82	0.16	山西	68.01	6.57	24.72	0.69
安徽	83.65	1.60	14.17	0.58	贵州	62.79	4.40	30.40	2.41
山东	82.93	1.77	11.93	3.38	黑龙江	62.78	3.97	31.43	1.81
山西	82.66	6.00	11.34	0.00	河北	62.40	1.73	32.66	3.21
河北	81.66	3.17	14.32	0.85	宁夏	61.68	1.31	36.71	0.30
天津	80.48	0.60	15.65	3.28	重庆	60.86	3.21	32.32	3.60
江苏	80.45	1.40	15.85	2.30	河南	60.60	2.20	35.85	1.35
甘肃	80.37	2.76	16.87	0.00	湖南	56.91	6.00	30.62	6.47
湖南	79.30	3.94	15.87	0.89	山东	56.55	1.51	29.58	12.37
贵州	79.10	3.90	16.90	0.11	云南	55.28	9.89	32.46	2.37
宁夏	78.79	3.12	18.09	0.00	上海	55.26	3.08	22.45	19.21
辽宁	77.99	2.35	15.17	4.49	湖北	54.17	2.47	28.22	15.14
福建	77.68	6.36	10.51	5.45	江苏	54.17	1.83	20.90	23.10
浙江	77.34	3.03	14.34	5.30	天津	54.02	0.77	27.01	18.20
四川	77.22	3.34	19.05	0.39	四川	52.52	3.25	41.02	3.21
云南	75.84	6.20	17.77	0.20	安徽	52.08	6.06	30.45	11.41
上海	74.61	0.33	20.30	4.76	广西	51.56	7.94	30.39	10.12
新疆	74.53	1.78	23.54	0.16	广东	51.18	5.22	23.17	20.42
江西	74.01	11.91	12.78	1.30	内蒙古	49.90	3.61	45.40	1.09
北京	72.79	2.36	24.70	0.15	青海	49.16	3.48	42.66	4.69
湖北	71.31	8.02	19.06	1.61	吉林	48.62	3.78	46.18	1.41
广西	70.15	6.93	21.54	1.37	浙江	48.04	5.09	19.63	27.24
广东	69.20	5.79	18.70	6.31	西藏	46.32	2.16	51.36	0.16
内蒙古	63.47	3.78	32.52	0.23	海南	43.82	10.94	20.36	24.87
青海	49.29	0.89	49.64	0.18	江西	43.05	10.14	31.96	14.85
海南	40.96	48.07	8.88	2.09	北京	41.17	18.34	37.40	3.09
西藏	39.69	0.51	59.80	0.00	辽宁	40.09	3.27	40.13	16.51
重庆	—	—	—	—	福建	38.43	8.20	14.35	39.02

数据来源:根据历年《中国农村统计年鉴》相关数据计算所得。

第四节 农业部门产业结构的演进

改革开放以来,伴随农、林、牧、渔四部门的快速发展和部门间结构的显著变化,各部门内部产业结构也经历了深刻的变化。种植业和畜牧业的总产值在我国农业总产值中的份额一直保持在80%以上,是我国农业产业系统的两个主要部门,其部门结构的变化很大程度上表征着农业产业结构的深层变动。本节对种植业和畜牧业这两大部分内部结构进行深入的分析和刻画。

一、种植业结构的演进

1978年以来,我国种植业结构发生了显著的变化。表4-7反映了种植业结构的变动情况,1978—2013年,粮食作物播种面积占农作物总播种面积的比重持续下降,由80.3%下降为68%,经济作物由11.6%增加至28.6%,增长了1.5倍,其他作物总占比由8.1%减少至3.4%。从粮食作物种植结构变动看,1978—2013年我国稻谷、小麦播种面积在粮食作物播种面积中的占比经历了1978—1990年的小幅增长后,1990年后持续下降。与1978年相比,玉米播种面积占粮食作物播种面积的比重经历了1978—1985年的微小减少后持续快速上升,由1978年16.6%上升至2013年的32.4%。薯类在粮食作物播种面积中的占比由9.8%小幅缩减为8.0%,总体较为稳定。大豆在粮食作物播种面积中的占比由5.9%提高到6.7%,其间起伏波动明显,2004年起显著持续趋减。高粱和谷子在粮食作物播种面积中的占比很小,自20世纪90年代以来其占比不足5‰,表现出快速萎缩趋于淘汰。从经济作物的内部结构变动看,油料作物播种面积在经济作物播种面积中的占比在震荡中趋于减少,而蔬菜播种面积占比则快速增长,由1978年的3 330.87千公顷增长至2013年的20 899.44千公顷,平均每年增加502千公顷,占比由20%增加到近50%。棉花播种面积在波动中总体趋减,糖料播种面积变动不大,糖料和麻类播种面积之和在经济作物总播种面积中的占比不足5%。

表4-7 1978—2013年中国种植业结构的变动情况(单位:%)

作物	1978年	1985年	1990年	1978—1990年变动情况	1995年	2000年	2005年	1990—2000年变动情况	2010年	2013年	2000—2013年变动情况
粮食	80.3	75.8	76.5	−	73.4	69.4	67.1	−	68.4	68	−
稻谷	28.5	29.5	29.1	+	27.9	27.6	27.7	−	27.2	27.1	−
小麦	24.2	26.8	27.1	+	26.2	24.6	21.9	−	22.1	21.5	−
玉米	16.6	16.3	18.9	+	20.7	21.3	25.3	+	29.6	32.4	+
谷子	3.5	3.0	2.0	−	1.4	1.2	0.8	−	0.7	−	−

续表

作物	1978年	1985年	1990年	1978—1990年变动情况	1995年	2000年	2005年	1990—2000年变动情况	2010年	2013年	2000—2013年变动情况
高粱	2.9	1.8	1.4	−	1.1	0.8	0.5	−	0.5	−	−
大豆	5.9	7.1	6.7	+	7.4	8.6	9.2	+	7.8	−	−
薯类	9.8	7.9	8.0	−	8.6	9.7	9.1	+	8.0	8.0	−
经济	11.6	18.8	18.5	+	22.1	25.9	28.1	+	27.9	28.6	+
油料	36	45	41	+	41	40	34	−	33	32.6	−
棉花	29	20	21	−	17	10	12	−	11	10.1	−
麻类	4	5	2	−	1	1	1	−	0.3	0.2	−
糖料	5	6	6	+	4	4	2	−	4	4.6	+
烟叶	5	5	6	+	5	4	3	−	3	3.8	−
蔬菜	20	18	24	+	30	40	43	+	45	48.6	+
其他	8.1	5.4	5.0	−	4.5	4.7	4.8	−	3.7	3.4	−

数据来源：根据《中国农村统计年鉴》各年份相关数据计算整理。

从东、中、西三大地区种植业结构演进看，1978—2013年，三大地区农作物播种面积的增减情况差异显著，其中，中部地区由59 269千公顷增加至66 708千公顷，增幅为12.6%，西部地区由40 456千公顷增加至53 976千公顷，增幅达33.4%，但东部地区农作物播种面积大幅缩减，由51 176千公顷减少至42 732千公顷，缩减16.5%。伴随农作物播种面积的变化，三大地区种植业结构也在发生着显著的变迁。如表4-8显示，粮食作物播种面积在中部和西部地区均有小幅增加，东部地区则表现为大幅缩减，缩减幅度高达31%。从粮食作物播种面积占农作物总播种面积的比重看，1978—1998年东部、中部和西部地区这一比重缓慢下降，1998—2003年急剧下降并在2004年以后回升。东部地区和西部地区种植业结构中粮食作物缩减幅度大，其他作物占比增加显著，中部地区种植业结构中粮食作物占比缓慢缩减并在2003年以后保持稳定。1978年农村集体土地家庭承包经营制的实施，极大地刺激了农业生产力，三大地区粮食总产和单产都取得了大幅的提高。与1978年总量相比，2012年中部地区粮食总产增加了15 552万吨，东部和西部地区分别增产4 860万吨和7 955万吨。西部地区粮食单产较东、中部地区偏低，且增长幅度最小，中部地区单产增加幅度最大，粮食生产能力的提高为种植业结构变动提供了条件，保障了粮食种植面积缩减的情况下粮食产量的有效供给。

表4-8 1978—2013年三大区农作物播种面积及产量变动情况

项目		1978—1982年增减	1983—1987年增减	1988—1992年增减	1993—1997年增减	1998—2002年增减	2003—2007年增减	2008—2013年增减
农作物总播种面积（单位：千公顷）	东部	-3 637	-873	0	944	-2 457	-1 918	954
	中部	-2 572	565	1 107	1 943	1 443	2 200	2 586
	西部	771	561	3 035	3 341	-56	767	3 610
粮食作物播种面积（单位：千公顷）	东部	-4 131	-1 435	-559	114	-6 107	887	680
	中部	-2 904	-392	-190	712	-1 133	4 986	2 066
	西部	-182	-1 495	1 185	1 578	-2 657	356	1 665
粮食占比（%）	东部	-2.58	-1.62	-1.2	-1.29	-9.66	4.98	
	中部	-1.58	-1.46	-1.77	-1.22	-3.55	5.54	
	西部	-2.02	-4.76	-2.59	-1.93	-5.35	0	
粮食总产（单位：万吨）	东部	1 531	297	1 403	700	-3 770	1 931	1 177
	中部	1 617	1 217	1 703	1 812	-721	4 523	3 367
	西部	1 844	-76	1 752	1 259	-1 032	637	1 543
粮食单产（单位：公斤/公顷）	东部	741	239	472	187	-230	543	282
	中部	537	310	418	349	-48	525	478
	西部	555	112	417	201	5	155	242

数据来源：根据历年《中国农村统计年鉴》相关数据计算所得。

从各省（区、市）种植业结构演进看，1978—2013年，各省（区、市）粮食作物占农作物总播种面积的比重变动差异显著。如表4-9所示，北京、天津、河北、辽宁、上海、江苏、浙江、福建、广东、山西、江西、四川、陕西13个省（市）农作物总播种面积显著减少，其余省（区、市）农作物总播种面积则有显著的增加。从粮食作物占农作物总播种面积的比重的变动看，1978年各省（区、市）这一比重的平均值为81%，到2013年各省份这一比重平均值为65%。1978—2013年，除山西、吉林和黑龙江三省，其余省份粮食作物播种面积占农作物总播种面积的比重均表现为不同程度缩减，其中海南、青海和新疆下降幅度超过30%，上海、福建、广东、广西、福建、贵州、云南、西藏和宁夏下降幅度超过20%，下降幅度在5%以内的省（区）为江苏、安徽、江西和内蒙古。

表4-9 1978—2013年各省(市、区)种植业结构变动情况

地区	农作物播种面积(千公顷) 1978年	2013年	粮食作物播种面积占比(%) 1978年	2013年	增减年	非粮食作物播种面积占比(%) 1978年	2013年	增减年
北京	691.0	242.5	81.23	65.53	-15.70	18.77	34.47	15.70
天津	700.0	473.5	85.90	70.29	-15.61	14.10	29.71	15.61
河北	9 371.0	8 749.2	84.83	72.19	-12.64	15.17	27.81	12.64
辽宁	4 901.0	4 208.8	83.07	76.66	-6.41	16.93	23.34	6.41
上海	775.0	377.3	66.06	44.66	-21.40	33.94	55.34	21.40
江苏	8 582.0	7 683.6	73.54	69.77	-3.77	26.46	30.23	3.77
浙江	4 550.0	2 311.9	73.63	54.23	-19.40	26.37	45.77	19.40
福建	2 701.0	2 292.2	81.92	52.44	-29.48	18.08	47.56	29.48
山东	10 739.0	10 976.4	82.02	66.46	-15.56	17.98	33.54	15.56
广东	7 370.0	4 698.1	79.04	53.37	-25.67	20.96	46.63	25.67
海南	796.4	848.2	80.63	49.73	-30.90	19.37	50.27	30.90
山西	4 389.0	3 782.4	84.14	86.57	2.43	15.86	13.43	-2.43
吉林	5 002.0	5 413.1	88.16	88.49	0.33	11.84	11.51	-0.33
黑龙江	8 844.0	12 200.8	86.47	94.78	8.31	13.53	5.22	-8.31
安徽	8 013.0	8 945.6	77.21	74.06	-3.15	22.79	25.94	3.15
江西	5 701.0	5 552.6	67.02	66.47	-0.55	32.98	33.53	0.55
河南	10 967.0	14 323.5	83.19	70.39	-12.80	16.81	29.61	12.80
湖北	7 931.0	8 106.2	69.91	52.53	-17.38	30.09	47.47	17.38
湖南	8 422	8 650	69.20	57.07	-12.13	30.80	42.93	12.13
内蒙古	2 439	7 211.2	82.98	77.98	-5	17.02	22.10	5.08
广西	5 357	6 137.2	79.98	50.12	-29.86	20.02	49.88	29.86
重庆	—	3 515.9	—	64.11	—	—	35.89	—
四川	11 920	9 682.2	85.74	66.82	-18.92	14.26	33.18	18.92
贵州	3 179	5 390.1	84.87	57.85	-27.02	15.13	42.15	27.02
云南	4 136	7 148.2	88.93	62.94	-25.99	11.07	37.06	25.99
西藏	216	248.6	93.19	70.76	-22.43	6.81	29.24	22.43
陕西	5 255	4 269	85.40	72.74	-12.66	14.60	27.26	12.66
甘肃	3 508	4 155.9	85.46	68.79	-16.67	14.54	31.21	16.67
青海	515	555.7	84.41	50.39	-34.02	15.59	49.61	34.02
宁夏	906	1 264.7	84.91	63.38	-21.53	15.09	36.62	21.53
新疆	3 025	5 212.3	77.20	42.88	-34.32	22.80	57.12	34.32

数据来源:根据历年《中国农村统计年鉴》相关数据计算所得。

从全国和区域层面观察到的种植业结构演进中,粮食作物份额持续快速下降,非粮食作物占比快速上升,在不同区域中下降的速度和幅度有着明显的差异,种植业结构表现出显著的离粮特征。

二、畜牧业结构的演进

改革开放以来,我国畜牧业快速发展,牲畜存栏量稳步提升,其中猪、牛、羊存栏数大幅增加,分别增长了17 463.74万头、3 271.01万头和11 510.43万头。同时畜牧业内部结构发生了显著变化,如表4-10所示,1980—2013年,我国肉类总产量增长了7倍,其中,猪肉的份额由94%下降为64%,牛羊肉份额快速增加,牛肉产量增加了近25倍,羊肉产量增加了9倍,牛、羊肉总量在肉类产量中的占比由5.92%增加至12.67%。同期,全国牛奶产量增加39倍,禽蛋产量增加近10倍。我国畜牧业结构由改革开放初期的以猪为主的畜产品结构向猪、牛、羊、禽多元化畜产品结构转换。

表4-10 1978—2013年中国畜产品结构变化

畜产品	单位	1980年	1985年	1990	1995年	2000年	2005年	2010年	2013年
肉类	万吨	1 205.4	1 926.5	2 857	5 260.09	6 013.9	6 938.87	7 925.83	8 535.02
猪肉	万吨	1 134.07	1 654.7	2 281.1	3 648.37	3 966	4 555.33	5 071.24	5 493.03
牛肉	万吨	26.87	46.7	125.6	415.36	513.12	568.1	653.06	673.21
羊肉	万吨	44.48	59.32	106.8	201.52	264.13	350.06	398.86	408.14
猪肉占比	%	94.08	85.89	79.84	69.36	65.95	65.65	63.98	64.36
牛肉占比	%	2.23	2.42	4.40	7.90	8.53	8.19	8.24	7.89
羊肉占比	%	3.69	3.08	3.74	3.83	4.39	5.04	5.03	4.78
牛奶	万吨	114.1	249.9	415.7	576.38	827.43	2 753.37	3 575.62	3 531.4
禽蛋	万吨	—	534.7	794.6	1 676.7	2 182	2 438.12	2 762.74	2 876.1
蜂蜜	万吨	9.63	15.5	19.3	17.77	24.6	29.32	40.12	45.03

数据来源:根据中华人民共和国统计局网站相关数据整理。

从东、中、西三大地区畜牧业结构变化看,1978—2013年,三大地区牲畜生产状况均发生了显著变化,其中,东部地区猪存栏量占全国猪总存栏量的份额下降了8.37个百分点,中部、西部地区分别提高了4.82个百分点和3.54个百分点。东部地区牛、羊存栏量占全国牛、羊总存栏量的份额显著下降,同期,中部地区占比显著增加,西部地区占比有小幅的下降,但其份额仍超过了东部和中部地区之和。从主要畜产品产量看,1978—2013年,全国肉类、牛奶、禽蛋产量大幅提升,东、中、西部地区的肉类产量占全国总产量的比重由40:29:31演变为36:34:30,其中中部地区肉类产量增长更为显著。西部地区牛奶产量占全国牛奶总产量约40%,东、中部地区份额均有小幅的增加。表4-11显示了以肉类产出衡量的畜牧业结构的变化情况,1980—2013年,东、中、西部地区猪肉占肉类总产量的比重分别由97%、96%和87%下降至87%、86%和77%,均下降了10个百分点,牛、羊肉占肉类总产量的比重快速提高,东部地区、中部地区和西部地区分别增长了近10个百分点。总体看,西部地区畜牧业发展在全国一直保有较高份额,中部地区发展较快,东部地区显著缩减。

表4-11 东、中、西部地区主要畜产品产量结构变动情况

产品	单位	地区	1980年	1985年	1990年	1995年	2000年	2005年	2010年	2013年
肉类产量	万吨	东部	417.96	664.20	905.34	1 514.60	1 609.40	2 102.50	1 980.20	2 092.08
	万吨	中部	368.38	517.72	769.24	1 482.50	1 724.70	2 154.30	2 169.40	2 366.50
	万吨	西部	247.18	405.46	581.52	989.30	1 016.10	1 347.40	1 347.80	1 457.40
猪肉占比	%	东部	97	96	92	83	84	83	86	87
	%	中部	96	96	92	84	84	83	86	86
	%	西部	87	89	88	87	82	78	77	77
牛肉占比	%	东部	1	2	4	11	11	11	10	9
	%	中部	2	2	6	10	12	12	11	10
	%	西部	5	4	6	7	9	11	12	12
羊肉占比	%	东部	2	2	4	5	5	5	4	4
	%	中部	2	2	2	3	4	5	4	3
	%	西部	8	6	6	6	9	12	12	11

数据来源:根据历年《中国农村统计年鉴》相关数据计算所得。

从我国各省(区、市)畜牧业结构变化看,改革开放以来,各省(区、市)畜牧业快速发展,畜牧业内部结构发生了显著变动。1980—2013年,我国各省肉类产量稳步上升,其中猪牛羊肉产量增长超过300万吨的省份为河南(506万吨)、四川(441万吨)、山东(404万吨)、湖南(367万吨)和湖北(304万吨)。长期以来,猪肉占据着我国肉类消费市场的主要地位,但改革开放后,各地区牛、羊肉产量快速

增加,畜牧业结构发生了明显的变化。如表4-12所示,1978年我国绝大部分省(区、市)猪肉产量占肉类总产量的比重高达95%以上,京沪两地最高分别达到98.7%和99%。与此同时,除内蒙古、西藏和青海外,我国牛羊肉份额不足5%,最低省(区、市)仅占0.2%。经过30多年的农业产业的发展,我国各省(区、市)的畜牧业结构不断趋于完善,肉类生产结构也逐渐调整,到2013年我国各省(区、市)牛羊肉生产比重有了显著的提高,牛肉生产占比平均达到12.5%,羊肉生产占比平均达8.6%。

表4-12 1978—2013年各省(区、市)畜牧业结构的变化(单位:%)

项目	猪肉					牛肉					羊肉				
年份	1978年	1988年	1998年	2008年	2013年	1978年	1988年	1998年	2008年	2013年	1978年	1988年	1998年	2008年	2013年
北京	98.7	93.8	89.5	86.2	88.3	0.2	3.5	6.6	8.2	7.5	1.1	2.8	3.9	5.6	4.3
天津	98.5	85.7	78.8	82.1	86.2	0.5	4.3	13.1	12.9	9.5	1.0	10.0	8.1	5.0	4.3
河北	95.9	90.5	73.3	76.5	76.5	0.9	4.1	19.4	17.3	15.1	3.1	5.4	7.3	8.0	8.4
山西	93.4	78.8	76.6	83.0	84.3	0.9	9.9	12.3	7.7	7.2	5.7	11.3	11.1	9.2	8.5
内蒙古	48.6	61.5	62.2	33.6	34.3	19.1	17.8	14.9	22.4	24.2	32.3	20.7	22.9	44.0	41.5
辽宁	98.4	95.1	81.3	82.3	82	1.1	3.8	16.9	14.8	15.2	0.5	1.2	1.9	2.9	2.8
吉林	96.2	90.8	79.1	70.6	73.4	3.1	8.0	19.1	27.0	24.2	0.7	1.1	1.8	2.4	2.3
黑龙江	93.9	89.4	74.4	69.2	72.1	4.3	8.4	22.9	23.3	21.5	1.9	2.2	2.6	7.5	6.4
上海	99.0	98.9	96.9	97.0	96.9	0.2	0.6	0.4	0.0	0.1	0.8	0.6	2.7	3.0	3.2
江苏	97.1	95.6	90.7	95.1	95.5	0.4	0.9	2.7	1.4	1.3	2.6	3.6	6.5	3.4	3.2
浙江	98.6	98.4	96.3	97.8	98.0	0.7	0.6	1.1	0.8	0.8	0.7	1.0	2.6	1.4	1.2
安徽	95.3	89.0	80.0	87.7	88.4	1.2	8.2	14.9	6.9	6.3	3.5	2.9	5.0	5.4	5.2
福建	97.8	98.0	97.1	97.3	97.1	1.1	1.1	1.9	1.5	1.6	1.1	0.9	1.0	1.2	1.3
江西	97.7	98.2	96.0	94.6	94.7	2.1	1.7	3.5	5.0	4.9	0.1	0.1	0.4	0.5	0.4
山东	95.6	85.7	76.7	75.6	79.5	1.0	7.3	17.3	16.6	14.0	3.4	6.9	6.0	7.8	6.8
河南	93.3	80.4	74.0	76.8	81.2	1.3	12.8	19.1	17.6	14.4	5.4	6.8	7.0	5.5	4.4
湖北	97.7	98.5	93.0	91.8	92.1	0.9	0.7	6.0	5.7	5.6	1.4	0.8	1.0	2.6	2.3
湖南	98.9	99.0	95.6	93.6	93.7	0.6	0.8	3.1	3.7	4.0	0.5	0.2	1.3	2.7	2.3
广东	98.6	98.0	98.2	97.5	97.3	1.2	2.0	1.6	2.2	2.5	0.2	0.1	0.0	0.3	0.3
广西	98.7	96.5	94.4	93.4	93.7	3.2	4.6	5.3	5.1	5.1	0.5	0.3	1.0	1.2	1.1
海南	—	92.1	88.4	91.9	93.2	—	6.1	5.5	5.5	4.8	—	1.8	3.6	2.6	2.0
重庆	—	—	96.0	95.3	93.6	—	—	2.8	3.5	4.6	—	—	1.2	1.2	1.8
四川	95.8	97.6	92.7	89.2	90.2	2.1	1.6	4.7	5.9	5.5	2.2	0.9	2.5	4.9	4.3

续表

项目		猪肉					牛肉					羊肉			
年份	1978年	1988年	1998年	2008年	2013年	1978年	1988年	1998年	2008年	2013年	1978年	1988年	1998年	2008年	2013年
贵州	95.5	95.5	91.3	91.0	90.3	1.8	3.0	5.5	6.9	7.8	2.7	1.5	3.2	2.1	2.0
云南	94.6	94.1	90.5	85.4	85.8	3.3	4.2	6.4	10.2	9.9	2.1	1.7	3.1	4.5	4.4
西藏	5.1	3.5	5.0	5.1	5.8	44.0	50.0	55.4	59.9	61.1	50.9	46.5	39.6	35.0	34.0
陕西	96.2	89.2	84.9	83.1	85.8	1.1	6.2	8.5	8.6	7.3	2.8	4.5	6.6	8.3	7.0
甘肃	87.9	81.5	73.6	58.8	60.1	3.4	9.6	13.3	20.2	20.4	8.7	9.0	13.1	21.0	19.6
青海	23.3	30.2	33.8	35.4	32.2	29.6	32.5	34.2	29.5	33.5	47.1	37.3	32.0	35.1	35.4
宁夏	78.4	69.4	62.0	39.9	28.6	1.6	8.2	19.8	32.3	35.1	20.0	22.4	18.1	27.8	36.3
新疆	27.6	16.1	20.8	22.1	26.3	18.0	27.7	29.4	32.2	31.8	54.4	56.3	49.8	45.7	42.0

数据来源：根据中华人民共和国统计局网站相关数据计算所得，以猪牛羊肉总产量为100。

三、农—牧结构的演进

种植业和畜牧业在农业总产值中的占比一直保持很高的比例，1978年这一比例为95%，到2013年这一比例仍高达82.4%，但种植业和畜牧业的结构（农—牧结构）发生了巨大的变化，如图4-3所示，其结构形态呈现明显的剪刀状，比例关系由1978年的80∶15演变为2013年的53∶29。

图4-3 1978—2013年我国农牧结构变动

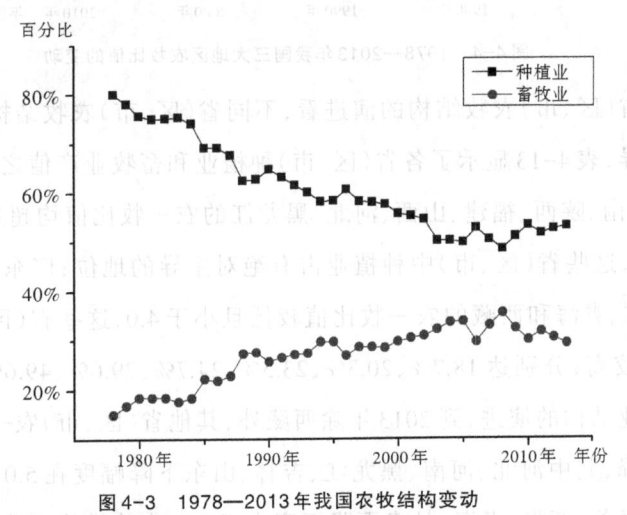

从三大地区农牧结构的演进看，东、中、西三大地区的农牧结构的演进具有差异性，图4-4显示了1978—2013年三大地区种植业与畜牧业产值之比的变化

情况。东部地区农—牧比值由5.4持续下降到1.9,这一下降过程具有明显的阶段性,1978—1992年东部地区农—牧比值快速下降,下降到3.5,1992—2000年平稳地维持在1.95左右,2000年以来,由缓慢下降后小幅上升。中部地区农—牧比值的变动趋势与东部地区相似,1978—1997年农—牧比值经历了1981—1983年的小幅增加后持续大幅下降,由6.32下降到1.76,1997年以来这一比值下降趋缓,2008年后表现出小幅的上升。西部地区农牧结构与东、中部差异较大,1978—2003年农牧比值持续小幅增加,由1.76上升到2.1,1993—2001年保持稳定,2002年起持续快速上升,由1.89增加到2013年的3.94。

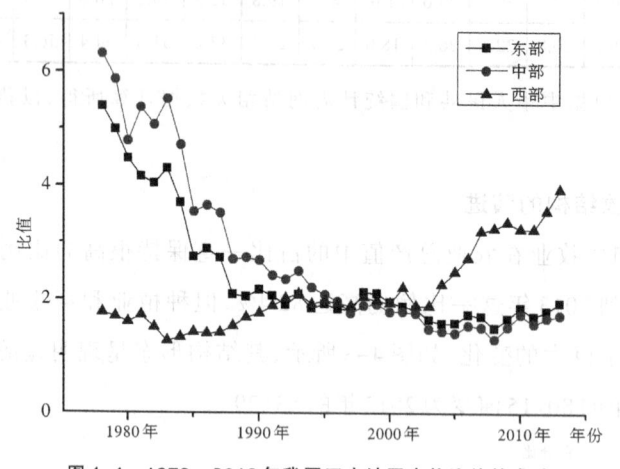

图4-4 1978—2013年我国三大地区农牧比值的变动

从各省(区、市)农牧结构的演进看,不同省(区、市)农牧结构变化趋势也具有较大差异,表4-13显示了各省(区、市)种植业和畜牧业产值之比的变化情况,1978年,河南、陕西、福建、山西、河北、黑龙江的农—牧比值均超过7.0,吉林和山东接近7.0,这些省(区、市)中种植业占有绝对主导的地位;广东、上海、新疆、北京、内蒙古、青海和西藏的农—牧比值较低且小于4.0,这些省(区、市)中畜牧业产值占比较高,分别达18.7%、20.3%、23.5%、24.7%、29.6%、49.6%和59.8%。随着农业产业结构的演进,到2013年除西藏外,其他省(区、市)农—牧比均表现出显著的下降,其中河北、河南、黑龙江、吉林、山东下降幅度在5.0以上,农牧结构变动更为显著,新疆、青海、甘肃下降幅度小于0.5,农牧结构变化较小。总体看,绝大多数省(区、市)(除新疆、甘肃、黑龙江、浙江外)在1995年以后农牧比值下降至3.0以内,变化趋缓并稳定在1.0~3.0的区间内。

表4-13　1978—2013年各省(区、市)农—牧比值的变化

地区	1978年	1980年	1985年	1990年	1995年	2000年	2005年	2010年	2011年	2012年	2013年
河南	7.52	6.55	4.58	3.54	2.21	1.97	1.43	1.96	1.64	1.76	1.69
陕西	7.39	6.73	4.64	3.48	2.46	3.08	2.38	2.55	2.46	2.55	2.66
福建	7.39	4.22	3.02	2.28	2.36	2.02	2.07	2.57	2.37	2.63	2.68
山西	7.29	5.16	4.71	3.22	2.49	2.43	1.90	2.67	2.59	2.84	2.75
河北	7.28	5.70	4.13	3.06	2.19	1.38	1.12	1.71	1.66	1.77	1.91
黑龙江	7.08	5.70	3.94	3.73	3.44	2.36	1.56	1.42	1.51	1.71	2.00
吉林	6.99	3.79	3.53	3.40	1.74	1.19	1.11	1.04	0.95	1.03	1.05
山东	6.95	5.50	3.95	2.76	1.52	2.17	1.81	2.07	1.77	1.73	1.91
安徽	5.90	5.22	3.55	3.18	2.59	1.93	1.48	1.79	1.58	1.67	1.71
江西	5.79	5.07	3.24	2.27	1.58	1.75	1.40	1.37	1.25	1.33	1.35
广西	5.78	3.26	2.18	1.98	1.70	1.52	1.39	1.54	1.46	1.61	1.70
浙江	5.39	3.31	2.94	2.65	3.39	2.93	2.29	2.32	2.11	2.24	2.45
天津	5.14	4.45	2.71	3.01	2.96	1.61	0.95	1.92	1.83	1.87	2.00
辽宁	5.14	3.80	2.10	1.94	1.35	1.52	1.01	0.90	0.86	0.95	1.00
江苏	5.08	3.98	3.03	2.25	2.07	2.55	2.15	2.46	2.22	2.42	2.59
湖南	5.00	3.71	2.92	2.00	1.42	1.39	1.14	1.84	1.68	1.78	1.95
甘肃	4.76	4.64	3.32	2.84	3.23	3.33	2.81	4.17	4.03	4.25	4.36
贵州	4.68	4.07	2.78	2.30	2.19	2.53	1.73	1.93	1.72	2.05	2.07
海南	4.61	4.79	2.19	2.24	2.36	2.89	1.89	2.15	1.94	2.15	2.15
宁夏	4.36	6.08	3.87	3.24	2.34	1.82	1.72	2.38	2.29	2.27	2.24
云南	4.27	3.40	2.96	2.55	2.35	2.07	1.65	1.57	1.39	1.53	1.70
四川	4.05	2.88	2.74	1.92	1.56	1.45	0.84	1.21	1.15	1.22	1.28
广东	3.70	5.35	2.68	2.48	2.23	2.07	1.74	1.86	1.78	1.97	2.21
湖北	—	3.74	3.32	2.58	2.28	1.82	1.71	2.08	1.91	1.87	1.92
上海	3.68	1.82	1.28	0.96	0.95	1.03	2.05	2.47	2.13	2.36	2.46
新疆	3.17	3.28	3.95	3.74	3.83	3.15	3.25	3.66	3.46	3.45	2.99
北京	2.95	2.25	1.85	1.32	1.24	1.01	0.74	1.10	1.00	1.08	1.10
内蒙古	2.24	1.91	1.87	1.91	1.64	1.50	1.07	1.09	1.06	1.05	1.10
青海	0.99	1.64	1.24	1.05	0.96	0.82	0.70	0.91	0.86	0.85	0.86
西藏	0.66	1.04	1.14	1.05	1.02	1.12	0.85	0.94	0.92	0.90	0.90

数据来源:根据历年《中国农村统计年鉴》农业各部门产值数据计算整理。

第五节　农业产业结构演进的动力

改革开放以来的三十余年间,我国农业产业结构在农业发展进程中有了巨大改变,以种植业部门为主体的总体结构向农林牧渔四部门协调发展演进,以粮食为主体的种植业结构向粮、经、饲各业多元发展演进,以生猪为主体的畜牧业结构向多种家畜、家禽发展演进。随着农业发展及农业产业结构演进,农产品产出大幅增长,基本满足了人民生活所需,农业生产效率和效益提高,农民收入增加。这一巨大改变需要有强大的动力推进,通过对农业产业结构演进过程的分析,其动力主要源于制度变革、技术创新和农产品消费市场的需求提升。

一、制度变革为农业产业结构演进提供了条件

三十余年我国农业产业结构的演进和巨大变化,是与改革开放的制度变革紧密相连的,正是制度变革为这一演进提供了条件,才使演进得以推动。诸多制度变革对农业产业结构演进都发挥了推进作用,但作用最大、最直接的主要包括土地制度变革、农产品贸易制度变革和劳动就业制度变革。

新中国成立初期土地改革使农民获得土地所有权,农业合作化又将农民的土地收归集体所有,人民公社期间更使土地集体所有制得到了强化。农地的集体所有制加上当时的计划经济体制,使农业生产经营主要由政府操控,生产什么、生产多少完全按计划要求进行。由于农业生产经营主体丧失了决策权,只能按计划生产、不可能也不允许主动进行农业产业结构调整。而政府在当时农产品紧缺的情况下,重点关注主要农产品(粮、棉、油)生产,调整农业产业结构尚不具备条件。到了20世纪70年代末的农村改革,实行农村集体土地的家庭承包经营,这一土地制度的变革不仅使农户获得了农地的使用权、收益权及支配权,也使农户成为农业生产经营的主体。农户获得了土地使用权和农业生产经营的主体地位,就有了依据资源禀赋和市场需求对农业产业结构进行调整的可能,在结构调整潜在利益的驱动下,农户便会主动对农业产业结构进行调整。

改革开放前,我国对主要农产品实行统购统销制度,农产品收购和销售完全由政府控制,农产品收购价格和销售价格完全由政府决定。为数不多的统购统销之外的农副土特产品的市场交易活动,也被严格限制或被取缔。在这一制度下,根本不存在严格意义上的农产品交易市场,自然也不能从市场获取农产品需求信息和准确的价格信息。改革开放后,经过"双轨制"过渡,农产品自由贸易制度逐步确立,农产品交易市场基本形成,农户生产的各类农产品都可自主进行市

场交易,交易价格由供求关系决定。农产品交易制度的市场化改革,使农户依据市场需求变动对产业结构进行调整,按市场需求进行生产,依据市场价格信息对产业进行优化选择,以获取更高收益。同时,这一制度改革还倒逼农户必须按照市场需求变动主动调整产业结构,按比较优势选择产业,否则,就会遭遇产品销售困难或生产亏损的困境。改革开放前,我国人口迁移是被严格控制的,劳动力就业是城乡分治的。在这一制度的约束下,居民居住地、就业地及就业岗位固定,并被严格限制,未经政府许可不能变更。与这一制度相匹配的是最严厉的户籍管理制度,不同城镇人口不能随意互迁,农村人口更不能随意迁入城镇,劳动力只能在户籍地就业,农户不允许进入城镇务工经商,只能在原籍地从事农业生产劳动。由此导致城镇化进行迟缓,全社会劳动力资源优化配置受阻,农村大量过剩劳动力闲置。随着经济的发展和改革的推进,劳动就业制度和户籍制度先后实现变革,农村劳动力可以自主选择地点务工经商,农民也可自愿进入城镇成为市民。这一制度变革使大批农村劳动力离开农业,进入城镇务工经商,使部分农民进入城镇生活和就业,导致农村人口减少和大量农村劳动力流失。在这一背景下,靠大量投入劳动力的传统农业产业结构难以维系,低效益的传统农业产业也难以生存,形势既迫使农业生产经营者进行结构调整,又给予其通过结构调整获得更好发展的机会。

二、技术创新为农业产业结构演进提供了支撑

三十余年来我国农业产业结构演进和巨变离不开技术创新的作用。农业技术的不断创新和在重大关键技术领域的突破,给资源约束刚性增强条件下的农业产业结构演进,提供了有力的支撑。我国农业技术创新在多个方面都有显著进展,主要表现在品种技术的支撑、种植业和养殖业技术的支撑、设施及设备技术的支撑。

改革开放以来,我国在粮棉油等作物育种上取得突破,选育出一大批水稻、小麦、玉米、薯类、棉花、油菜、大豆、花生等多种蔬菜和杂粮的优质高产抗逆新品种,引进了一批畜禽、水果新品种,并投入大规模生产,选育的农作物(大田作物)、蔬菜、水果优良品种,一方面使单位种植面积产量大幅提高,生产市场所需此类产品占用的土地资源明显减少,为种植业结构演进提供了土地资源支撑,另一方面使种植业产品质量显著提高,使种植业结构层次得到提升。良种畜禽的引进与驯化、本土畜禽品种的改良,使家畜产肉量和蛋奶产量显著提高,且出栏周期缩短,饲料报酬率提高。一方面改变了以生猪为主的传统畜牧结构,另一方面也使草食畜牧业、家禽养殖业得到较快发展,畜产品结构得到改善,畜牧业在农业产业系统的地位上升,占比提高。同时,近年我国农业生物技术领域也取得重大进展,如抗虫棉的大规模应用,转基因动植物育种的突破,这些成果一旦用于生产,将会极大改变农业产业结构的形态。

三十余年来,我国在种子(苗)生产、大田作物栽培、蔬菜和水果种植、新型肥料研制、土壤改良、测土配方施肥、节水灌溉、病虫防治等方面取得的一系列丰硕成果及其广泛应用,显著提高了土地及其他要素的土地产出率,节省了土地资源和其他生产要素的投入,为种植业结构演进缓解了资源及要素的约束。同时,也使原来难以利用的土地(如盐碱地、沙地、旱地等)得到利用,为农业产业结构演进提供了更大空间。在创新研制、牧草种植、动物繁育、仔畜和雏禽生产、动物饲养、畜禽疫病防治等方面的技术创新,不仅显著提高了畜禽产出水平及产品质量,还明显降低了饲料消耗、缩短了出栏周期,为畜牧业发展提供更大空间,使农业产业结构演进出现了有利于畜牧业发展的局面,同时,近年草食畜牧业、家禽养殖业技术进步加快,使其得到较快发展,从而改变了畜牧业内部结构。

近年,我国在农业设施、设备、作业机械研制上有了长足进步,众多农业设施、设备和机械都能自主生产并大规模装备农业。农业设施技术的进步,使农业发展的基础条件得到很大改善,为农业产业结构演进创造了基本条件,同时也为农业产业结构演进拓展了空间。农业设备技术的进步使农业工程建设、农业基础设施建设、土地整治更加便捷高效,从而使农业产业结构演进更为顺畅,进程加快。农业机械技术的进步不仅可大幅提高农业劳动生产率、节省大量农业劳动力,还可提高农事作业的质量,提高土地产出率,节省土地资源,从而为农业产业结构演进提供更多要素支撑。农业机械技术的进步还可有效扩大农业生产规模、支撑新型农业产业的发展壮大,同时与信息技术整合,更使农业产业结构演进得到了强有力的支撑。

三、消费市场需求提升对农业产业结构演进的拉动

随着城镇化进程加快,城镇人口逐年增加,对商品农产品的刚性需求增长;随着工业的发展,对原料农产品需求数量增加、品质提高、类型增多。随着经济发展和城乡居民收入增加,对农产品需求的数量增加、质量和安全性提高、品种和类型增多。农产品市场需求的转换,使市场空间显著扩大,为农业产业结构演

进提供了更多市场机会。正是农产品市场数量需求的增加、质量需求的提升、种类需求的扩大,有力地拉动了农业产业结构的演进。

农产品市场需求数量的增加,拉动农产品生产与供给的增加,使农业产业结构演进的空间扩大、回旋余地增加。不同农产品需求增加幅度的差异,引导不同农业产业发展的速度与规模的区别,促进农业产业结构演进并决定其方向。随着城镇人口增加和工业发展,对粮、棉、油等农产品需求总量增加,农业生产经营者便会依据市场对不同类型和用途的粮、棉、油的需求进行生产,进而促进种植业内部结构的演进。市场对蔬菜、水果需求量的增加,又会引导农业生产经营者增加不同季节蔬菜、水果生产与供给,使蔬菜和水果种植业规模扩大、占比提高。随着人们收入水平的提高,对肉、蛋、奶、水产品需求增加,又会刺激肉畜养殖业、家禽养殖业、水产养殖业的发展,推动农业产业结构演进并使畜牧业和渔业两部门占比提高。

农产品市场需求质量的提高,拉动优质特色农产品的生产与供给,使农业产业结构演进向高层次、高效益方向演进。农产品质量包含了营养、卫生、安全等多个方面,居民因收入增加对农产品质量要求越来越高,营养、卫生、安全的农产品需求旺盛,农业生产经营者便会利用先进技术增加此类产品生产,而将质量不高的产品生产淘汰,同时淘汰卫生及安全性差的生产方法或工艺,促进农业产业结构演进进程和层次的提高。不同农业产业生产的同类产品在质量水平上存在差别,在市场需求驱动下,生产高品质农业产业更具发展机会,产品质量较低的产业发展则会受到一定抑制,从而促进农业产业结构的演进。同时,在市场需求质量提高的情况下,一些可能产出优质特色农产品的新产业也应运而生,使农业产业系统增加新产业,进而促进农业产业结构的演进。

农产品市场需求类型及品种的增多,使农业产业发展的领域扩大、可选择范围扩宽,为农业产业结构演进开辟了广阔的天地。一方面,市场对农产品类型和品种需求的增加,使更多的农业产业有了发展机会,由此会有更多产业加入农业产业系统,促进农业产业结构向复杂化方向演进。另一方面,不同类型及品种农产品的市场需求数量差异巨大,农业生产经营者会依据市场需求信息对其进行调整,进而促进农业产业结构比重的推进。再一方面,不同类型及品种农产品生产所需生产要素及环境条件不同,农业生产经营者会充分利用可支配要素选择适宜的农产品进行生产,使要素配置更为合理有效,促进农业产业结构的优化演进。

第五章 农业产业结构演进的主要特征

1978—2013年中国农业快速发展,农业产业结构变化显著。农业的发展过程也是农业产业结构演进的过程,通过这一演进过程的总结与分析,可以发现农业产业结构演进的特征。为了科学表达和准确刻画这些演进特征,本章从农业产业结构演进的总体特征、区域特征和部门特征三个层面加以归纳和分析,并为这些特征形成的研究打下基础。

第一节 农业产业结构演进中的主要总体特征

农业产业结构是一个复杂系统,其演进是一个动态变化的过程,按系统论的思路,分析产业结构从一种形态演进为另一种形态,应考察这一系统变化的总体趋向、过程和水平。本书将农业产业结构演进呈现的总体特征分解为方向及趋势特征、速度及阶段特征、层次及水平特征、可持续特征四个方面,采用第三章列示的相关指标等分析工具,对农业产业结构演进总体特征进行科学判断。

一、演进趋势特征

农业产业结构演进趋势特征,是农业(种植业)、林业、畜牧业、渔业所构成的产业序列,在农业产业体系中的非均衡变动过程所呈现的产业构成及关联的趋向特点。中国在很长一段历史时期农业产业结构一直保持着"以种植业为主"的单一结构特征(张晓山、李周,2009),改革开放之后,这种单一的农业产业结构逐渐弱化,图5-1显示了我国1978—2013年农、林、牧、渔四部门产值占农业总产值比重的变动趋势,如图所示,1978—2008年,种植业产值占比持续快速下降(由80%下降至48%),同时畜牧业产值占比持续快速攀升(由15%增加到35%),渔业产值占比小幅持续增长(由1%增加至9%),林业产值占比小幅缓慢上升(由2%增加到4%),在此期间,四部门产值占比形成的序列变动方向持续稳定,农业产业结构演进以"种植业占比持续下降和畜牧业产值占比持续上升"为特征的趋势特征非常显著;2008—2013年,这一演进趋势发生微弱的转变,畜牧业产值占比没有持续增加,而是小幅下降,种植业产值占比小幅增加,渔业和林业产值占比较为稳定。整个观测期间,农业产业结构演进总体上呈现出农、牧两部门主导的演进过程,并形成剪刀差式的演进形态,农业产业结构实现了单一结构形态向多元结构形态的转化。

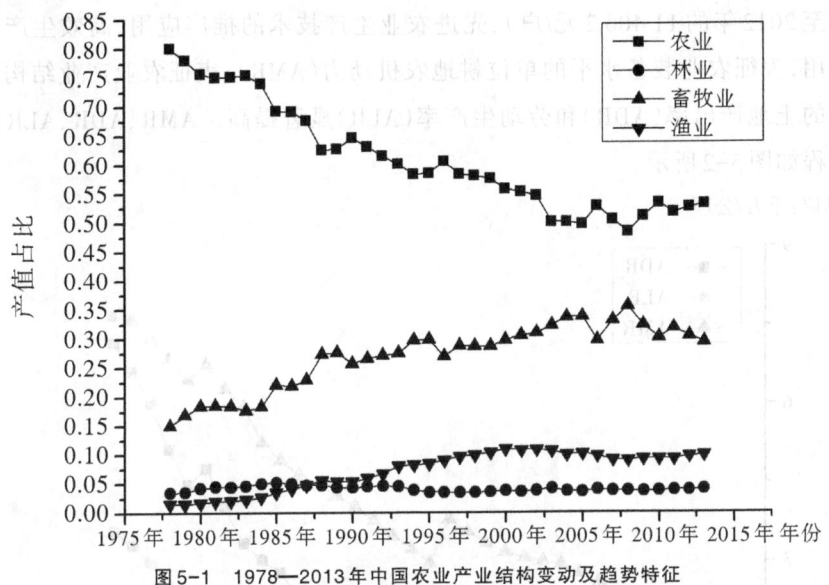

图5-1 1978—2013年中国农业产业结构变动及趋势特征

为了进一步衡量农业产业结构演进的总体趋势特征,按照公式3-1计算中国农业产业结构演进指数(ASI),ASI变动情况如表5-1所示,1978—2013年ASI值总体趋减特征显著。1978—2003年ASI值持续快速下降,由0.815下降至0.606。这表明农业产业结构由种植业占绝对优势的农业产业结构形态在发生着急剧改变,产业形态逐渐打破单一趋向于多样化发展。2004—2013年农业产业结构演进指数趋于稳定,在一个较小的区间范围内变动,表明农业产业各部门之间的发展更为协同,农业产业结构形态趋于稳定。

表5-1 1978—2013年中国农业产业结构演进指数的变动

年份	1978年	1979年	1980年	1981年	1982年	1983年	1984年	1985年	1986年
ASI	0.8147	0.7996	0.7798	0.7741	0.7749	0.7764	0.7649	0.7294	0.7272
年份	1987年	1988年	1989年	1990年	1991年	1992年	1993年	1994年	1995年
ASI	0.7167	0.6860	0.6888	0.6991	0.6882	0.6771	0.6667	0.6597	0.6617
年份	1996年	1997年	1998年	1999年	2000年	2001年	2002年	2003年	2004年
ASI	0.6698	0.6573	0.6555	0.6514	0.6414	0.6408	0.6369	0.6058	0.6121
年份	2005年	2006年	2007年	2008年	2009年	2010年	2011年	2012年	2013年
ASI	0.6105	0.6138	0.6106	0.6076	0.6116	0.6199	0.6143	0.6154	0.6159

二、演进层次特征

农业产业结构演进不仅表现为数量关系上的动态变化,同时也表现为层次和效果不断提高的质的变化,是农业产业结构水平与层次的变动过程。1978年以来,随着农村居民家庭农业生产性固定资产大幅增加(由1985年的602.34元/户增加至2012年的11 406.2元/户)、先进农业生产技术的推广应用、高效生产资料的使用,表征农业装备水平的单位耕地农机动力(AMR)、表征农业产业结构演进效率的土地产出率(ADR)和劳动生产率(ALR)显著提高。AMR、ADR、ALR的变动过程如图5-2所示。

单位:千万/公顷

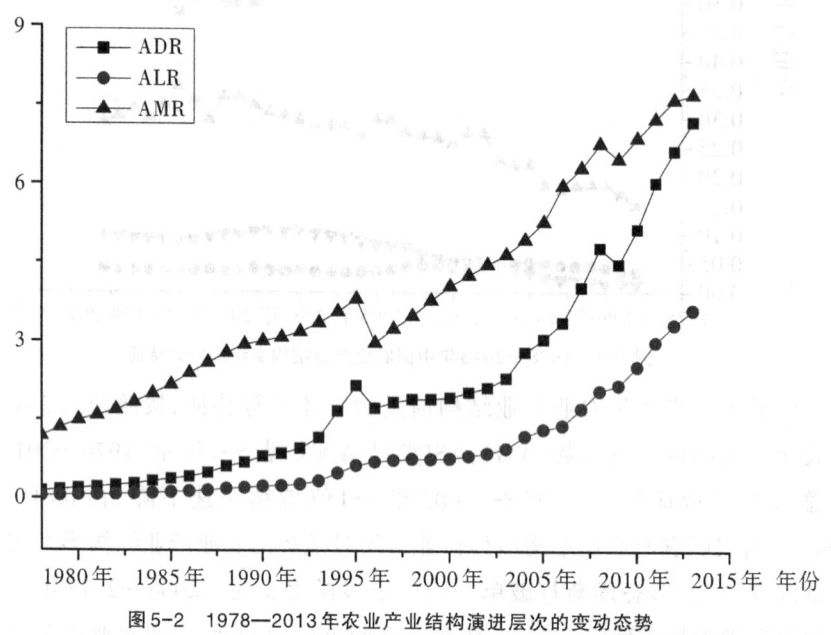

图5-2 1978—2013年农业产业结构演进层次的变动态势

如图5-2所示,1978—2013年AMR值由1.18千瓦/公顷增加到7.69千瓦/公顷,表征我国单位耕作面积上农业技术投入的不断提高,农业生产的技术结构不断改善。伴随着农业生产中资本结构和技术结构的升级,我国农业产业结构演进中土地产出率和劳动生产率快速增加,如图5-2所示,ADR值由1978年的0.14万元/公顷增加到2013年的7.18万元/公顷;ALR值由1978年的0.05万元/人增加到2013年的3.59万元/人,且在2006年以后ALR增长超过ADR的增长速度,土地产出率和劳动生产率的持续提高也表明我国农业产业结构演进不断向高生产率农业产业结构转换,这一过程伴随着资本投入、劳动力节约、机械化水平提高的要素配置转换,农业产出大幅增加,农业产业结构演进层次与水平不断提高,表现出高级化趋向。

三、演进速度特征

速度特征是农业产业结构演进过程快慢和平稳性的重要表征。1978—2013年我国农业各部门产值快速增长,其中渔业产值环比增长率均值达20%,畜牧业、林业、种植业分别为17%、14%和12%,四部门产值增长速度差异显著,如图5-3所示,种植业产值环比增长率经历了1978—1995年的快速增长、1996—2003年的减速放缓和2003年以后的持续增长;林业产值在1978—1996年保持较高水平的环比增长率,1997—2001年增长率处于低迷水平,2004年之后增长率逐步提升;畜牧业产值除个别年份的1996年和1999年外,增长率一直较高,最高年份达55%;渔业产值增长率较其他部门总体增长最快,1978—1995年增长率平均达85%,1996年以后增长率趋于减速,但增长率总体平均仍高达41%。农业产业各部门增长速度的差异又直接表现为农业产业结构演进的非匀速。

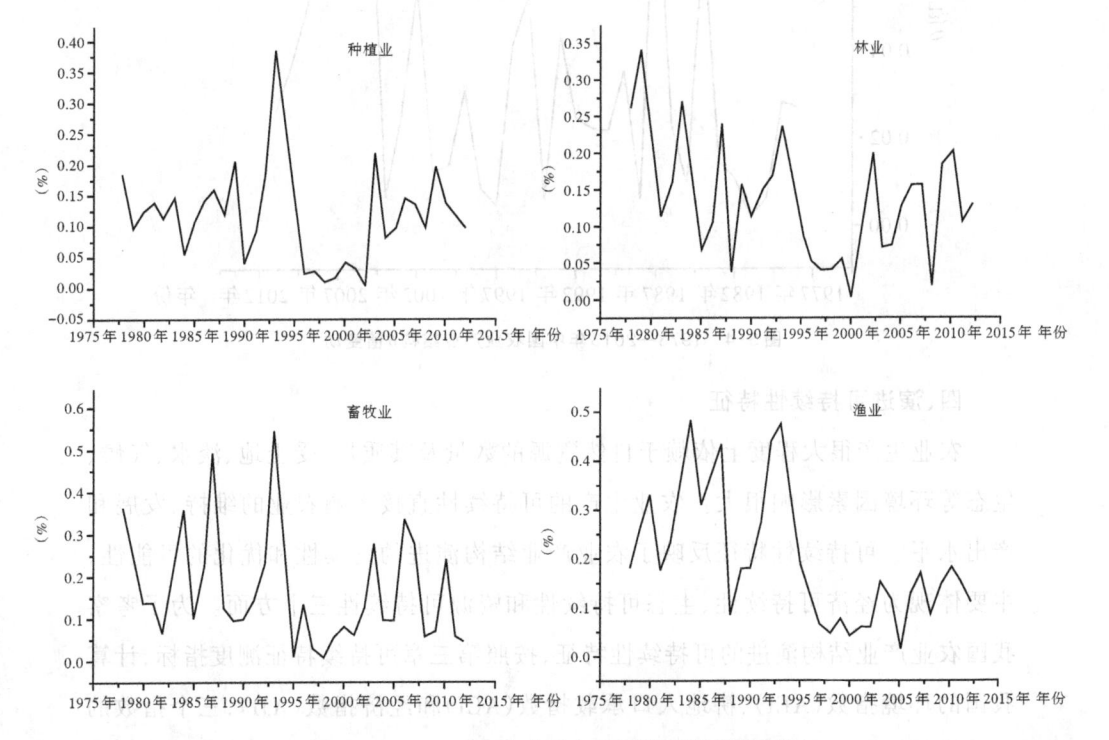

图5-3 1978—2013年中国农业各部门增长率的变动

为进一步测度农业产业结构速率,计算1978—2013年的Moore结构变动值,如图5-4所示,1978—2013年我国农业产业结构演进速率是非匀速的,呈现出显著的阶段特征,1978—1984年,θ值一直低于0.03,农业产业结构变动速率很慢。1985—1990年θ值变动剧烈,1988年高达0.086,而1989年仅为0.006,农业产业结构演进表现为短期内的剧烈变动。1991—2004年,θ值较上一阶段变动更为平缓,值域范围在0.005~0.055,2005—2013年θ值再次剧烈陡增后进入一个平缓下降的阶段,2006年θ值达0.084,之后除2009年有小幅增加外,表现出稳定的平缓下降特征,农业产业结构演进速率趋于缓慢。

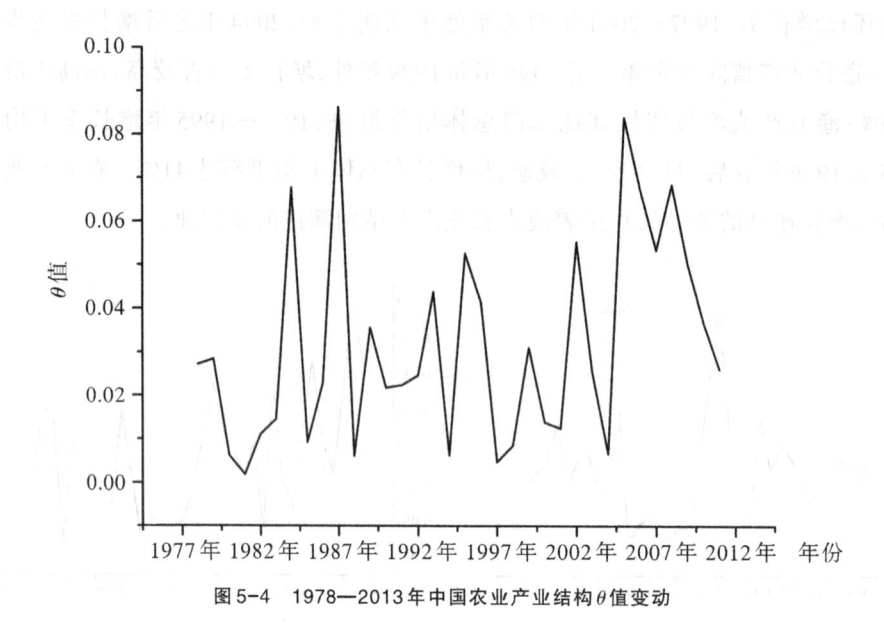

图5-4 1978—2013年中国农业产业结构θ值变动

四、演进可持续性特征

农业生产很大程度上依赖于自然资源的数量及其质量,受土地、淡水、气候、生态等环境因素影响很大。农业生产的可持续性直接影响农业的维持、发展和产出水平。可持续性特征反映了农业产业结构演进的延续性和优化的可能性,主要体现为经济可持续性、生态可持续性和资源可持续性三个方面。为了考察我国农业产业结构演进的可持续性特征,按照第三章可持续特征测度指标,计算我国的环境指数(AEI)、耕地人口承载指数(ACI)和经济指数(AJI),三个指数的变动情况如图5-5所示。

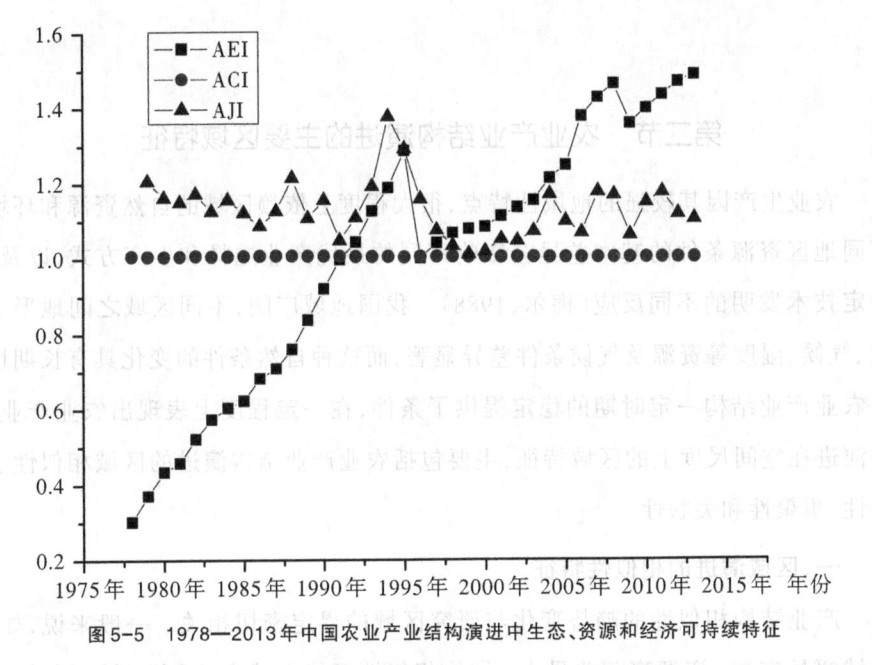

图5-5 1978—2013年中国农业产业结构演进中生态、资源和经济可持续特征

1978—2013年，我国农业产业结构演进中的AEI值快速上升，表示单位耕地面积化肥施用量的不断增加，1978—1995年AEI由0.302增加至1.287，1996—2013年AEI持续增长的态势显著，AEI值的快速上升表明我国农业产业结构演进中的环境可持续性下降，不利于农业结构优化演进。从ACI曲线变动可以看出，我国耕地人口承载指数一直处于稍高于临界水平（1.0）的稳定趋向。耕地资源少，优质耕地资源占比更小，是我国农业生产中最强的资源约束，同时人口数量众多，农业生产面临刚性需求较大，耕地资源不足是农业产业结构演进面临的主要约束。ACI变动的稳态特征也表明我国农业产业结构演进的资源可持续性较低。从经济指数的变动情况看，1978—1985年经济指数缓慢下降，1986—1993年经济指数经历小幅增加后，快速上升至1993年的1.38，1993—1999年经济指数持续下降，跌至临界值1.0，2001—2013年经济指数有所回升，但增幅很小，一直在1.0~1.2之间小幅波动，表明我国农业产业结构演进的经济可持续性不高。

第二节 农业产业结构演进的主要区域特征

农业生产因其较强的地域性特点,很大程度上依赖区域的自然资源和环境,不同地区资源条件的基本差异会影响不同的最优产业选择和生产方式,以及对特定技术发明的不同反应(梅尔,1988)。我国地域广阔,不同区域之间地形、地貌、气候、湿度等资源及气候条件差异显著,而这种自然条件的变化具有长期性,为农业产业结构一定时期的稳定提供了条件,在一定程度上表现出农业产业结构演进在空间尺度上的区域特征,主要包括农业产业结构演进的区域相似性、差异性、集聚性和关联性。

一、区域演进的相似性特征

产业结构相似性的趋势变化与研究区域的界定密切相关。一般来说,如果区域幅员广阔,资源禀赋差异大,结构相似性可能会越小;而当区域面积较小,自然条件与生产方式接近,结构的形成过程没有不恰当的干预时,产业结构可能高度一致,结构差异比较微小(钟甫宁,2001)。因此,当限定的区域过小或过大,可能会存在夸大或低估产业结构相似性的可能。本节选取东、中、西三大经济区作为农业产业结构演进相似性问题的研究区域,按照公式3-11计算区域间农业产业结构相似系数。如图5-6所示,ASS_{dz}、ASS_{zx}、ASS_{dx}分别代表东部和中部、中部和西部、东部和西部区域之间的农业产业结构相似系数变动趋向,1978—1985年,三大经济区之间的农业产业结构相似性极高,虽然结构相似系数有减小的趋势,但区域之间并未出现分异。1986—2013年三大经济区之间的相似性逐步呈现出分异趋向,其中,中部和西部之间的农业产业结构相似系数趋于增强,表明中、西部地区农业产业结构演进逐渐趋同;东部和中部地区之间的相似系数趋于减弱,东部和西部地区之间的相似系数最小且下降趋势更为显著。三大经济区农业产业结构相似系数的变动表明,随着农业经济市场取向改革的深入,资源禀赋结构的差异性及由此决定的比较优势促使区域间农业产业结构演进的相似性出现分化。

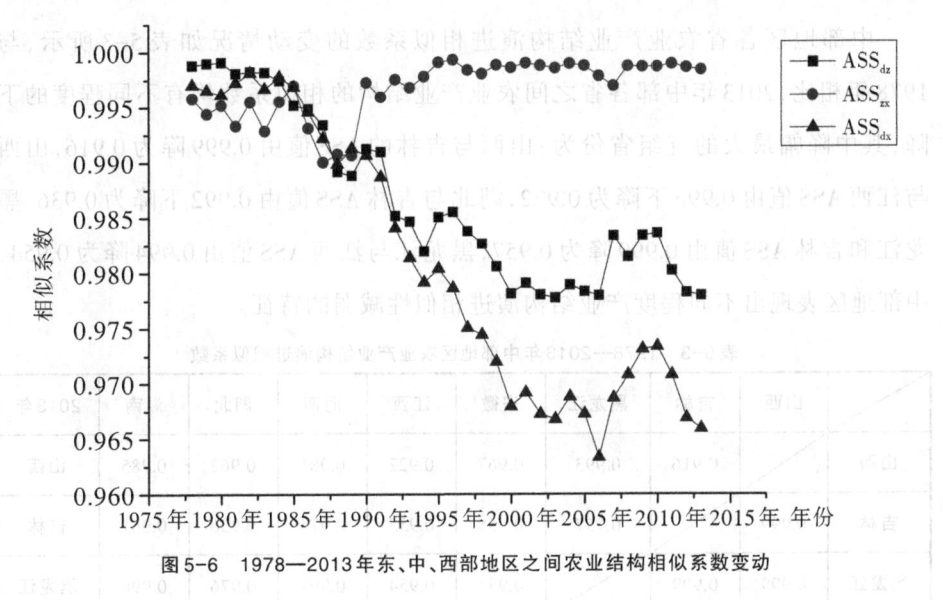

图5-6 1978—2013年东、中、西部地区之间农业结构相似系数变动

东部地区各省(市)农业产业结构相似系数变动趋向,如表5-2所示,1978年除海南省与各省(市)ASS值在0.66~0.72之间外,其他各省份间ASS值均达0.99,农业产业结构演进相似性极强;2013年,各省(市)农业产业结构演进的相似情况发生了显著的变化,海南省与东部各省(市)ASS值快速增加,由平均值0.68增加至0.95,北京与各省(市)(除河北、山东、辽宁外)之间相似系数下降速度显著,由0.99快速下降至0.9以下;东部其他省(市)之间的结构相似系数也均呈现下降的趋势,表明改革开放以来各省份农业产业结构演进的趋同性在下降。

表5-2 1978—2013年东部地区农业产业结构演进相似系数

	北京	天津	河北	辽宁	上海	江苏	浙江	福建	山东	广东	海南	2013年
北京		0.893	0.972	0.940	0.878	0.850	0.837	0.802	0.906	0.890	0.874	北京
天津	0.993		0.969	0.952	0.996	0.992	0.977	0.940	0.999	0.995	0.966	天津
河北	0.990	0.997		0.928	0.960	0.939	0.900	0.841	0.975	0.951	0.895	河北
辽宁	0.993	0.999	0.998		0.928	0.919	0.914	0.877	0.957	0.940	0.921	辽宁
上海	0.995	0.997	0.990	0.996		0.997	0.985	0.955	0.994	0.998	0.975	上海
江苏	0.994	0.999	0.998	0.999	0.997		0.993	0.969	0.988	0.996	0.979	江苏
浙江	0.993	0.999	0.997	0.999	0.996	0.999		0.991	0.971	0.990	0.993	浙江
福建	0.998	0.995	0.998	0.997	0.988	0.995	0.998		0.933	0.966	0.991	福建
山东	0.989	0.999	0.999	0.999	0.992	0.999	0.999	0.998		0.993	0.963	山东
广东	0.997	0.994	0.988	0.995	0.997	0.994	0.996	0.992	0.990		0.986	广东
海南	0.717	0.663	0.688	0.678	0.660	0.670	0.686	0.714	0.672	0.715		海南
1978年	北京	天津	河北	辽宁	上海	江苏	浙江	福建	山东	广东	海南	

数据来源:根据《中国农村统计年鉴》历年数据计算整理。

中部地区各省农业产业结构演进相似系数的变动情况如表5-3所示,与1978年相比,2013年中部各省之间农业产业结构的相似系数均有不同程度的下降,其中降幅最大的五组省份为:山西与吉林的ASS值由0.999降为0.916,山西与江西ASS值由0.996下降为0.922,湖北与吉林ASS值由0.992下降为0.936,黑龙江和吉林ASS值由0.999降为0.957,黑龙江与江西ASS值由0.994降为0.954,中部地区表现出不同程度产业结构演进相似性减弱的特征。

表5-3 1978—2013年中部地区农业产业结构演进相似系数

	山西	吉林	黑龙江	安徽	江西	河南	湖北	湖南	2013年
山西		0.916	0.993	0.967	0.922	0.981	0.962	0.985	山西
吉林	0.999		0.957	0.958	0.955	0.974	0.936	0.961	吉林
黑龙江	0.999	0.999		0.985	0.954	0.997	0.976	0.996	黑龙江
安徽	0.998	0.999	0.999		0.991	0.994	0.992	0.998	安徽
江西	0.996	0.991	0.994	0.990		0.980	0.972	0.985	江西
河南	0.999	0.999	0.999	0.999	0.991		0.975	0.995	河南
湖北	0.994	0.992	0.993	0.993	0.997	0.991		0.987	湖北
湖南	0.998	0.998	0.998	0.999	0.994	0.998	0.997		
1978年	山西	吉林	黑龙江	安徽	江西	河南	湖北		

数据来源:根据《中国农村统计年鉴》历年数据计算整理。

西部地区各省(区、市)农业产业结构相似系数的变动情况如表5-4所示,其中西藏与其他各省(区、市)间ASS值显著增加,其他省(区、市)间ASS值均有不同程度的下降,且差异较大,如广西、青海的ASS值由0.990下降至0.592,与中、东部地区相比,西部地区农业产业结构演进的相似性更弱,表明区域内农业产业分工更加细化,区域间农业产业结构更具自身比较优势。

表5-4　1978—2013年西部地区农业产业结构演进相似系数

	内蒙古	广西	重庆	四川	贵州	云南	西藏	陕西	甘肃	青海	宁夏	新疆	2013年
内蒙古		0.965	0.969	0.996	0.959	0.974	0.942	0.929	0.871	0.984	0.948	0.915	内蒙古
广西	0.969		0.940	0.986	0.940	0.986	0.794	0.954	0.868	0.429	0.592	0.947	广西
重庆	0.990	0.944		0.984	0.999	0.993	0.799	0.991	0.964	0.988	0.905	0.986	重庆
四川	0.984	0.997	0.999		0.969	0.985	0.421	0.950	0.890	0.744	0.839	0.938	四川
贵州	0.978	0.999	0.997	0.999		0.993	0.849	0.995	0.973	0.995	0.904	0.991	贵州
云南	0.981	0.998	0.999	0.999	0.999		0.716	0.978	0.943	0.965	0.887	0.970	云南
西藏	0.820	0.646	0.731	0.700	0.682	0.696		0.888	0.819	0.913	0.999	0.871	西藏
陕西	0.960	0.999	0.989	0.994	0.997	0.995	0.627		0.991	0.998	0.876	0.999	陕西
甘肃	0.977	0.999	0.997	0.999	0.999	0.999	0.681	0.997		0.980	0.806	0.995	甘肃
青海	0.932	0.810	0.997	0.850	0.999	0.999	0.694	0.996	0.999		0.904	0.995	青海
宁夏	0.981	0.990	0.872	0.994	0.836	0.846	0.971	0.764	0.835	0.845		0.860	宁夏
新疆	0.993	0.990	0.999	0.997	0.995	0.996	0.750	0.985	0.995	0.997	0.886		新疆
1978年	内蒙古	广西	重庆	四川	贵州	云南	西藏	陕西	甘肃	青海	宁夏	新疆	

数据来源：根据《中国农村统计年鉴》历年数据计算整理。

二、区域演进的差异性特征

农业产业的发展对自然资源依赖性强，自然资源的地理分布特征决定着农业产业的区域差异，同时其数量、质量和构成也制约着农业产业的水平和效果。如土地平整肥沃的地区发展种植业具有良好的土地利用条件，而牧草资源丰沛的地区则畜牧业发展空间较好；我国地域辽阔，自然资源禀赋差异巨大，不同区域土地结构、水资源情况、气候条件等农业发展资源禀赋差异很大，从而影响着农业产业结构的优势产业和发展趋向，并呈现出不同的特征和路径。为了进一步考察农业产业结构演进的区域差异特征，按照公式3-12计算东、中、西三大经济区农业产业结构差异指数（ASD），东部与中部、中部与西部、东部与西部农业产业结构差异指数的变动情况如图5-7中ASD_{dz}、ASD_{zx}、ASD_{dx}曲线所示，1978—1985年三大地区农业产业结构变动的趋异程度很低，保持在0~0.007之间，表明区域间农业产业结构演进的空间异质性很低；1985年之后三大地区之间的趋异系数快速增加，但在1989年后发生分异，东、西部农业产业结构演进趋异系数持续增长，且增速最快，由1989年的0.008增加到2013年的0.035；东、中部结构演进趋异系数同样持续增长，但增速次之，由1989年的0.009增加到2013年的0.022；而中、西部的农业产业结构演进趋异系数开始持续下降，由1989年的0.009下降至2013年的0.001，表明观测期内东部与中、西部地区农业产业结构演进差异性特征显著增强,而中、西部地区之间的差异性持续缩小。

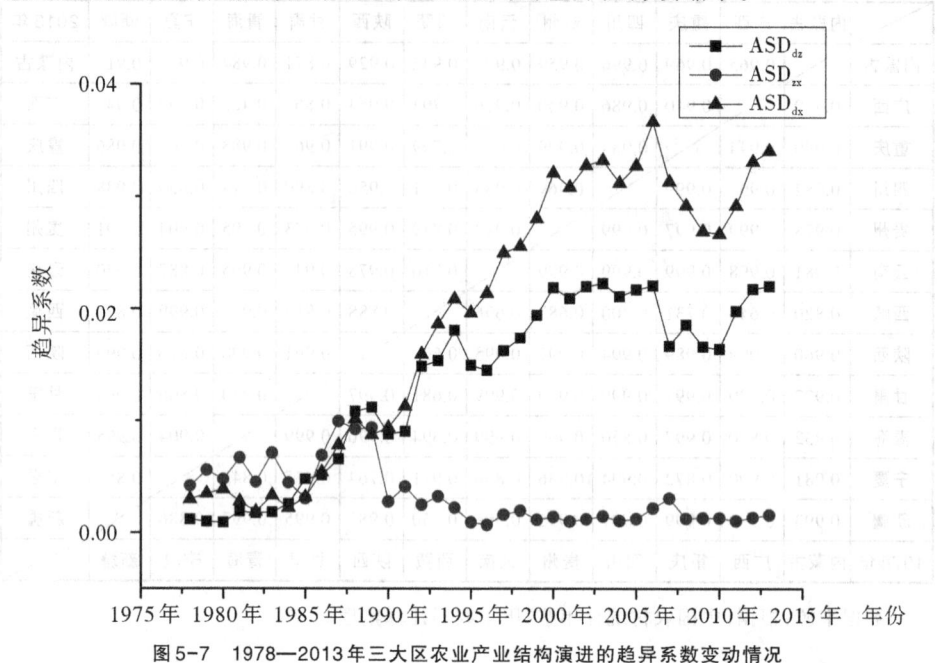

图5-7 1978—2013年三大区农业产业结构演进的趋异系数变动情况

三大地区内部各省(区、市)农业发展的自然禀赋、经济发展水平、农业比较优势也存在差异,三大区内各省际农业产业结构演进的趋异程度,可由对应省(区、市)之间观测基期年和末期年趋异系数的差来表示,1978—2013年东、西、中三大地区各省(区、市)间农业产业结构演进趋异程度,分别由表5-5、表5-6、表5-7列示。

表5-5 1978—2013年东部省(市)间农业产业结构演进的趋异程度

	北京	天津	河北	辽宁	上海	江苏	浙江	福建	山东	广东
天津	0.1									
河北	0.018	0.028								
辽宁	0.053	0.047	0.070							
上海	0.117	0.001	0.030	0.068						
江苏	0.144	0.007	0.059	0.080	0					
浙江	0.156	0.022	0.097	0.085	0.011	0.006				
福建	0.196	0.055	0.157	0.12	0.033	0.026	0.007			
山东	0.083	0	0.024	0.042	-0.002	0.011	0.028	0.065		
广东	0.107	-0.001	0.037	0.055	0.001	-0.002	0.006	0.026	-0.003	
海南	-0.157	-0.303	-0.207	-0.243	-0.315	-0.309	-0.307	-0.277	-0.291	-0.271

数据来源:根据《中国农村统计年鉴》历年数据计算整理。

表5-6 1978—2013年西部省(区、市)间农业产业结构演进的趋异程度

	内蒙古	广西	重庆	四川	贵州	云南	西藏	陕西	甘肃	青海	宁夏
广西	0.003										
重庆	0.021	0.004									
四川	0.012	0.011	0.015								
贵州	0.019	0.059	-0.002	0.030							
云南	0.007	0.012	0.006	0.014	0.006						
西藏	-0.122	-0.148	-0.068	0.279	-0.167	-0.020					
陕西	0.031	0.045	-0.002	0.044	0.002	0.017	-0.261				
甘肃	0.106	0.131	0.033	0.103	0.026	0.056	-0.138	0.006			
青海	0.052	0.381	0.009	0.106	0.004	0.034	-0.219	-0.002	0.019		
宁夏	0.033	0.398	-0.033	0.155	0.068	0.041	0.028	-0.112	0.029	-0.059	
新疆	0.078	0.043	0.013	0.059	0.004	0.026	-0.121	-0.014	0	0.002	0.006

数据来源:根据《中国农村统计年鉴》历年数据计算整理。

表5-7 1978—2013年中部省份间农业产业结构演进的趋异程度

	山西	吉林	黑龙江	安徽	江西	河南	湖北
吉林	0.083						
黑龙江	0.006	0.042					
安徽	0.021	0.041	0.014				
江西	0.074	0.036	0.040	-0.001			
河南	0.018	0.025	0.002	0.005	0.011		
湖北	0.032	0.056	0.017	0.001	0.025	0.016	
湖南	0.013	0.037	0.002	0.001	0.009	0.003	0.010

数据来源:根据《中国农村统计年鉴》历年数据计算整理。

与1978年相比,2013年东部各省(市)农业产业结构演进趋异性变动,海南省与其他东部省(市)之间的趋异程度下降、相似度提高,山东与上海、广东之间的趋异程度下降、相似性增强,其他各省(市)之间的趋异程度均有不同程度的增强,其中北京与其他各省(市)的趋异程度更高。西部各省(区、市)农业产业结构演进趋异程度差异也普遍增强,其中西藏与各省(区、市)之间的差异度减小、相似性增强,陕西与青海、宁夏、新疆的趋异程度也有所下降。中部各省均表现出不同程度的趋异(江西与安徽除外),吉林与山西之间的趋异程度最高(0.083),江西与山西次之(0.074),湖北和吉林为0.056,其他省份之间趋异程度低于0.05。

三、区域演进的集聚性特征

农业产业生产规模和空间布局反映了农业产业结构演进的区域集聚（或分散）特征，这一特征形成在很大程度上依赖于自然条件，但同时也受到技术进步、农业政策、市场需求等因素的综合作用，成为经济行为结果的一种反映。按照比较优势优化耕地等农业资源配置所形成的农业生产结构变动成为农业增长的重要贡献来源（钟甫宁，1999）。改革开放以来，我国农业各产业生产规模与空间布局发生了显著变化。

按照第三章中农业产业结构演进集聚特征的测算方法，1978—2013年我国主要农产品的生产布局变动和集聚性特征如下表5-8所示。

表5-8 我国主要农产品生产布局及区域集聚特征

农产品	观测期	三大地区所占比重 东部	中部	西部	所占比重排在前三位的省（区、市） 省份	占比	省份	占比	省份	占比
稻谷	1978—1981年	36.96%	39.32%	23.71%	湖南	13.85%	广东	10.74%	四川	10.72%
	1982—1985年	35.83%	40.29%	23.89%	湖南	13.87%	四川	11.38%	广东	10.17%
	1986—1989年	34.65%	42.28%	23.09%	湖南	13.90%	四川	11.54%	江苏	9.73%
	1990—1993年	33.83%	42.07%	24.11%	湖南	13.17%	四川	11.47%	江苏	9.16%
	1994—1997年	32.51%	43.62%	23.87%	湖南	12.94%	四川	10.40%	江苏	9.51%
	1998—2001年	31.50%	43.94%	24.56%	湖南	12.36%	江苏	9.86%	四川	8.38%
	2002—2005年	27.51%	46.67%	25.82%	湖南	12.62%	江苏	9.35%	江西	8.72%
	2006—2009年	25.80%	51.06%	23.15%	湖南	13.18%	江西	9.78%	江苏	9.43%
	2010—2013年	24.92%	52.79%	22.29%	湖南	12.83%	黑龙江	10.11%	江西	9.62%
小麦	1978—1981年	36.57%	36.46%	26.98%	河南	16.47%	山东	14.68%	河北	8.98%
	1982—1985年	35.74%	38.32%	25.94%	河南	18.11%	山东	14.83%	江苏	9.90%
	1986—1989年	39.09%	37.22%	24.22%	河南	18.20%	山东	16.79%	江苏	10.15%
	1990—1993年	40.23%	33.90%	25.87%	山东	18.19%	河南	16.83%	江苏	9.25%
	1994—1997年	41.16%	35.07%	23.77%	山东	19.04%	河南	18.26%	河北	10.23%
	1998—2001年	40.69%	35.79%	23.52%	河南	21.34%	山东	18.36%	河北	11.66%
	2002—2005年	38.02%	39.78%	22.20%	河南	26.22%	山东	17.74%	河北	11.80%
	2006—2009年	38.83%	43.00%	18.16%	河南	27.00%	山东	18.17%	河北	10.86%
	2010—2013年	38.67%	42.97%	18.37%	河南	26.53%	山东	17.94%	河北	10.87%

续表

农产品	观测期	三大地区所占比重			所占比重排在前三位的省(区、市)					
		东部	中部	西部	省份	占比	省份	占比	省份	占比
玉米	1978—1981年	38.10%	33.66%	28.25%	山东	12.45%	辽宁	10.37%	河北	10.32%
	1982—1985年	38.76%	33.87%	27.37%	山东	13.54%	吉林	12.89%	河北	10.28%
	1986—1989年	37.43%	36.90%	25.86%	吉林	14.59%	山东	13.99%	河北	9.50%
	1990—1993年	35.14%	39.85%	25.01%	吉林	14.23%	山东	12.49%	黑龙江	10.20%
	1994—1997年	34.30%	39.97%	25.72%	吉林	13.39%	山东	12.63%	黑龙江	11.22%
	1998—2001年	33.16%	37.81%	29.02%	山东	12.69%	吉林	12.34%	河南	9.31%
	2002—2005年	31.79%	38.63%	29.58%	吉林	13.35%	山东	11.76%	河北	8.80%
	2006—2009年	30.68%	40.97%	28.35%	吉林	12.20%	山东	11.64%	黑龙江	10.57%
	2010—2013年	28.19%	43.29%	28.52%	黑龙江	13.70%	吉林	12.02%	山东	10.26%

数据来源：根据《中国农村统计年鉴》历年数据计算整理。

从稻谷的区域分布演进来看，我国东部地区稻谷产量在全国稻谷产量中的占比在逐步下降，由研究期初的36.96%下降至研究期末的24.9%；中部地区稻谷产量占比则显著增加，由39.96%增加至52.79%；西部地区占比变动不大。作为稻谷主产省份，湖南占比一直稳定在13%左右；广东省稻谷产量占比逐步下降，四川、江苏、黑龙江稻谷产量占比逐步上升，成为稻谷产量贡献的重要省份，上述省份的稻谷产量占比达到50%左右。稻谷的生产逐步向中部地区以及主产省份集中，稻谷的区域集聚性特征显著。从小麦的区域分布演进看，东部地区小麦产量占全国小麦产量的比重有所增加，由研究期初的36.5%增加至研究期末的38%，中部地区的产量份额小幅增加上升，由研究期初的36.5%增加至研究期末的43%，西部地区的产量份额缩减较大，由研究期初的27%下降至研究期末的18.4%；小麦主产省份中，河南、山东、河北、江苏的份额占比达全国的50%左右，小麦逐渐向东、中部地区及主产省份集中，区域聚集特征较为显著。从玉米生产的区域分布演进看，东部地区玉米产量在全国总产量的份额中快速下降，由研究期初的38%下降至研究期末的28%，中部地区玉米产量份额快速增加，由研究期初的33.7%增加至研究期末的43.3%，西部地区的玉米产量份额变动不大。玉米主产省份主要分布在山东、辽宁、河北、山东、吉林和黑龙江，主产省份也相对集中了全国玉米产量的一半左右，玉米的产量份额也表现出一定的集聚性特征。

1978—2013年主要畜产品的生产布局和产业集聚性特征如表5-9所示。

表5-9 我国主要畜产品生产布局及区域集聚性特征

畜产品	研究期	三大地区所占比重 东部	中部	西部	主产区各省(区、市)所占比重 省份	占比	省份	占比	省份	占比
猪肉	1978—1981年	41.07%	30.57%	28.36%	四川	14.90%	江苏	8.91%	湖南	8.18%
	1982—1985年	39.91%	29.25%	30.45%	四川	16.09%	江苏	8.69%	湖南	8.15%
	1986—1989年	36.97%	30.76%	32.27%	四川	17.74%	湖南	8.66%	江苏	7.08%
	1990—1993年	36.55%	31.62%	31.82%	四川	16.65%	湖南	8.11%	山东	6.94%
	1994—1997年	35.75%	37.78%	31.96%	四川	13.99%	湖南	9.14%	山东	7.33%
	1998—2001年	33.56%	36.99%	30.69%	四川	10.41%	湖南	9.38%	河南	8.04%
	2002—2005年	37.44%	38.36%	31.73%	四川	11.09%	湖南	9.75%	河南	9.29%
	2006—2009年	35.25%	37.06%	30.66%	四川	10.08%	河南	8.49%	湖南	8.48%
	2010—2013年	33.46%	36.89%	29.65%	四川	9.47%	河南	8.12%	湖南	8.00%
牛肉	1978—1981年	14.51%	19.79%	65.64%	内蒙古	14.82%	四川	13.95%	青海	9.28%
	1982—1985年	19.49%	18.88%	61.59%	内蒙古	12.31%	四川	11.18%	新疆	10.92%
	1986—1989年	25.24%	30.67%	44.09%	河南	12.25%	山东	11.14%	内蒙古	8.44%
	1990—1993年	31.76%	34.98%	33.26%	山东	15.17%	河南	14.62%	安徽	6.52%
	1994—1997年	41.78%	41.16%	24.42%	山东	16.34%	河南	16.00%	河北	13.27%
	1998—2001年	35.08%	42.14%	25.77%	河南	16.50%	山东	13.34%	河北	12.64%
	2002—2005年	40.77%	45.86%	32.07%	河南	17.39%	河北	14.57%	山东	14.42%
	2006—2009年	32.84%	38.99%	35.28%	河南	14.74%	山东	11.92%	河北	10.65%
	2010—2013年	28.27%	35.75%	35.98%	河南	12.37%	山东	10.23%	河北	8.35%
羊肉	1978—1981年	20.07%	18.49%	61.53%	内蒙古	15.30%	新疆	14.93%	青海	8.70%
	1982—1985年	22.72%	17.65%	59.62%	新疆	16.00%	内蒙古	15.03%	山东	8.79%
	1986—1989年	29.28%	16.59%	54.14%	新疆	16.07%	内蒙古	12.69%	山东	11.66%
	1990—1993年	35.04%	16.59%	48.39%	山东	15.75%	新疆	14.21%	内蒙古	12.56%
	1994—1997年	39.17%	24.08%	44.22%	山东	16.90%	新疆	13.21%	河南	11.53%
	1998—2001年	29.65%	25.28%	48.12%	新疆	14.10%	河南	12.18%	内蒙古	11.86%
	2002—2005年	32.13%	29.18%	56.97%	内蒙古	16.62%	新疆	15.74%	河南	13.42%
	2006—2009年	23.73%	22.99%	60.29%	内蒙古	22.08%	新疆	14.33%	山东	8.95%
	2010—2013年	21.58%	20.19%	58.23%	内蒙古	22.10%	新疆	11.94%	山东	8.24%

数据来源：根据《中国农村统计年鉴》历年数据计算整理。

表5-8显示,猪肉在东、中、西三大区的畜牧业产量占比有小幅变化,其中东部地区份额明显下降,中部地区有小幅的增加,西部地区的产量份额变动不大;从各省份的猪肉产量占比来看,四川省产量份额有所下降,但始终是我国猪肉的主产大省,湖南、江苏、四川、河南的产量在全国占有重要份额,达到40%左右。从各省份牛肉产量占比看,东部地区产量份额由研究初期的14.5%增加至1994—1997年期间的41.8%后,又下降至观测末期的28.3%,中部地区的产量份额由观测期初的19.8%增加至观测末期的35.8%,西部地区的产量份额急剧下降、由观测初期65.6%下降至观测末期的36%,牛肉的主产省份也由内蒙古、四川、新疆、青海等西部省份转换为山东、河南、河北等东、中部省份,牛肉生产的区域集聚格局变动较显著。从羊肉生产布局和空间分布看,西部地区羊肉产量占有较大的份额,观测初期占比达61.5%,随后有小幅下降、2002年后占比再次快速增加至观测末期的58.2%,而东、中部地区产量占比变动较小。从各省份产量占比看,内蒙古、新疆、山东羊肉产量占比较高,三个省份占了全国40%左右的份额。

为了进一步衡量农业产业结构演进的空间集聚性特征,按照第三章公式3-13计算的我国主要农产品和畜产品的空间基尼系数(G_i)的变动情况如表5-10所示。

表5-10 我国主要农畜产品空间基尼系数的变动

研究期	稻谷	小麦	玉米	猪肉	牛肉	羊肉
1978—1981年	0.569	0.525	0.510	0.330	0.380	0.373
1982—1985年	0.570	0.542	0.511	0.384	0.439	0.484
1986—1989年	0.561	0.549	0.500	0.394	0.390	0.497
1990—1993年	0.533	0.518	0.512	0.382	0.385	0.487
1994—1997年	0.512	0.538	0.493	0.396	0.472	0.500
1998—2001年	0.480	0.557	0.463	0.360	0.458	0.467
2002—2005年	0.475	0.603	0.465	0.381	0.480	0.484
2006—2009年	0.472	0.619	0.485	0.363	0.444	0.476
2010—2013年	0.481	0.633	0.492	0.351	0.415	0.451

观测期间我国稻谷的G_i值呈现总体下降的趋势,由1978—1981年的0.569下降到2010—2013年的0.481,表明与稻谷生产的区域空间扩大,集聚性在下降。与稻谷的集聚性变动不同,小麦的G_i值呈现持续上升的趋势,我国小麦生产的空

间集聚程度不断增强。玉米的G_i值表现出先增加后下降再增加的变动特征,不同观测期间G_i值在0.5上下波动,变动幅度较小,表明玉米生产的空间分布较为稳定。与农产品的空间基尼系数相比,畜产品空间基尼系数更低,猪肉的G_i值在0.33~0.4之间变动,变动幅度小,猪肉生产的区域不均衡程度变动不大。牛肉、羊肉的空间基尼系数总体比猪肉的数值高,数值一度由0.380和0.373增加到0.480和0.500,后续有小幅缩减,但较观测初期,牛肉、羊肉的G_i值都显著增加,表明其空间集聚程度明显增强,区位优势逐步引导农业产业空间分布。

四、区域演进的关联性特征

随着区域市场一体化、生产要素流动、规模经济以及政策偏好等因素的交互影响,我国农业生产区域分布格局发生了显著变化,如上节中关于农业生产空间布局的转换和集聚。改革开放以来,政府调控和市场机制成为推动区域间经济关联的重要力量,省际区域经济存在着空间影响和地区关联已成为不争的事实(李敬等,2014),但由于区域间的空间关联关系是复杂且非线性的,本节将对区域间农业产业结构演进关联特征进行考察,首先通过Pearson相关性检验对省域间农业产业结构演进指数(ASI)之间的关联性进行比对,再通过空间Moran's I指数对全部省域农业产业结构是否存在空间关联性进行判定。

表5-11 1978—2013年东部各省(市)ASI的Pearson相关性

	北京	河北	辽宁	天津	福建	广东	海南	江苏	山东	上海	浙江
北京	1.0000										
河北	0.8653	1.0000									
辽宁	0.9092	0.9741	1.0000								
天津	0.8996	0.9102	0.9221	1.0000							
福建	0.8707	0.9506	0.9618	0.8665	1.0000						
广东	0.8613	0.9511	0.9568	0.9080	0.9254	1.0000					
海南	0.8234	0.8685	0.9179	0.8327	0.9213	0.9132	1.0000				
江苏	0.9201	0.9694	0.9826	0.9355	0.9490	0.9571	0.9026	1.0000			
山东	0.8537	0.9306	0.9242	0.7972	0.9248	0.9147	0.8768	0.9307	1.0000		
上海	0.7876	0.8971	0.9104	0.8345	0.9113	0.8407	0.8828	0.8682	0.8053	1.0000	
浙江	0.9185	0.9783	0.9826	0.9454	0.9632	0.9568	0.9064	0.9866	0.9290	0.9036	1.0000

如表5-11所示，东部地区各省份之间的ASI相关性很强，相关系数在0.78~0.99之间，其中相关性相对最高的三组省份是浙江和山东、江苏和辽宁、浙江和河北，相关性相对最低的三组省(市)是上海和北京、天津和山东、上海和山东。

表5-12　1978—2013年中部地区各省份ASI的Pearson相关性

	安徽	河南	黑龙江	吉林	山西	湖北	湖南	江西
安徽	1.0000							
河南	0.9729	1.0000						
黑龙江	0.8692	0.8275	1.0000					
吉林	0.9540	0.9433	0.8480	1.0000				
山西	0.8531	0.8894	0.7114	0.8028	1.0000			
湖北	0.9617	0.9737	0.7997	0.9376	0.8923	1.0000		
湖南	0.8789	0.9218	0.6369	0.8429	0.8555	0.8825	1.0000	
江西	0.9756	0.9638	0.8763	0.9447	0.8431	0.9607	0.8473	1.0000

如表5-12所示，中部各省份中江西与安徽、湖北与河南、河南与安徽ASI的相关系数达0.97以上，山西与黑龙江、湖北与黑龙江、湖南与黑龙江ASI的相关系数不足0.8。其他省份间ASI相关系数在0.8~0.9之间。

表5-13　1978—2013年西部地区各省(区、市)ASI的Pearson相关性

	广西	贵州	内蒙古	宁夏	青海	陕西	四川	西藏	新疆	云南	重庆	甘肃
广西	1.0000											
贵州	0.6731	1.0000										
内蒙古	0.8513	0.8858	1.0000									
宁夏	0.6513	0.4672	0.7088	1.0000								
青海	0.0648	-0.5062	-0.2635	0.1311	1.0000							
陕西	0.4523	0.6924	0.7550	0.7421	-0.4835	1.0000						
四川	0.8223	0.6775	0.8287	0.7150	0.0756	0.5198	1.0000					
西藏	0.2469	0.5350	0.5096	0.5637	-0.4058	0.6821	0.4882	1.0000				
新疆	0.6071	0.2838	0.4435	0.6709	0.0867	0.4769	0.4343	0.1764	1.0000			
云南	0.6437	0.9504	0.8341	0.2905	-0.5714	0.5603	0.6109	0.3904	0.1939	1.0000		
重庆	0.3217	0.5005	0.5857	0.7812	-0.2568	0.7945	0.4825	0.6107	0.4406	0.3763	1.0000	
甘肃	-0.0496	0.0247	0.1679	0.7057	0.0055	0.6346	0.1530	0.5635	0.3664	-0.1733	0.7390	1.0000

如表5-13所示，西部地区省（区、市）ASI的相关系数中，云南与贵州达0.9504，四川与广西达0.8223、内蒙古与云南、四川、广西、贵州相关系数也在0.8~0.9之间，其余西部省份之间的相关系数均低于0.8，部分省份之间的相关系数很低，不足0.1，如四川与青海、广西与青海、新疆与青海，部分省（区、市）之间相关系数为负，如青海与贵州、内蒙古、陕西、西藏。与东、中部地区农业产业结构演进的关联情况相比，西部省（区、市）的关联性普遍更低。

表5-14 省域Moran's I统计值

年份	Moran's I	P-value	年份	Moran's I	P-value	年份	Moran's I	P-value
1978年	0.083	0.19	1990年	0.221	0.005	2002年	0.298	0.000
1979年	0.048	0.366	1991年	0.205	0.008	2003年	0.316	0.000
1980年	0.058	0.317	1992年	0.225	0.005	2004年	0.330	0.000
1981年	0.12	0.092	1993年	0.258	0.002	2005年	0.320	0.000
1982年	0.098	0.144	1994年	0.229	0.004	2006年	0.308	0.000
1983年	0.181	0.017	1995年	0.23	0.004	2007年	0.361	0.000
1984年	0.191	0.012	1996年	0.256	0.002	2008年	0.391	0.000
1985年	0.222	0.005	1997年	0.269	0.001	2009年	0.364	0.000
1986年	0.246	0.002	1998年	0.309	0.000	2010年	0.315	0.000
1987年	0.211	0.007	1999年	0.297	0.000	2011年	0.334	0.000
1988年	0.254	0.002	2000年	0.297	0.000	2012年	0.320	0.000
1989年	0.235	0.003	2001年	0.295	0.000	2013年	0.312	0.000

上述Moran's I指数反映的是农业产业结构水平的全局空间自相关，若需进一步了解地区之间的局域空间相关性，则需进一步刻画Moran's I散点图。Moran's I散点图共分四个象限，分别对应四种类型高低观测值的空间集聚形式：第一象限代表产业结构层次高的地区被同是高农业产业结构所包围；第二象限代表低产业结构水平地区被高产业结构区域所包围；第三象限代表低产业结构地区被同是低值的区域所包围；第四象限代表高产业结构地区为低产业结构区域所包围。第一、三象限表示地区间存在正的空间自相关关系，而第二、四象限表示地区间表现为负的产业结构空间自相关，如果观测值均匀地分布在四个象限，即表明地区间产业结构不存在自相关性[①]。

[①] 1代表北京、2代表天津、3代表河北、4代表山西、5代表内蒙古、6代表辽宁、7代表吉林、8代表黑龙江、9代表上海、10代表江苏、11代表浙江、12代表安徽、13代表福建、14代表江西、15代表山东、16代表河南、17代表湖北、18代表湖南、19代表广东、20代表广西、21代表海南、22代表四川、23代表贵州、24代表云南、25代表西藏、26代表陕西、27代表甘肃、28代表青海、29代表宁夏、30代表新疆。

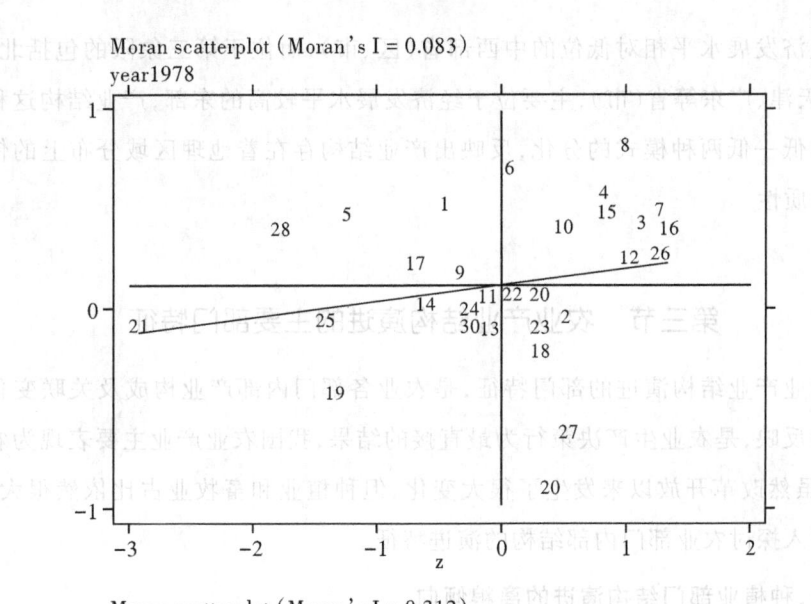

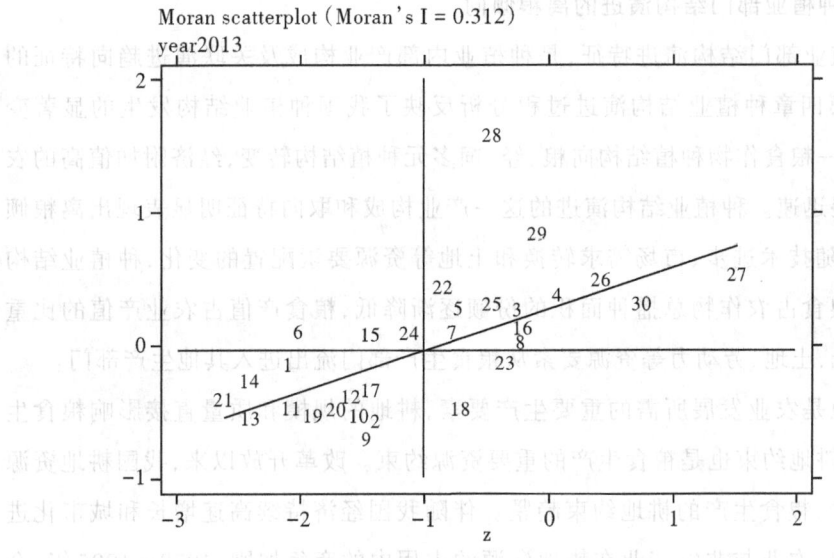

图 5-8 空间 Moran's I 散点图

图 5-8 绘制了 1978 年和 2013 年的局域 Moran's I 散点图。左图显示了 1978 年各区域空间自相关情况,由于各省(区、市)观测值总体平均地分布在四个象限,区域间农业产业结构相关性很低。右图显示了 2013 年各区域空间自相关情况,从各区域的象限分布来看,位于第二、四象限的省域不多,大多地区处于第一和第三象限,即高—高、低—低类型集聚区占据主导,并且农业产业结构观测值呈现明显的块状分布特征。位于第一象限的包括山西、新疆、青海、甘肃、宁夏、吉

林等经济发展水平相对低位的中西部省(区、市),而位于第三象限的包括北京、上海、天津、广东等省(市),主要位于经济发展水平较高的东部,产业结构这种高—高和低—低两种模式的分化,反映出产业结构存在着地理区域分布上的依赖性和异质性。

第三节 农业产业结构演进的主要部门特征

农业产业结构演进的部门特征,是农业各部门内部产业构成及关联变化趋向性的反映,是农业生产决策行为最直接的结果,我国农业产业主要表现为农牧结构,虽然改革开放以来发生了很大变化,但种植业和畜牧业占比依然很大,本节将深入探讨农业部门内部结构的演进特征。

一、种植业部门结构演进的离粮倾向

种植业部门结构演进特征,是种植业内部产业构成及关联演进趋向特征的反映。第四章种植业结构演进过程分析反映了我国种植业结构发生的显著变化,由单一粮食作物种植结构向粮、经、饲多元种植结构转变,经济附加值高的农产品发展迅速。种植业结构演进的这一产业构成和取向特征明显表现出离粮倾向,即伴随技术进步、市场需求转换和土地等资源要素配置的变化,种植业结构演进中粮食占农作物总播种面积的份额逐渐降低,粮食产值占农业产值的比重逐渐降低,土地、劳动力等资源要素从粮食生产部门流出进入其他生产部门。

土地是农业发展所需的重要生产要素,耕地的规模和质量直接影响粮食生产,同时耕地约束也是粮食生产的重要资源约束。改革开放以来,我国耕地资源供给减少,粮食生产的耕地约束趋紧。伴随我国经济持续高速增长和城市化进程的加快,农业与非农产业在耕地资源的占用中的竞争加剧,1978—1995年,全国耕地面积减少441.8万公顷,年均减少26万公顷。1996—2004年耕地面积减少759.5万公顷,年均减少达95万公顷(封志明等,2005)。2004—2011年耕地面积减少了72.8万公顷,耕地减少的幅度放缓,但年均减少幅度仍达10.4万公顷。除了耕地资源数量的缩减外,我国耕地资源的质量衰退加剧。改革开放以来,人口数量增加所产生的巨大粮食需求使得农村家庭经营模式下的耕地利用更加集约和高强度,中国部分地区的粮食单产已超过其耕地生态产量警戒线,耕地资源

的基础地力大幅下降(曹宝明等,2011)。耕地资源供给数量和质量的下降为种植业结构调整带来更具刚性的约束。农户在有限耕地面积上生产高收益农产品而淘汰低收益粮食产品成为资源约束下的理性选择。劳动力作为农业生产重要的要素投入,库兹涅茨和钱纳里均考察了产业结构演变中劳动力转移和配置的趋势和特征(钱纳里等,1989),即随着经济的发展,劳动力会从农业部门流向其他部门。根据国家统计局公布数据,1978—2012年,我国第一产业就业人数占总就业人数的比重由70.5%下降至33.6%,农林牧渔劳动力从28 455.6万人下降到27 032.3万人,占乡村劳动力比重由92.88%下降至50.19%。农村中农业劳动力和非农劳动力的比值从1978年的93∶7转变为2012年的50∶50。劳动力和耕地资源在粮食种植业配置中的双下降成为种植业离粮倾向的重要表征。

1978—2013年我国种植业结构演进过程中粮食播种面积和粮食产值占比的双下降。如图5-9所示,LAP曲线表示粮食播种面积占农作物总播种面积比重的变动,LVP曲线表示粮食产值占农业产值比重的变动,离粮特征值以年均0.4%的速度持续下降,由1978年的80.3%下降至2013年的68%,粮食作物产值占比以年均5%的速率持续下降,由1978年的74%下降至2013年的33%。种植业结构演进中离粮特征在全国层面表现较为显著。

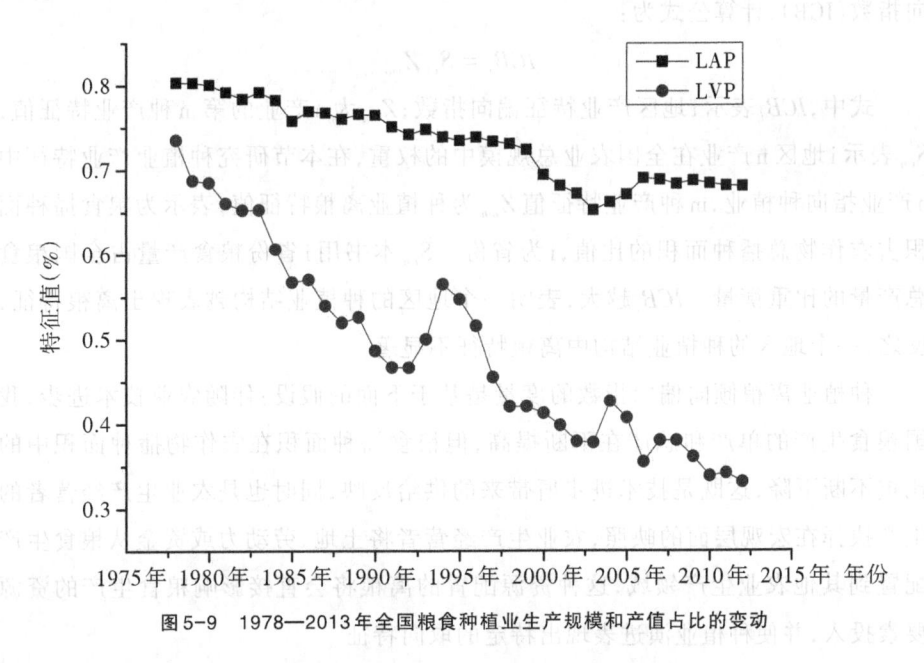

图5-9 1978—2013年全国粮食种植业生产规模和产值占比的变动

从区域层面看,如图 5-10 所示,东、中、西部地区离粮特征值也都表现出不同程度的下降,粮食作物播种面积占比下降的趋势同样非常显著。

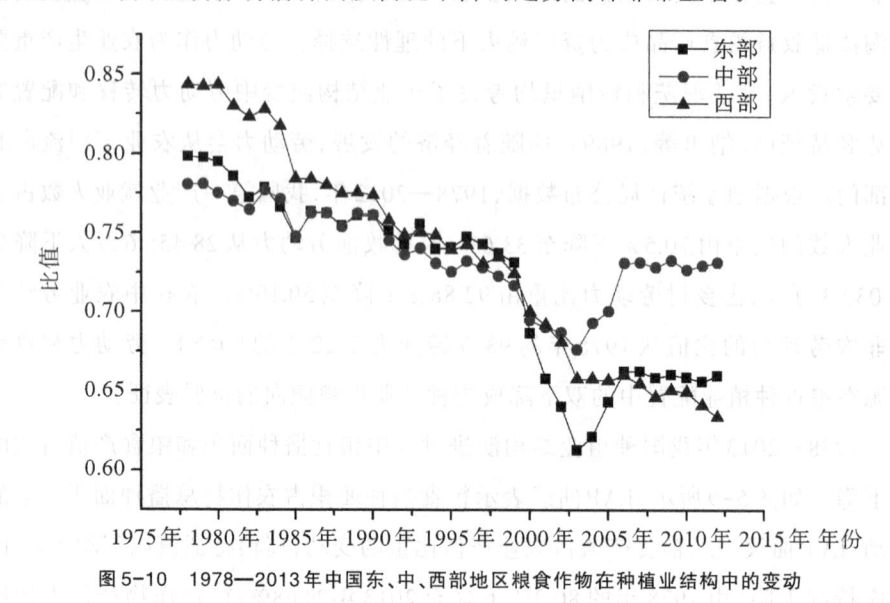

图 5-10 1978—2013 年中国东、中、西部地区粮食作物在种植业结构中的变动

为了便于度量种植业离粮倾向的特征,本书借鉴 Midelfart-Knarvik et al. 提出的产业特征偏向指数(Industry Characteristic Bias,ICB),构建种植业离粮特征偏向指数(ICB),计算公式为:

$$ICB_i = S_{in} Z_{mn}$$

式中,ICB_i 表示 i 地区产业特征偏向指数;Z_{mn} 为 n 产业的第 m 种产业特征值,S_{in} 表示 i 地区 n 产业在全国农业总规模中的权重,在本节研究种植业产业特征中 n 产业指向种植业,m 种产业特征值 Z_{mn} 为种植业离粮特征值,表示为粮食播种面积占农作物总播种面积的比值,i 为省份。S_{in} 本书用 i 省份粮食产量占全国粮食总产量的比重衡量。ICB_i 越大,表明一个地区的种植业结构越表现出离粮特征,反之,一个地区的种植业结构中离粮特征不显著。

种植业离粮倾向偏向指数的度量是基于下面的假设:伴随农业技术进步,我国粮食生产的单产和总产在不断提高,但粮食播种面积在农作物播种面积中的比重不断下降,这既是技术进步所带来的供给反映,同时也是农业生产经营者的生产抉择在宏观层面的映照,农业生产经营者将土地、劳动力或资金从粮食生产配置到其他农业生产领域,这种资源配置的离粮将会直接影响粮食生产的资源要素投入,并使种植业演进表现出特定的取向特征。

按照上述公式分别计算各省(区、市)种植业离粮特征偏向指数(ICB),东部地区各省(市)的这一指数如图5-11所示。

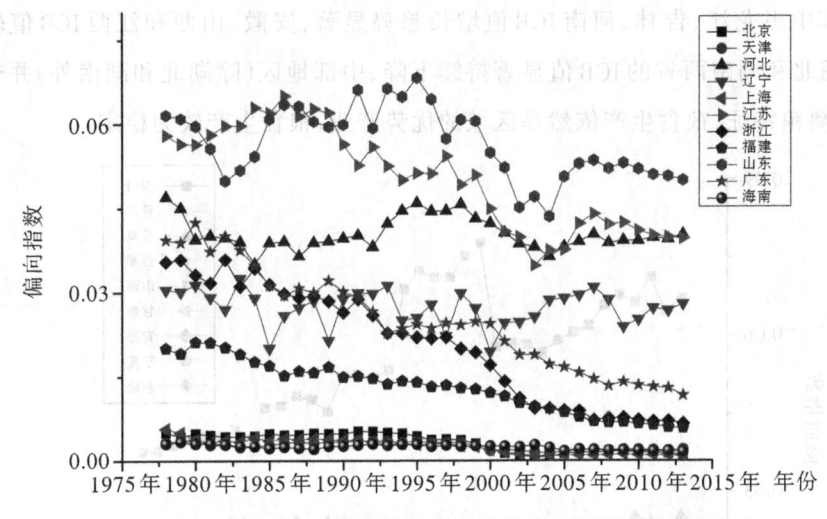

图5-11　1978—2013年中国东部各省(市)种植业离粮特征偏向指数变动

1978—2013年东部各省份均表现出不同程度的离粮特征,其中广东、浙江、江苏、福建离粮特征偏向指数(ICB)连续下降较快;山东1995—2004年的ICB连续减小趋势显著,2004年后表现出持续小幅增加后再次下降;辽宁与河北的ICB减小趋势不显著;北京、天津、海南的ICB值较小,也表现出一定的下降趋势。

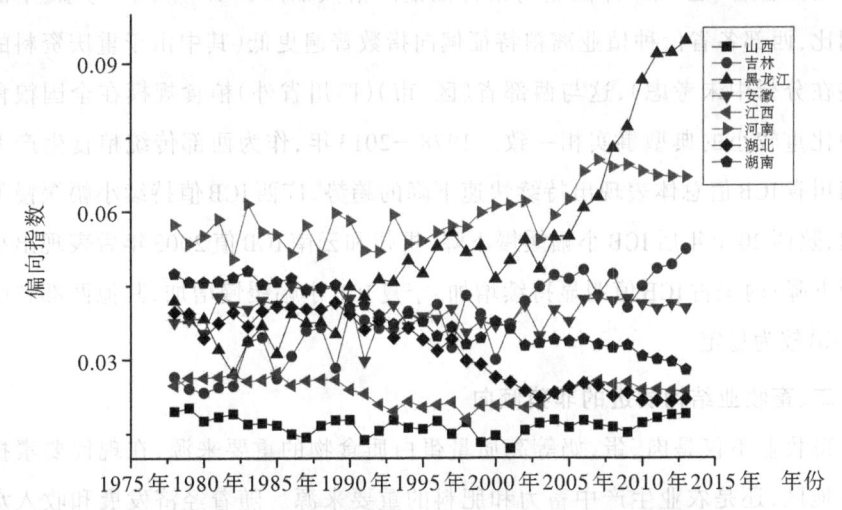

图5-12　1978—2013年中国中部各省种植业离粮特征偏向指数变动

中部各省份种植业离粮特征偏向指数的变动情况如图5-12所示。与东部省份相比，1978—2013年中部多数省份离粮特征偏向指数并未表现出显著的下降，其中黑龙江、吉林、河南ICB值增长趋势显著，安徽、山西和江西ICB值较稳定；湖北和湖南两省的ICB值显著持续下降，中部地区（除湖北和湖南外）并未表现出离粮特征，粮食生产依然是区域的优势产业，粮食生产较为稳定。

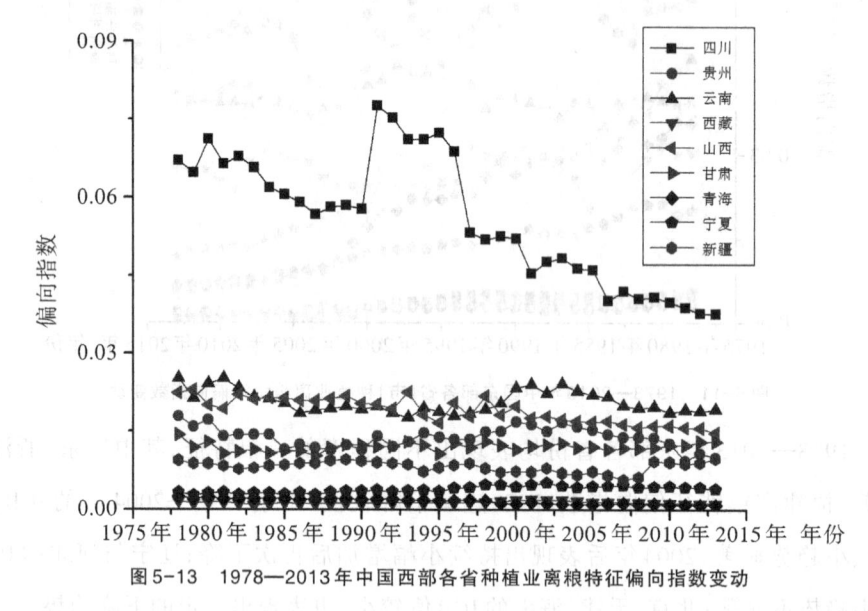

图5-13　1978—2013年中国西部各省种植业离粮特征偏向指数变动

西部各省（区、市）种植业离粮特征偏向指数如图5-13所示。与东、中部地区相比，西部各省份种植业离粮特征偏向指数普遍更低（其中由于重庆资料的不完整在分析中未考虑），这与西部省（区、市）（四川省外）粮食规模在全国粮食规模中比重较小的典型事实相一致。1978—2013年，作为西部传统粮食生产大省的四川省ICB值总体表现出持续快速下降的趋势，广西ICB值持续小幅缓慢下降趋向，陕西2000年后ICB小幅缓慢下降，贵州和云南ICB值2003年后表现出小幅缓慢下降；内蒙古ICB值明显持续增加，宁夏ICB小幅缓慢增加，其他西部省（区、市）ICB较为稳定。

二、畜牧业结构演进的非猪倾向

畜牧业不仅是肉、蛋、奶等高质量蛋白质食物的重要来源，在现代要素投入较少地区，还是农业生产中畜力和肥料的重要来源。随着经济发展和收入水平的提高，畜牧业提供食物的功能在加强，同时由于畜产品的收入需求弹性较强，也成为农户农业收入的重要来源。我国传统畜牧业结构中,猪肉产出占肉类产出总量的90%以上,是典型的"以猪肉为主"的结构特征。从第四章畜牧业结构演进过程可以发现,1978年以来我国传统畜牧业结构特征发生了巨大变化,猪肉产出占肉类产出总量的比重快速下降,如图5-14所示,1984—2007年下降速度快速,由93.8%下降至62.5%,2008—2013年稳定在64%左右。伴随着猪肉产出占比的下降,牛、羊、家禽等非猪产业发展快速。畜牧业产业结构演进趋向和构成表现出显著的"非猪"倾向。

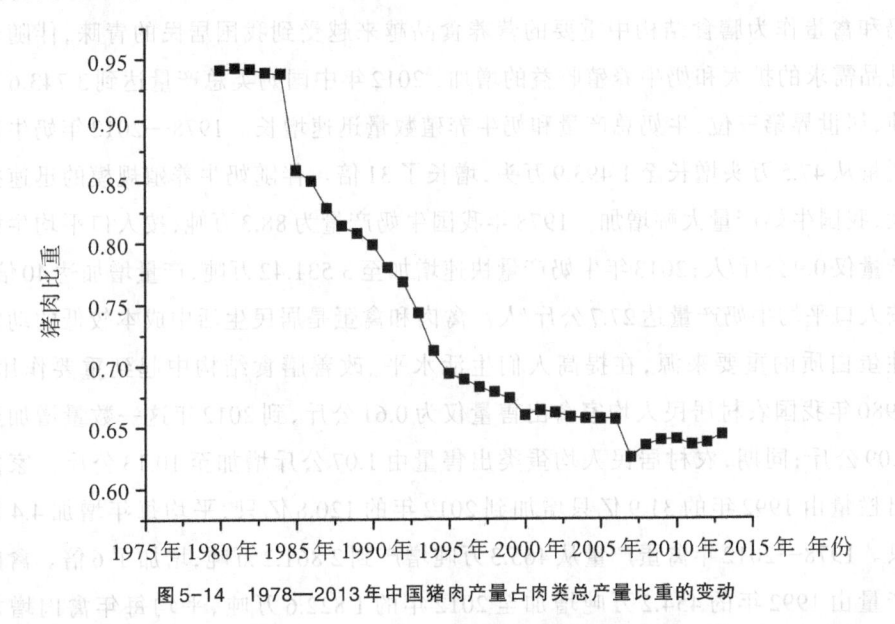

图5-14 1978—2013年中国猪肉产量占肉类总产量比重的变动

1978年以来,我国肉牛、肉羊、肉兔等草食肉畜牧业稳步发展。1980—2013年,牛肉产量由26.87万吨增加至2012年的673.21万吨,占肉类总产的比重由2%增加到8%;羊肉产量由44.48万吨增加至408.14万吨,占肉类总产的比重由3.7%增加至4.8%(见表5-15)。兔肉产量由1999年的31万吨增加到2012年的76.1万吨。草食肉畜养殖业产值在畜牧业产值中的占比逐步上升,1983—2012年养牛业的产值由46.99亿元增加至2 653.6亿元,养羊业的产值由11.2亿元增加至2010亿元,牛、羊养殖业产值之和在畜牧业产值中的占比由12%增加到17%,在非猪养殖产值中的占比由18%增加至71%。草食肉畜养殖业不断满足了人们对肉类的多样化和品质化的需求,在畜牧业中的贡献不断增加,相对地位不断上升。草食肉畜养殖业在畜牧业中的贡献不断增加,相对地位不断上升。

表5-15　1978—2013年我国畜牧业产值变动(单位:亿元)

指标	1980年	1984年	1988年	1992年	1996年	2000年	2004年	2008年	2013年
肉类产量	1 205.4	1 540.6	2 479.5	3 430.7	4 584	6 013.9	6 608.72	7 278.74	8 535
牛肉产量	26.87	37.28	95.8	180.3	355.7	513.12	560.39	613.17	673.2
牛肉占比	2.2%	2.4%	3.9%	5.3%	7.8%	8.5%	8.5%	8.4%	7.9%
羊肉产量	44.48	58.58	80.2	125	181	264.13	332.92	380.35	408.14
羊肉占比	3.7%	3.8%	3.2%	3.6%	3.9%	4.4%	5.0%	5.2%	4.8%

除上述草食肉畜外,改革开放以来奶牛养殖业和家禽养殖业快速发展。牛奶和禽蛋作为膳食结构中重要的营养食品越来越受到我国居民的青睐,伴随着乳品需求的扩大和奶牛养殖收益的增加,2012年中国奶类总产量达到3 743.6万吨,居世界第三位,牛奶总产量和奶牛养殖数量迅速增长。1978—2012年奶牛存栏量从47.5万头增长至1 493.9万头,增长了31倍。伴随奶牛养殖规模的迅速扩大,我国牛奶产量大幅增加。1978年我国牛奶产量为88.3万吨,按人口平均牛奶产量仅0.9公斤/人;2013年牛奶产量快速增加至3 531.42万吨,产量增加达40倍,按人口平均牛奶产量达27.7公斤/人。禽肉和禽蛋是居民生活中成本较低的动物性蛋白质的重要来源,在提高人们生活水平、改善膳食结构中起到重要作用。1980年我国农村居民人均家禽出售量仅为0.61公斤,到2012年这一数量增加至8.09公斤;同期,农村居民人均蛋类出售量由1.07公斤增加至10.13公斤。家禽出栏量由1992年的31.9亿只增加到2012年的120.8亿只,平均每年增加4.4亿只。1978—2012年禽蛋产量从465.3万吨增产到2 861.2万吨,增加了6倍。禽肉产量由1992年的454.2万吨增加至2012年的1 822.6万吨,平均每年禽肉增加68.42万吨。家禽、养殖业在我国畜牧业中的产值贡献逐步提高,1983年家禽养殖业产值达52.25亿元,到2002年达1 380.25亿元,年均增加70亿元,在畜牧业产值中的占比由10.8%提高到16.3%;2002年后,家禽养殖业产值快速增加,到2012年达6 895.5亿元,年均增加551.5亿元,在畜牧业产值中的占比提高至25.4%。

按照上节中产业特征偏向指数公式构建畜牧业非猪倾向特征偏向指数(ICB*),公式如下:

$$\text{ICB}_i^* = S_{in} Z_{mn}$$

式中,产业特征值Z_{mn}指向畜牧业非猪倾向特征值(用各年份猪肉产量占肉类总产量的比重衡量),i为省(区、市);S_{in}为i省(区、市)猪肉产量占全国猪肉总产量的比重。ICB*越大,表明一个区域的畜牧业结构越表现出非猪倾向特征,反之一个区域的种植业结构中非猪倾向特征不显著。

按照上述公式分别计算各省份畜牧业非猪倾向特征偏向指数(ICB*),图5-15所示。

图5-15 1978—2013年中国东部各省畜牧业非猪特征偏向指数变动

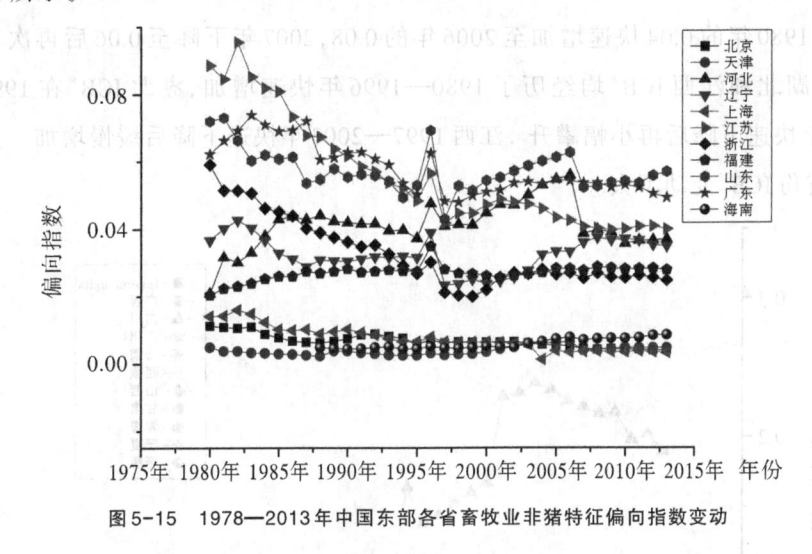

研究期间东部地区各省份中江苏、广东、浙江畜牧业结构中ICB*指标持续快速下降,具有非常显著的非猪倾向特征;北京、上海ICB*值较小,具有下降的趋向;上海、福建、海南ICB*值较为稳定且有小幅的增加;河北和辽宁ICB*在2007年后有显著下降趋向。总体看,东部地区畜牧业结构演进的非猪倾向特征较为显著。

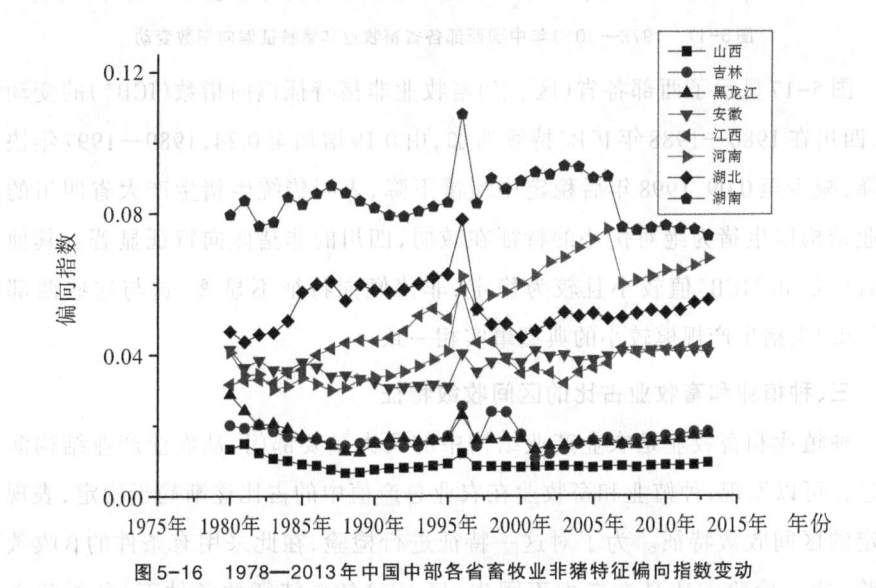

图5-16 1978—2013年中国中部各省畜牧业非猪特征偏向指数变动

图 5-16 显示了中部各省份畜牧业非猪特征偏向指数(ICB*)的变动情况,湖南 ICB*高于其他中部省份,2007 年快速下降后缓慢趋于减小;河南 ICB*增长快速,从 1980 年的 0.04 快速增加至 2006 年的 0.08,2007 年下降至 0.06 后再次小幅增加;湖北和江西 ICB*均经历了 1980—1996 年快速增加,湖北 ICB*在 1997—2000 年快速下降后再小幅攀升,江西 1997—2003 年快速下降后缓慢增加。其他中部省份 ICB*变动不大。

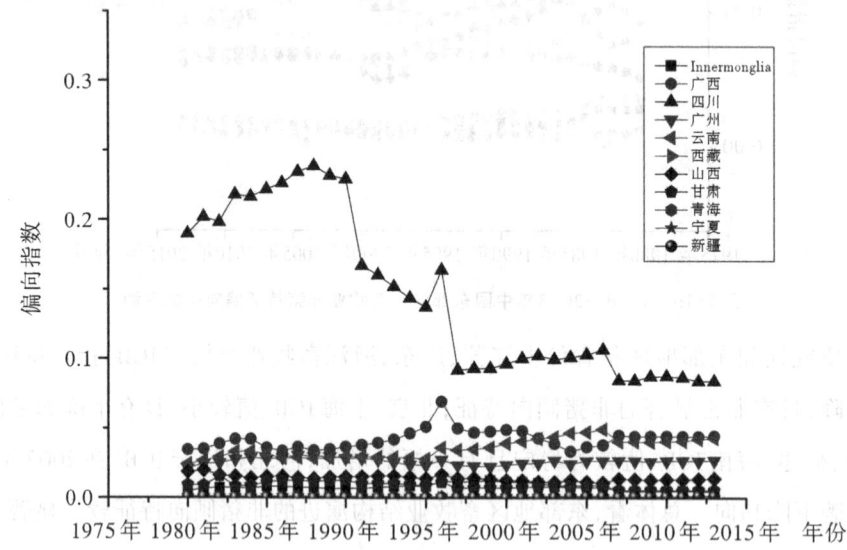

图 5-17　1978—2013 年中国西部各省畜牧业非猪特征偏向指数变动

图 5-17 显示了西部各省(区、市)畜牧业非猪特征偏向指数(ICB*)的变动情况,四川在 1980—1988 年 ICB*持续增加,由 0.19 增加至 0.24,1989—1997 年快速下降,减少至 0.09,1998 年后稳定中缓慢下降,表明传统生猪生产大省四川的畜牧业结构以生猪为绝对优势的特征在减弱,四川的非猪倾向特征显著。其他西部省(区、市)ICB*值较小且较为稳定,非猪倾向特征不显著,这与这些西部省(区、市)生猪生产规模较小的典型事实相一致。

三、种植业和畜牧业占比的区间收敛特征

种植业和畜牧业是农业产业结构中的两大重要部门,从农业产业结构演进的过程可以发现,种植业和畜牧业在农业总产值中的占比逐渐趋于稳定,表现出一定的区间收敛特征。为了对这一特征进行检验,在此采用有条件的 β 收敛性检验,这一检验方法是在考虑不同省(区、市)各自特征的条件下,分析每个省

（区、市）的种植业或畜牧业在农业产值中的比重是否收敛于各自的稳定水平。与绝对β收敛相同的稳定状态不同，条件β收敛中不同省（区、市）具有各自的稳定水平，它包含不同区域种植业或畜牧业在农业产值中比重的稳定状态存在差异的情况。通过建立条件β收敛的面板数据模型考察农业产业结构演进中种植业、畜牧业的收敛性及收敛速度。

$$\ln(y_{i(t+1)}/y_{it}) = A - B\ln y_{it} + \mu_{it}$$

y_{it}是指区域i在时间t种植业产值占农业总产值的比重，μ_{it}是随机误差项，A是常数项，$B = 1 - e^{-\beta}$。对上式进行回归分析，若β大于零且t统计量显著，则说明该部门呈现了条件β收敛情况，否则条件β收敛性不成立。建立固定效应的面板数据模型，模型拟合结果如表5-16所示。

表5-16　1978—2013年种植业产值占比的条件β收敛情况

	全国	东部	中部	西部
常数项C	0.034***(6.990)	0.028***(4.694)	0.028**(2.881)	0.062***(4.634)
$\ln(y_{it})$	−0.062***(−7.901)	−0.057***(−5.641)	−0.052**(−3.381)	−0.100***(−4.798)
R²	0.076	0.074	0.063	0.086
F值	2.560	2.483	2.076	2.922
收敛速度β	0.028	0.024	0.022	0.046

注："***""**""*"分别表示1%、5%、10%的显著性水平。

表5-16显示了全国及三大地区种植业产值占比的收敛情况。研究期间全国及各区域的β值均大于零，并在5%的显著性水平下通过显著性检验，即说明在全国以及三大地区范围内种植业占农业产值比重均存条件β收敛，表明三大区均有各自的稳定水平，并且都将收敛于这一稳定水平。

表5-17　1978—2013年畜牧业在农业产值中比重的条件β收敛情况

	全国	东部	中部	西部
常数项C	0.061***(10.229)	0.065***(8.546)	0.064***(5.350)	0.073***(5.969)
$\ln(y_{it})$	−0.191***(−9.458)	−0.208***(−7.757)	−0.205***(−4.783)	−0.218***(−5.695)
R²	0.095	0.113	0.111	0.105
F值	3.376	4.363	3.977	4.002
收敛速度β	0.092	0.101	0.100	0.107

注："***""**""*"分别表示1%、5%、10%的显著性水平。

表 5-17 显示了全国及三大地区畜牧业产值占比的收敛情况。全国及各区域的 β 值均大于零,并在 10% 的显著性水平下通过显著性检验,说明在全国以及三大地区范围内畜牧业产值占比存在条件 β 收敛,表明各个地区都有各自的稳定水平,并且都将收敛于各自的稳定水平。另外对比种植业和畜牧业在农业产值中比重的收敛速度 β 可知,畜牧业收敛速度大于种植业收敛速度,具有更快的收敛趋势。

上述收敛性检验表明了我国种植业、畜牧业在农业产值占比中存在 β 收敛,为了进一步从省际层面考察畜牧业、种植业的收敛性特征,采用单位根检验对各省份种植业与畜牧业产值比值的收敛性进行检验,如果单位根检验的 p 指小于 0.1,则表示收敛;反之则代表不收敛。如表 5-18 所示,各省(区)中甘肃、广东、广西、内蒙古、宁夏、青海、西藏、新疆 p 值均未通过 10% 的显著性水平,不具有收敛性;其他省份收敛性显著,表明种植业和畜牧业产值比值具有区间收敛的特征,农业产业结构演进趋于稳定。

表 5-18 1978—2013 年种植与畜牧业比值的单位根检验

省份	检验形式	t 统计量	p 值	省份	检验形式	t 统计量	p 值
安徽	(0,0,2)	-3.9294	0.0003	江西	(0,0,0)	-4.8567	0
北京	(0,0,0)	-4.2651	0.0001	辽宁	(0,0,2)	-3.8324	0.0004
福建	(0,0,0)	-3.3481	0.0015	内蒙古	(0,0,0)	-1.5441	0.1135
甘肃	(0,0,0)	-0.5360	0.4775	宁夏	(0,0,0)	-1.09892	0.2412
广东	(0,0,0)	-1.1132	0.236	青海	(0,0,0)	-0.6138	0.4442
广西	(0,0,8)	-0.5459	0.4711	山东	(0,0,0)	-2.8044	0.0064
贵州	(0,0,0)	-2.6968	0.0086	山西	(0,0,0)	-2.4343	0.0164
海南	(0,0,2)	-2.0233	0.0428	陕西	(0,0,0)	-2.9392	0.0045
河北	(0,0,3)	-1.8850	0.0576	上海	(0,0,0)	-1.6203	0.0982
河南	(0,0,4)	-2.4735	0.0152	四川	(0,0,0)	-2.9299	0.0046
黑龙江	(0,0,0)	-2.6898	0.0086	天津	(0,0,0)	-1.7588	0.0747
湖北	(0,0,2)	-3.0117	0.0038	西藏	(0,0,0)	-0.2230	0.5987
湖南	(0,0,0)	-3.5788	0.0007	新疆	(0,0,0)	-0.7453	0.3863
吉林	(0,0,1)	-2.1413	0.0328	云南	(0,0,0)	-2.6841	0.0088
江苏	(0,0,0)	-1.9269	0.0526	浙江	(0,0,0)	-2.0142	0.0436

注:检验类型中的 C、T 和 K 表示带有常数项,趋势项和滞后阶数。

四、农业部门结构演进的要素替代特征

农业生产与耕地、劳动力、资本等生产要素的投入与配置密切相关,而生产要素之间往往是"协同"而不是孤立地作用于农业发展,要素之间的互补效应是农业持续发展的动力源泉。改革开放以来,伴随技术进步和生产要素价格的变化,我国农业生产要素的投入与配置也发生了巨大的变化。如表5-19所示,我国农业从业人员数量经历了1978—1991年的持续上升后,1991年开始持续下降,且2001年后下降速度加快,农业从业人员占乡村劳动力的比重由1978年的93%下降至2013年的59%;在农业生产中劳动力投入减少的同时,用于农业生产的现代投入物不断增加,1978—2013年,农业机械总动力由每公顷1.18千瓦增加至4.04千瓦,化肥投入由每公顷0.0889吨增加到0.4374吨,农村电力投入由每人83千瓦增加到1 587千瓦,农业生产的现代化水平不断增强,在一定程度上表明农业产业结构演进中生产要素的替代活跃和要素配置结构转换的可能。如果用劳动生产率和土地产出率衡量农业生产要素投入和配置的效果,研究期间,土地产出率和劳动生产率大幅增加,分别增长了12倍和14倍,表明要素替代和配置结构转换促进了农业产出的增加和农业产业结构的演进。

表5-19 1978—2013年农业资源要素及其产出效率的变化

年份	农业从业人员	化肥投入（吨/公顷）	电力投入（亿千瓦/万人）	机械总动力（千瓦/公顷）	土地产出率（万元/公顷）	劳动生产率（万元/人）
1978年	28 455.6	0.0889	0.0083	1.18	0.14	0.05
1979年	29 071.6	0.1092	0.0091	1.34	0.17	0.06
1980年	29 808.4	0.1278	0.0101	1.48	0.19	0.06
1981年	30 677.6	0.1348	0.0113	1.58	0.22	0.07
1982年	31 152.7	0.1535	0.0117	1.68	0.25	0.08
1983年	31 645.1	0.1687	0.0125	1.83	0.28	0.09
1984年	31 685	0.1778	0.0129	1.99	0.33	0.10
1985年	30 351.3	0.1834	0.0137	2.16	0.37	0.12
1986年	30 467.9	0.2006	0.0154	2.38	0.42	0.13
1987年	30 870	0.2085	0.0169	2.59	0.49	0.15
1988年	31 455.7	0.2237	0.0178	2.78	0.61	0.19
1989年	32 440.5	0.2464	0.0193	2.93	0.68	0.20
1990年	33 336.4	0.2707	0.0201	3.00	0.80	0.23

续表

年份	农业从业人员	化肥投入（吨/公顷）	电力投入（亿千瓦/万人）	机械总动力（千瓦/公顷）	土地产出率（万元/公顷）	劳动生产率（万元/人）
1991年	34 186.3	0.2933	0.0224	3.07	0.85	0.24
1992年	34 037	0.3071	0.0253	3.18	0.95	0.27
1993年	33 258.2	0.3314	0.0281	3.35	1.16	0.33
1994年	32 690.3	0.3496	0.0330	3.56	1.66	0.48
1995年	32 334.5	0.3784	0.0368	3.80	2.14	0.63
1996年	32 260.4	0.2944	0.0400	2.96	1.72	0.69
1997年	32 677.89	0.3061	0.0428	3.23	1.83	0.73
1998年	32 626.4	0.3140	0.0440	3.48	1.89	0.75
1999年	32 911.76	0.3172	0.0463	3.77	1.89	0.74
2000年	32 797.5	0.3189	0.0505	4.04	1.92	0.76
2001年	32 451.01	0.3271	0.0541	4.24	2.01	0.81
2002年	31 990.58	0.3337	0.0617	4.45	2.11	0.86
2003年	31 259.63	0.3392	0.0701	4.64	2.28	0.95
2004年	30 596	0.3566	0.0791	4.92	2.79	1.18
2005年	29 975.54	0.3665	0.0868	5.26	3.03	1.32
2006年	29 418.41	0.4048	0.0960	5.96	3.35	1.39
2007年	28 640.68	0.4196	0.1071	6.29	4.02	1.71
2008年	28 363.6	0.4304	0.1098	6.75	4.77	2.04
2009年	28 065.26	0.3992	0.1161	6.46	4.46	2.15
2010年	27 694.77	0.4112	0.1246	6.86	5.12	2.50
2011年	27 355.42	0.4218	0.1330	7.23	6.01	2.97
2012年	27 032.25	0.4320	0.1394	7.59	6.62	3.31
2013年	27 032.25	0.4374	0.1587	7.69	7.18	3.59

数据来源：根据国家统计局网站相关年度数据计算整理。

中性技术进步通过同比例提高要素的边际生产率从而增加农业各部门产出，进而促进农业产业结构的演进；有偏技术进步通过改变要素之间的边际替代率，即生产要素之间的投入比例，进而影响农业各部门产出。为进一步考察农业产业结构演进中农业生产要素的替代或互补关系，采用Pearson相关系数进行判断，Pearson相关系数为负，代表相关要素存在替代性；如果为正则代表相关要素具有协同性。如表5-20所示,农业劳动力与化肥、电力、机械等现代生产要素投入之间具有显著的替代关系。其他现代要素之间具有显著的互补(协同)关系,表明农业产业结构演进中要素的替代特征显著。

表5-20　农业部门投入要素的Pearson相关系数

	农林牧渔业从业人员	化肥投入水平	电力投入	机械总动力
农林牧渔业从业人员	1.0000			
化肥投入水平	-0.2329	1.0000		
电力投入	-0.6649	0.8528	1.0000	
机械总动力	-0.5502	0.9262	0.9789	1.0000

第六章 农业产业结构演进总体特征的形成分析

1978—2013年,我国农业产业结构随农业发展而演进,并显现出鲜明的总体特征。这些特征既是演进过程的映照,也是演进水平的反映。从演进趋势、层次、速度和可持续性等方面,对总体特征的形成及机理进行分析与研究,并构建计量经济模型对其进行实证检验,可以明晰我国农业产业结构演进中总体特征形成的关键决定因素,为农业产业结构调整提供决策参考和借鉴依据。

第一节 农业产业结构演进趋势特征的形成分析

改革开放以来,我国种植业、畜牧业、林业、渔业四大产业部门都有很大发展,实现了较快增长,但各部门的发展快慢不一,增长也不均衡。正是各部门的非均衡增长,才使农业产业结构由单一性向多样性转换。农业产业结构演进这一趋势特征的形成与农业生产经营主体的抉择行为直接相关,而农业生产经营主体的抉择又由其所处经济社会条件所决定,即由农业产品及服务的市场需求、不同类别农业产业发展的基本条件、政府对不同农业产业的引导和支持等因素所决定。

一、农业产品及服务市场需求变化的导向

农业产业结构反映了各产业提供农产品与服务的数量特征、数量占比所对应不同类别产品与服务的供给量水平,而特定产业结构下所提供产品和服务的市场需求匹配程度更为重要。正如前文所述,与其他产业类似,市场对农产品与服务的需求,既是农业发展的基本依据,也是农业发展的重要条件。马斯洛(1954)在《动机与人格》中指出人的需求分为五个层次,人的需求驱动人的行为,而生产活动受到人类需求变化的驱动或抑制。对于农业生产者而言,只有按市场需求选择相应产业发展并进行生产,才能完成从生产到消费的再生产过程,也才可能收回成本并获得利润。因此,市场需求为农业产业选择及发展提供导向,

市场需求的变动促进产业选择与发展演进,从而对农业产业结构演进特征的形成施加重要影响。即对于特定的产业 i,如果市场需求 $D_i = 0$ 时,则该产业就失去存在的余地,并将迅速萎缩直至消失;而当 $D_i > 0$ 时,就会有该产业的市场,有其存在的基础,且随着 D_i 的增加,产业规模逐渐扩大,在产业结构中的占比越来越高,产业结构偏向该产业的趋势也将越来越明显。

随着经济的发展和居民收入水平的提高,城乡居民的消费水平必然随之提高,需求层次的递进引导农业产业结构的演进方向。就农产品需求而言,随着农业产业系统的发展,人们对粮食等基本需求得到不断满足,消费需求就会产生层次递进,人们对蔬菜、禽蛋、肉、奶及瓜果等需求增加,对农产品的品种、质量等提出更高的诉求;就农业生产服务而言,随着机械化的发展和农业劳动力的大量外流,农业生产服务的需求类别也越来越多,从耕种、收割逐渐发展到日常管理,而城乡居民所需的各项产品和农业生产服务均由不同农业部门所生产和提供,这些不同类别的产品和服务也相应衍生出多种农产品生产产业和农业生产服务产业。另外,城乡居民的衣、食、住、行等需求也会逐渐由低级向高级发展,不同农业产业的发展趋势也将发生改变,相应产业结构的演进趋势也将呈现不同特征。而城乡居民对农、林、牧、渔产品的类别需求信息会传递到生产者、经营者手中,导致农业产业的演进趋势发生相应变化。因此,农产品与农业服务类别的需求变化对农业产业结构演进趋势特征的形成具有重要的导向功能。

二、基础条件改善与技术进步的支持

一定基础条件和技术水平的具备是农业生产经营活动开展的基本前提,也是推动农业产业升级发展的强大动力。农业产业结构演进趋势特征的形成自然会受到基础条件和技术的影响。农业生产基础条件主要由农业自然资源状况和农业生产基础设施状况共同决定。首先,农业自然资源的天然差异是农业产业结构演进趋势形成的基本前提和物质基础,农业生产中农产品生产对动植物自然生长和自然力特性的利用,决定了这些动植物只能生存和生长在适宜的自然生态环境中。发展何种农业生产的生产经营决策,只能是在一定的自然资源允许范围内所进行的抉择,脱离自然基础条件所做出的生产经营抉择均不科学亦无法实现,而资源的多样性与差异性,又决定产业发展必然是宜农则农、宜林则林、宜牧则牧、宜渔则渔,自然资源的有效开发和利用对农业产业结构演进趋势特征的形成具有直接决定作用。其次,在自然资源状况既定条件下,农业生产基础设施状况则成为农业生产经营者从事特定农业产业的重要条件。农业生产基础设施的改善能够在一定程度上突破自然资源状况的约束,为农业产业的发展创造条件,如水利设施的改善可以克服水资源匮乏对特定农业产业发展的约束,交通条件的改善可以提高产地与市场之间的可达性,从而促进特定农业产业的发展。基础条件改善为农业产业发展提供有力支撑,对农业产业结构演进趋势特征的形成施加重要约束。

农业技术条件是农业生产力发展水平的重要标志。农业技术条件主要由农业生产工具、农用动力、农用物资、生产设施、动植物品种状况和农产品加工技术、储藏技术及农艺技术等所体现。农业生产中的自然资源利用和开发、物质能量转换效率、农业各部门组合状况均会受到农业技术水平的制约,农业产业结构演进特征同一定的农业技术条件有密切关系。从历史的进程来看,在生产力和技术水平较低的早期农业发展中,人类生产能力较弱,农业生产基本上依赖于自然资源,农业产业结构的初始形态很大程度上由自然资源状况决定。但随着农业技术条件的改善,人类改造自然的能力增强,对自然资源利用深度和广度得以扩展,农业产业结构对自然资源的依赖程度得以削弱,这使农业生产部门日益丰富并逐步多样化,农业产业结构日趋合理;同时,农业各部门的生产集约度将不断提高,且高集约度产业的发展越来越重要。如受土地报酬率递减规律的影响,农作物种植业劳动生产率提高及土地开发达到一定程度后,其集约度提高的速度必然受到制约而降低,但高集约度的设施农业部门会随着技术进步、资金投入的增加而发展更快,在农业产业结构中的份额逐渐上升,地位日趋重要,产业结构演进趋势特征逐渐显现和形成,技术进步是农业产业结构演进趋势形成的重要支撑。

三、制度与政策的引导与支持

市场机制下农业产业结构的演进具有自发性和自主性,其自然变迁需要耗费相当长的时间,但这并不意味着制度与政策是无所作为的。相反,政府可以通过制度和产业政策工具来影响产业结构的演变进程,特别是在市场尚不完善,价格体系不灵敏的转型经济体系中,政府基于市场机制在农业产业结构演进中发挥作用尤为重要。政府关于农业发展的一系列政策和制度安排,具体包括生产资料所有制、生产经营方式、国家农业发展经济政策与具体措施等。而影响产业结构变动的主要经济政策是产业政策,其一般包括产业结构、产业组织、产业布局和产业技术等。

采取措施干预资源在产业间的分配是政府产业政策的本质,政府根据产业部门的重要程度而制订轻重缓急的顺序,把有限的资源配置在指向的部门,这种干预资源的配置方向明显对农业产业结构演进产生影响。政府产业政策实施领域如何选择主要取决于是否存在明显的市场失效及推行产业政策引起的政策失效损失是否会大于市场失效损失。因此,若产业政策能够与市场机制协同,会起更大作用,便更能有效促进农业产业结构的优化,从而带动农业经济寻求更高层次的发展;若产业政策违背市场规律,则会阻碍产业结构的递进演化,使经济结构失去均衡,破坏农业经济的有效增长。产业政策是否符合社会生产力和社会分工的需要,最终将影响产业结构是否有效演进。产业政策影响产业结构变动的方式主要体现在能充分有效地把各种资源最大限度地激发和动员起来,并创造出一种提高农业经济创新能力的社会环境和制度安排,进而促进产业结构的演进的优化与高效,相反,则产业政策的实施就会阻碍产业结构演进的这一进程。

因此,除市场需求和技术进步及基础条件等基本因素外,制度与政策的干预,也会直接或间接地对农业产业结构演进趋势产生重要的引导与支持作用。在特定的社会经济条件下,得到扶持和经营有利可图的产业部门将会得到更好的发展,而未得到扶持和经营无利可图的农业部门的发展将受到严重的限制。具体农业制度与政策对农业产业发展领域、发展重点产生影响,通过农业生态环境保护、土地用途管理、农产品收购价格、农业生产经营补贴、农村公共设施及农业生产基础设施建设等对农业生产经营者的生产经营行为产生影响,从而决定了农业产业结构演进趋势特征的形成。

第二节 农业产业结构演进层次特征的形成分析

农业产业结构的演进除由数量表示的趋势特征外,还包括以先进农业技术覆盖率和农机作业率等质量指标反映的层次特征。前文农业产业结构演进层次特征的统计分析表明,农业产业结构层次在不同时期存在明显的差异,农业产结构层次随产业结构的演进逐步得以提升。而农业产业结构演进层次特征的主要决定因素,则主要集中在消费者对高质量农业产品和服务的需求、技术和投资对高质量农产品和服务提供的保证、生产经营者盈利追求的刺激等方面。

一、产品及服务质量市场需求变化的导向

单项产业层次的提高和产业结构层次的提高,作为产业结构演进水平变动的两个方面,可从不同方面对产业结构演进层次做出全面解析,二者缺一不可。而无论是单项产业层次的提高还是产业结构层次的提高,市场需求是基本前提,市场需求的变化是产业结构演进的根本动力,需求结构的升级是产业结构演进层次提高的动力源泉。农业生产经营者最能感受市场需求的变化,并且会努力适应这种需求变化而不断调整农业生产结构,进而促进产业结构向适应市场需求的方向演进,并推进这一演进层次的提高。如此,农业产品和服务的市场需求质量和结构的变动,会促使农业生产部门和生产经营者逐渐改变产业选择与生产方式,生产不同质量层次的产品和将不同类型的服务提供给市场,促使不同农业产业的构成与关联发生改变、生产方式和手段发生变化,从而使农业产业结构演进的产业构成特征、产业关联特征、产业层次特征得以形成。

人类生存发展的基本需求有限,而生存发展的需求却是无限的。随着收入水平的提高,人们的需求内容和类型变得多种多样、丰富多彩,人类需求内容和需求层次会随着经济社会条件的变化而不断发生变化。农业产品及服务的需求数量变化决定了农业产业的规模,需求多样性决定了农业产业的多样性,需求的发展决定了社会分工越来越细、产业结构层次越来越高,很多农业新兴产业应运而生。消费需求的层次性决定了在一个层次的需求得到满足后,人们的需求自然会向上一个层次推进,即除对特定类型产品与服务的数量需求外,人们对特定类别产品与服务的质量需求亦会发生变化(钟勇,2004)。此时,人们对低质量层次所对应的产品与服务需求量自然减少,对产品与服务质量提出了新的要求,相应地,在产业系统中就会减少低层次产品及服务的生产,并提供高质量层次的产品及服务,使农业产业结构的层次随着人们对产品与服务的质量需求的变化而演进,形成农业产业结构演进的层次特征。

随着人们对健康的重视和对生态环保的关注,健康安全的农业产品及服务越来越受青睐,市场需求的数量日趋增大、需求的类型日趋增多。而存在安全隐患和损害生态环境的农业产品及服务,越来越不被接受,市场需求的数量和类型日趋减少。市场需求的这一变化,使生产营养、健康产品及提供生态、环保服务的农业产业加快发展,使生产安全、卫生无保障产品及提供有限生态、环保服务的农业产业发展受限而逐渐萎缩,从而使农业产业结构演进的层次特征形成,并使这一特征逐渐强化。

二、技术的突破及投资的增强

人们对农业产品及服务需求的质量提高及类型增多,对农业发展提出了越来越高的要求。在自然资源约束刚性增强、自然风险和市场风险增大、生态环保任务繁重、可持续性发展考验严峻的条件下,要提高人们对农业产品及服务的需求,只有依靠技术进步和增加投资,拓展农业发展的领域和空间,提高农产品生产和农业服务提供的效率及质量、降低生产经营成本和提高效益,促进农业产业结构演进及层次提升,才有可能达到目的。而农业产业结构演进的层次特征,也因此而发生变化。

技术进步,特别是技术突破,对农业产业结构演进层次特征的形成具有多方面的影响。首先,技术进步和突破可以提高农业产业结构演进的产品及服务的质量层次。品种技术的突破,不仅能提高农产品产量和农业生产服务效率,还能显著提高农产品质量和农业生产服务质量。新品种的育成和推广,不仅使传统农业产业效益与效率水平提高,还能催生新型农业产业生成与发展,使更多种类的高质量、高安全性、独特功能农业产品及服务产生。抗逆性品种的育成和推广,不仅使农产品生产可以在某些逆境下进行、扩大农业发展空间,还能利用特殊环境生产某些特色、优质农产品。其次,技术进步和突破可以提高农业产业结构演进的生产水平层次。栽培技术的突破不仅使作物种植过程管理更加精准、成本降低,还能显著提高农产品品质。土肥技术突破不仅能降低肥料消耗、节省成本、减少污染,也能提高农产品质量。植保技术的突破不仅能减少农药使用、减少污染,还能提高农产品的安全性。养殖技术的突破不仅可以改变养殖方式、节省养殖成本,还可提高产品质量。创新技术的进步,不仅能促进动物正常生长发育,还能降低成本和提高产品品质。防疫技术的突破不仅能减少损失、降低成本,还能提高产品的安全性。再次,技术进步和突破可以提高农业产业结构演进的生产手段层次。农业机械技术的进步与突破,可以用机械代替手工劳动,不仅可以提高生产效率,降低劳动成本,还可使生产作业标准化和精准化,显著提高农业产业和农产品质量。种植设施技术的进步与突破,可以显著改善生产条件和生产方式,不仅能节省农业资源,还能生产优质特色的农产品,甚至突破自然环境对农业生产的约束。养殖设施技术的进步与突破,不仅可以实现规模化、工厂化生产,还可以通过条件控制,生产优质安全性高的产品。还应强调的是,现代生物技术和信息技术的发展,为农业产业结构演进层次提升注入了新的活力,也增加了新的动力。生物技术的突破,不仅使盆栽作物和饲养动物生产性状、抗逆性极大提升,使要素投入减少和成本下降,还能生产具有特殊功能和用途的新型农产品。信息技术的突破能使农业生产精准化和智能化,不仅可以显著提高生产效率,还能大幅提升农产品质量。可以预见,生物技术和信息技术的发展,将加快农业产业结构演进层次提升的进程。

  投资是农业发展的动力,也是农业产业结构演进层次特征形成的重要推动力量。它从农业产业结构演进基础条件创造、现代农业技术应用、农业装备水平改善等方面,对农业产业结构演进层次特征的形成施加重要影响。农业产业结构演进的层次提升,离不开交通、通信、能源设施,更离不开农田水利、土地改良、林地和草地建设等基础条件,只有这些条件基本具备,农业产业结构演进层次的提升才有可靠的支撑。而这些条件的改善和创造,都需要投入且数量巨大,只有达到一定投入规模,才能满足基本要求。现代农业技术的应用是提高农业产业结构演进层次的关键,而这一应用要付出学习成本、追加投入的成本,也需要投资。如果这些投资有保障,农业产业结构演进层次提升就有了保证,否则,结构演进层次提升就不可能实现。农业装备(设施、设备、生产工具)决定农业产业结构演进的生产手段,先进的装备可以显著提高生产的现代化水平。但农业装备需要较多的资金投入,资金投入的多少决定农业装备的水平高低,进而决定农业产业结构演进的现代化程度。

三、生产经营者对盈利的追求

  在市场需求、技术和投资等基本条件具备的情况下,农业生产经营者的经营决策便成为农业产业结构演进层次特征形成的根本决定因素。农业生产经营者为了获得更多的利润而总是具有趋利性,而适应市场需求变化和生产效率提高的产业结构层次提高,一般说来都有其经济合理性和利润可拓展性。农业生产经营者的趋利性,促使其千方百计地通过技术创新和技术进步,降低各种生产经营成本和交易费用,以扩大经济效益,力求在市场上获取更多利润。

农业产业结构演进层次的提高,一方面体现为农业生产经营效率的提高。按经济学教材的基本原理,在资源有限的情况下,市场对资源进行配置时,必须将相对稀缺的资源向边际获利性较高的生产经营活动中配置。不同农业产业的生产效率并不相同,农业生产经营者为了获得更高的利润,只能将其所拥有和控制的有限资源投向生产效率更高的生产领域,采用先进技术及设备,使用高效生产资料,维持一定生产规模和资本密集程度并努力提高,才能在市场竞争中获得较高经济效益,保持收益水平的稳定增长。而农业生产经营者追求利润最大化的行为,促进了农业产业结构演进中产业选择的优化、技术水平的提高、装备水平的提升,同时从多个方面促进了农业的现代化转型,并加快了这一进程,从而推动了农业产业结构演进层次升级。

农业产业结构演进层次的提高,还体现为能为市场提供更加优质多样的农业产品和服务上。农业生产经营者受资源约束、要素投入边际产出提高的制约和利润最大化动机的驱使,总是尽可能减少或放弃盈利水平较低的农产品生产和农业服务的提供,并千方百计地去从事边际营利性高的农产品生产和农业服务提供。在市场竞争条件下,高质量农产品、高品质农业服务、特殊功能和特殊用途农业产品及服务、珍稀农业产品及服务、特定季节上市的农业产品及服务,不仅具有更强的市场占有能力,甚至垄断能力,还具有很大的价格优势。这些产品及服务的附加值高、盈利空间大,具有很强的市场竞争优势和盈利能力。因此,农业生产经营者总是努力创造条件,从事这些类型的农产品生产和农业服务提供,以增强市场竞争能力和生产经营能力。农业生产经营者的这一行为取向,可以持续推进优质农产品、特殊功能农产品、特殊用途农产品、珍稀农产品生产及优质农业服务的产业发展,并在这些产业发展中拓展资源的开发利用、先进技术和生产手段的应用,促进农业产业结构演进层次水平的提升。

第三节 农业产业结构演进速度特征的形成分析

不同国家和地区以及同一国家和地区,在不同时期的农业产业结构演进速度存在巨大差异,这种差异背后有着复杂的历史、制度、经济原因,既有人为因素的影响,又有自然和环境因素的约束。正是这些主客观因素共同作用的结果,才最终导致不同国家和地区及同一国家和地区,在不同时期农业产业结构演进速度的差异。农业产业结构演进速度的影响因素,虽然很多,但主要还是市场需求的变动速度、技术进步和农业投入的变动速度、制度与政策变动程度等几种因素发挥重要作用。

一、市场需求变动速度的诱导与约束

随着经济的发展,居民收入增长,其对农业产品及服务需求的类型、数量、质量也发生改变。这一改变通过市场信息传递给农业生产经营者,生产经营者便会按照市场需求调整农业产业结构,生产居民所需的农产品、提供居民所需的农业服务投放市场,以完成农业再生产过程,并收回成本和获取盈利。在一定时期内,市场对农业产品及服务需求的变化,使农业产业结构随之发生演进,市场需求变化是演进发生的基本依据。同时,市场对农业产品及服务需求的变化有快慢,农业产业结构演进速度也应与之相适应,否则,农业产品及服务的生产、提供,就会与市场需求脱节。

城乡居民对农业产品及服务需求的变化,主要源于收入增加导致的生活水平的提高。虽然居民收入增加与生活水平提高不一定在即期同步,但经过不长的延滞后,生活水平与收入水平必然相对应。当居民收入增长较快、延续时间较长时,生活水平便会随之快速提高,对谷物需求快速减少、对畜产品及水产品需求快速增加,对低质量农产品需求大幅减少、对优质农产品需求量大幅增加,对影响健康的农产品需求显著减少、对具有一定保健功能的农产品需求显著增加,这一市场需求的快速变化,诱导和迫使农业产业结构与之同步,使这一演进表现出快速变动的特征。当居民收入增长较慢,或收入增长的延续时间较短,生活水平没有显著改善,对农产品及服务需求的类型、数量、质量便不会发生大的变化,这种情况同样会要求农业产业结构演进与之相适应,使这一演进表现出变动缓慢的特征。

在研究市场需求变动速度与农业产业结构演进速度特征形成关系时,还有两种特殊的市场状况值得注意:一种是居民收入保持在较高水平,对农业产品及服务的需求也在较高程度上得到了满足,进一步的变化不大,因市场需求变化较小,农业产业结构演进在速度上也较缓慢;另一种是居民收入达到了较高的水平,但由于消费习惯的影响,对农业产品及服务的需求趋于稳定且得到了满足,市场需求的变动也较小,农业产业结构演进速度自然也较为缓慢。从总体上看,农业产品多为生活必需品、需求弹性较小,农业服务因受时空限制,需求也受多方面局限,当基本需求达到满足后,市场需求变化就会减小。与市场需求变化相对应,农业产业结构演进速度在经过一定时期的较快变动后,也会出现逐渐减缓的趋势。

二、技术水平和农业投入的时序波动

技术进步为农业产业结构演进提供支撑,投入为农业产业结构演进提供动力,技术和投入不仅决定农业产业结构演进的发生,还直接影响农业产业结构演进的速度。技术对农业产业结构演进速度的影响,主要由技术进步的水平和延续性决定。投入对农业产业结构演进速度的影响,则主要由农业投入的多少和延续性决定。技术和投入均可独自对农业产业结构演进产生重要影响,但二者结合起来所产生的决定作用更大。

技术对农业产业结构演进速度的影响有多个方面。首先,技术进步与创新加快农业产业系统构成演进。资源利用技术的突破,不仅可以扩大传统农业产业的生产规模,还能促进新兴农业产业的生成和发展,从而加快农业产业结构演进的速度。新型技术、专用技术的突破,不仅可以加快传统农业产业的转型升级,还可促进新型农业产业和特种农业产业的产生和发展,使农业产业结构演进速度加快。其次,技术进步与创新加快农业产业结构层次的演进。品种技术、种植技术、养殖技术的突破,不仅使资源产出率提高,还能加快农业产品及服务质量的提升,从而加快农业产业结构层次演进的进程。农业装备技术的进步,不仅使劳动生产率快速提高,还能加快农业生产手段的更新,进而加快农业产业结构演进水平和层次的提升。再次,技术进步的差异性对农业产业部门结构及区域结构演进速度产生重大影响。农业部门内部不同产业的技术进步存在快慢之别、水平高低之分,技术进步快的产业可以得到快速发展,而技术进步迟缓的产业发展受阻或缓慢,从而导致农业部门产业结构演进速度随主要产业技术进步的速度而发生改变。不同区域的农业技术进步也存在快慢和水平上的差异,技术进步快的区域会加快农业产业结构演进的进程,而技术进步慢的区域则会出现农业产业结构演进速度迟缓。

投资对农业产业结构演进速度也有多方面影响。首先,投资改善农业产业结构演进基础条件,加快演进进程。新型农业产业及特色农业产业的生成与发展,都离不开交通、通信、能源设施的支持,更离不开农业基础设施为其创造必要条件。充足的投资可以保证这些基础条件的提供,从而加快农业产业结构演进的速度;投资不足则会导致因基础条件不具备,使农业产业结构演进速度放缓。其次,投资促进先进技术应用,加快农业产业结构演进速度。先进技术的应用程度不仅能决定农产品的产出水平和品质,还能决定新型农业产业的产生和发展,对农业产业结构演进速度影响很大。但技术的应用是需要投入的,若投资充分就会因先进技术的充分应用而加快农业产业结构演进的速度,若投资不足,就会因先进技术应用不足而延迟农业产业结构演进的进程。再次,投资提升农业装备水平,加快农业产业结构演进的速度。农业设施装备、农业机械装备既是提升农业产业层次的硬件条件,还是一些新型农业产业发展的基本条件,对农业产业结构演进速度有很大影响。而这些条件的创造都需要投资且数额不小,如果投资能满足这些条件建设的需求,农业产业结构演进便可以加快,若投资不能满足需求,农业产业结构演进速度就会受到阻滞。

技术与投资都会对农业产业结构演进速度产生影响,二者的结合则影响更大。如果技术进步与投资增加同步,农业产业结构演进就会显著加快,相反,农业产业结构演进速度就会放缓,甚至停滞。同时,技术进步的延续性和投资的连续性对农业产业结构演进速度影响也很大。如果技术进步是可延续的、投资是可持续的,农业产业结构的演进就会在其支持下保持一个正常的速度,若技术进步和投资发生较大的波动,则农业产业结构演进速度也会出现起伏变化。

三、制度政策的阶段性延续

制度与政策作为农业发展的指导原则和调控手段,对农业产业结构演进包括速度在内的多个方面施加影响。这些影响有些具有长期性、有些具有短期性,有些具有直接作用、有些具有间接作用。制度与政策有约束、激励、扶持等不同类型,对农业产业结构演进的速度特征形成有不同的影响,发挥的作用也各有区别。

制度与政策通过市场准入、土地资源和水资源利用、生态环境保护的相关规定,对有些农业产业施加约束。对农业产品及服务的安全性进行严格监管,使生产不安全产品和服务的产业从农业产业系统中淘汰。对土地资源使用进行严格管控,使农业生产经营者按规定用途使用,有些产业发展空间受到一定控制。对水资源利用进行数量控制,使耗水量大的产业发展受到约束。对农业生态环保进行严格监督,使污染严重的产业发展受到限制,使有损生态环境的生产方式被淘汰。这些制度与政策的有效实施,不仅能促进农业产业结构向优化方向演进,还能加快这一演进的速度。

制度与政策通过激励和扶持,对农业产业结构演进速度施加影响。一方面,通过对农村公共设施和农业基础设施建设的财政投入,为农业产业结构演进创造更好的基础条件,使农业产业结构演进的进程加快。另一方面,通过科技服务、生产服务体系建设,为农业产业结构演进提供支持,加快这一演进的速度。此外,通过财政投入、信贷支持、生产补贴,扶持某些农业产业发展,使农业产业结构演进速度加快。激励和扶持制度与政策是一定时期内,根据农业发展目标及发展中存在的问题而制定和实施的,对农业产业结构演进速度的影响有一定的时效性。但对于带有公益性的农业而言,激励和扶持政策总是需要的,只是在不同时期激励和扶持的产业有所不同。因此,制度和政策对农业产业结构演进速度特征的形成,始终是不可忽视的因素。

制度与政策对农业产业结构的优化演进和速度提升,是以制度与政策的科学性和有效实施为前提的。符合农业发展和市场经济规律,符合中国国情的制度和政策,才能引导和促进农业产业结构向优化方向演进,并加快这一演进的速度。如果制度与政策设计不科学、不合理,则可能产生相反的效应。同时,科学的制度与政策还有执行问题,只有执行才能推动农业产业结构的优化推进,加快演进进程,若不严格执行,制度和政策就难以发挥应有的效应。

第四节　农业产业结构演进可持续性特征的形成分析

农业产业结构演进可持续性的关键在于,农业在产业结构演进过程中,是否能在经济上获得盈利、可自我维持和发展,所依赖的自然资源是否可持续利用,生态环境是否可良好维持,提供产品和服务是否能充分、有效、持续满足人们的需要。农业产业结构演进可持续特征的形成受多种因素的影响,包括自然资源状况、农业技术水平、投资状况、生产经营方式、政策与制度等。可通过这些因素对农业资源开发与保护、农业环境保护与污染防治、生产方式先进程度进行分析,论证农业产业结构演进可持续特征的形成。

一、农业资源开发速度与保护程度

自然资源尤其是土地资源和水资源,是农业生产经营活动开展的基本资源条件,也是农业产业结构演进可持续性特征形成的物质基础。自然资源富足还是贫乏,虽然不是农业产业结构演进可持续性特征形成的绝对条件,但的确是这一特征形成无法完全替代的条件,资源数量的多少、质量的好坏、利用的好坏、利用效率的高低,将直接关系农业产业结构演进可持续特征的形成。中国虽然资源总量大,但人均占有量极少,耕地资源不足、水资源时空分布不均,这决定了农业产业结构演进可持续性形成的难度较高,任务很重。

土地资源开发与保护和农业产业结构演进可持续性的关系密切,前者对后者有很大决定作用。一方面,土地资源开发决定农业产业结构演进可持续性形成的基础。农业发展、农业产业结构演进,必然要对土地资源进行开发利用。如果开发利用遵循自然规律,科学、适度,则土地资源便可长期保有,它的利用也具有可持续性,依托土地资源配置的农业产业结构演进,其可持续性的形成也就有了基本的保障。若土地资源开发利用违背自然规律,过度消耗,则会导致部分土地资源的损毁或破坏,还会导致土地资源利用价值的降低,利用的可持续性自然下降,依托土地资源配置的农业产业结构演进的可持续性因失去重要基础而难以形成。另一方面,土地资源开发决定农业产业结构演进可持续性的形成。对土地资源的科学、合理、适度开发利用,不仅可以提高产出率,还可以改善其质量,增强土地肥力,扩大农业产业对土地资源的使用范围,使农业产业结构演进有更大的回旋余地,演进的可持续性特征更易于形成。若对土地资源开发利用不科学、不合理,就会造成其质量降低、产出水平下降,对产业的适应性减弱,进而使农业产业结构演进空间被挤压,演进的可持续性特征难以形成。此外,土地资源保护决定农业产业结构演进可持续性形成的可能。保护农地不被非农占有,防止农地的自然损毁和人为破坏,可以使农地得到保全,进而为农业产业结构演进提供基础,为演进可持续性特征形成创造可能。否则,农业产业结构演进可持续性就无从谈起。

水资源开发及保护与土地资源相类似,对农业产业结构演进可持续性特征的形成有重要决定作用。首先,水资源开发利用为农业产业结构演进可持续特征形成提供条件。农业发展离不开水资源,离不开对水资源的科学、合理、节约开发利用,其永续开发利用水平提高,使农业产业结构演进有了重要的物质基础,演进的可持续性也就具备了一个基本条件。若水资源开发利用不科学、不合理,就会导致其供给紧张,农业产业结构演进随着出现困难,演进的可持续性自然不可能形成。其次,水资源开发利用为农业产业结构演进可持续性特征形成提供机会和余地。科学、合理、节约利用水资源,为农业产业结构演进提供了条件保障,使这一演进的可持续性特征形成有了更大的余地,相反,则会降低这一特征形成的可能性。此外,水资源保护决定农业产业结构演进可持续性特征形成的可能。保护水源地生态环境、保护地表和地下水体不被污染,防止水土流失,可以保证对农业用水的永续供给,为农业产业结构演进和可持续特征形成提供可能性,相反,则农业产业结构优化演进和可持续性特征形成无从谈起。

二、农业资源污染防治力度

农业是对生产环境高度依赖的产业,适宜的生态环境是农业长期稳定发展的重要条件。良好的生态环境不仅能给农业稳定发展提供必需的环境条件,还能显著提高农产品的产业水平和质量,降低成本和提高效益。而生态环境的恶化,不仅使农业选择受到限制,生产成本增加,农产品产量和质量下降,还威胁农业的维系与发展。林草植被、土壤、水体、大气环境等农业生态条件的好坏对农业产业结构演进的可持续性的形成影响巨大。

林草植被在农业产业结构演进可持续性形成中具有特殊作用,必须加强保护。一方面,林草植被是林业、草食畜牧业发展的基础,对其有效保护可促进林业和畜牧业持续发展。另一方面,林草生态系统的改善为种植业提供有效防护,使其减少灾害损失,得以顺利发展。再一方面,林草植被可以涵养水源、保持水土、净化空气,使生态环境改善,为农业产业结构演进可持续性特征形成创造良好条件。若在农业产业结构演进中破坏了林草植被,不仅从根本上毁坏了林业、草食畜牧业发展的基础,还会给种植业带来严重危害,农业产业结构演进可持续性更无从谈起。

水、土是农业赖以存在和发展的基本资源,水环境和土壤环境保护在农业产业结构演进可持续特征形成中具有基础性作用。一方面,保护水环境和土壤环境,防治污染,可以使农业产业结构演进有更大的空间和回旋余地,使演进的可持续性增强。另一方面,水环境和土壤环境的改善,可以使农业生产成本下降,农产品质量提高,进而使农业产业结构演进层次逐步提高。如果在农业产业结构演进中造成了水环境和土壤环境的破坏和污染,则农业可用的水资源和土壤资源不仅数量会减少,而且质量也会变劣,农业产业结构演进的空间和余地随之减少,可持续性相应降低;若破坏程度严重恶化,还可能导致人口的迁移和农业的衰败,农业产业结构演进不可能形成可持续性格局。

大气环境对农业生产活动的全过程都有重要影响,需要加以保护和污染防治。在农业产业结构演进中保护大气环境,一方面可使不同农业产业在洁净的环境中进行,另一方面可使农产品质量和安全性提高,使演进的可持续性增强。若大气环境受到污染,不仅破坏了从事农业生产者的生存环境,而且使一些对大气环境敏感的产业难以生存和发展,严重的还可能导致人口的逃离和农业的衰败,农业产业结构演进困难,更不可能持续。

应当指出,我国三十余年来农业产业结构演进,对生态环境的影响很大,有些方面甚至发生了重大改变。林草植被有了较好的恢复,森林覆盖率增加,草原得到一定保护。但对水环境、土壤环境、大气环境保护不足,使不少地区的地表水和地下水遭到污染,水质变劣,有的甚至丧失使用价值,部分地区土壤受到化肥农药及重金属污染,影响有效利用,严重的甚至无法使用,大气环境在局部地区也出现严重问题等,给农业产业结构演进的可持续性特征形成造成极大障碍,应引起高度重视。

三、农业生产方式先进程度

农业生产包含众多内容,本书主要指农业生产技术、生产手段和组织方式。这三个方面的选择不仅影响农业生产要素的配置方式和效率、农业产出水平和效益、农业发展层次和趋向,而且对农业产业结构演进及可持续性特征形成具有重要决定性作用。先进的生产方式有利于促进农业产业结构演进及可持续性形成,而落后的生产方式则会阻碍农业产业结构的优化演进,更不可能使这一演进可持续。

农业技术选择对农业产业结构演进及可持续特征形成十分关键,先进技术的应用尤为重要。一方面,先进技术应用有利于充分合理利用和节省资源,扩大产业范围和规模,促进农业产业结构演进可持续性特征形成。另一方面,先进技术应有利于提高产出水平和产品质量,使农业产业结构演进层次逐步提高。再一方面,技术进步应用有利于降低成本和增加效益,使农业生产经营者更有积极性推进农业产业结构演进,并使其可持续性增强。但若技术选择落后或失误,就会起到相反的作用,而使农业产业结构演进难以向优化方向演进,其可持续性也会下降。

农业生产手段主要指设施、设备、生产工具的应用,现代设施、设备、生产工具的广泛应用,在农业产业结构演进及可持续特征形成中发挥重要作用。首先,先进生产手段大幅提高劳动生产率,使农业产业结构演进空间扩大,可持续性增强。其次,先进生产手段可提高农业的精准化、标准化,使农业产业结构演进层次水平提高,可持续性增强。再次,先进生产手段可减少劳动力消耗,降低劳动成本,在农村人口减少的情况下,使农业产业结构演进更具可持续性。若生产手段落后,不仅农业产业结构演进缓慢、困难重重,也无法实现可持续。

农业生产组织方式主要指生产经营者在生产过程中相互联系的方式,在农业产业结构演进和可持续特征形成中具有重要作用。先进的生产组织方式有利于促进农业产业结构演进和可持续性特征形成。一方面,农业生产经营者在农业生产过程中的组织化程度越高,协作与合作的力量越强,推进农业产业结构演进的行动也易于一致,从而增强农业产业结构演进可持续。另一方面,生产经营者组织化程度越高,在社区公共基础设施和农业基础建设及其管理方面,更易于形成统一抉择和采取一致行动,可不断改进农业生产条件,促进农业产业结构演进及可持续特征形成。若生产经营者处于松散状态,则农业产业结构演进及其可持续性形成将大打折扣。

第五节 农业产业结构演进总体特征形成模型

对农业产业结构演进总体特征的形成进行深入的理论分析,可以厘清因素在农业产业结构演进总体特征形成过程中的具体作用及机理,而这些因素对农业产业结构特征形成的影响方向、程度及效应具体如何,还需通过实证分析来进一步加以验证。本节将建立计量经济模型,对各主要因素在农业产业结构演进特征形成中的作用进行论证。

一、变量选取与数据来源

1.变量选取

基于以上研究目的,选取农业产业结构演进指数为被解释变量,选取年末总人口、城镇化率、非农产业GDP占比等为经济社会条件的解释变量,选取农业人力资本、农地面积等为反映农业生产资源禀赋的解释变量,选取耕地有效灌溉面积比、公路里程、农机总动力、农业科技经费投入、财政支农支出等为反映农业生产经营条件的解释变量,选取居民家庭人均粮食消费水平、居民家庭人均肉类消费水平等为市场需求的解释变量。各变量的名称、符号、内涵、赋值方法,如表6-1所示。

表6-1 模型变量定义与赋值

变量类别	变量名称	变量符号	变量定义域赋值
被解释变量	农业产业结构演进指数	ASI	通过测算得出的农业产业结构演进指数值
经济社会发展水平	年末总人口数	POPU	年末全国人口总数
	城镇化率	URBN	城镇人口占总人口的比重
	非农产业GDP占比	NGDP	非农GDP占全国GDP的比重
农业生产资源禀赋	农业人力资本	LABO	农村居民家庭人均受教育年限
	农地面积	LAND	耕地、林地、草地和可养殖水面面积的总和
农业生产经营条件	耕地灌溉率	IRRI	有效灌溉耕地占耕地总面积的比重
	公路里程	ROAD	农村公路总里程数
	农机总动力	MECH	农机总动力数
	农业科技经费投入	TECH	农业科技三项支出经费投入总额
	支农支出	CAPI	财政支农支出总额
市场需求	居民家庭粮食消费水平	GRAI	城乡居民家庭人均消费粮食数量
	居民家庭肉类消费水平	MEAT	城乡居民家庭人均消费肉类数量

2.数据来源及处理

为准确反映相关变量的变动水平,有关数据均源自权威机构公布的资料,主要涉及《中国统计年鉴》《中国农村统计年鉴》国家统计局年度统计数据等年鉴或电子数据库,样本期为1978—2013年。其中,年末人总口数来自历年《中国统计年鉴》,城镇化率依据历年《中国统计年鉴》的数据计算获得,非农产业GDP占比通过历年《中国统计年鉴》中的相关数据计算得到,农地面积主要来自历年的《中国农业年鉴》《中国国土资源年鉴》和中宏统计数据库,耕地灌溉率依据历年《中国农村统计年鉴》《中国农业年鉴》和《中国国土资源年鉴》中相关数据计算获得,公路里程数、农机总动力和农业科技经费投入来自国家统计局数据库,财政支农支出来自《新中国60年统计资料汇编》,城乡居民家庭粮食消费水平和肉类消费水平数据来自国家统计局网站年度资料,个别缺失年份采用插值法补充。

二、模型设定与估计方法选择

为避免"伪回归",首先要对变量的平稳性进行检验,利用Dickey and Fuller(1979)提出的ADF单位根检验即可做出判定。若检验结果显示数据为平稳序列则可直接回归,估计出变量对产业结构总体特征形成的影响;若检验结果显示数据是非平稳变量,此时便需要对非平稳变量进行平稳化处理,可利用差分法进行处理直至平稳。若差分处理数据平稳则需要通过协整检验来分析这些变量间是否存在某种平稳的线性关系。需要注意的是对于一个单独序列,可能是非平稳的,但多个这样序列的线性组合却可能是平稳的,如果成立,那么这些平稳时间序列之间就被认为具有协整关系。为此,借鉴Engle和Granger提出的协整检验方法,通过以下步骤进行协整检验和模型建构。

(1)建立回归方程(长期均衡方程)得出残差序列。农业产业结构的演进是一个复杂的过程,促成农业产业结构演进总体特征形成的影响因素较多,这些因素的作用方向、方式、强度不同,且相互关联、协同发挥作用。由于农业产业结构演进总体特征形成与作用因素的非线性关系,宜采用式3-28非线性函数描绘它们之间的关联,模型的具体表达式为:

$$\ln ASI_t = \alpha_0 + \alpha_1 \ln POPU_t + \alpha_2 \ln URBN_t + \alpha_3 \ln NGDP_t + \alpha_4 \ln LABO_t \\ + \alpha_5 \ln LAND_t + \alpha_6 \ln IRRI_t + \alpha_7 \ln ROAD_t + \alpha_8 \ln MECH_t \\ + \alpha_9 \ln TECH_t + \alpha_{10} \ln CAPI_t + \alpha_{11} \ln GRAI_t + \alpha_{12} \ln MEAT_t + u_t$$

(式6-1)

（2）判断残差序列的平稳性。对长期均衡方程进行回归,得到估计方程,进而可求出残差序列,其具体形式为:

$$u_t = \ln ASI_t - \alpha_0 - \alpha_1 \ln POPU_t - \alpha_2 \ln URBN_t - \alpha_3 \ln NGDP_t - \alpha_4 \ln LABO_t \\ - \alpha_5 \ln LAND_t - \alpha_6 \ln IRRI_t - \alpha_7 \ln ROAD_t - \alpha_8 \ln MECH_t \\ - \alpha_9 \ln TECH_t - \alpha_{10} \ln CAPI_t - \alpha_{11} \ln GRAI_t - \alpha_{12} \ln MEAT_t$$

（式6-2）

（3）建立误差修正模型（短期波动方程）。据估计得到的残差序列,令误差修正项目 $ECM_t = \hat{u}_t$,建立误差修正模型（短期波动方程）,为反映前期 ASI_{t-1} 对后期 ASI_t 的影响,加入 $\Delta \ln AIS_{t-1}$ 作解释变量,方程形式具体如下:

$$\Delta \ln ASI_t = \beta_0 + \beta_1 \Delta \ln POPU_t + \beta_2 \Delta \ln URBN_t + \beta_3 \Delta \ln NGDP_t + \beta_4 \Delta \ln LAND_t \\ + \beta_5 \Delta \ln LABO_t + \beta_6 \Delta \ln IRRI_t + \beta_7 \Delta \ln ROAD_t + \beta_8 \Delta \ln MECH_t + \beta_9 \Delta \ln TECH_t \\ + \beta_{10} \Delta \ln CAPI_t + \beta_{11} \Delta \ln MEAT_t + \beta_{12} \Delta \ln GRAI_t + \beta_{13} \Delta \ln AIS_{t-1} + \delta_1 ECM_{t-1} + \varepsilon_t$$

（式6-3）

三、实证结果分析与讨论

（1）单位根检验

本部分利用STATA12.0软件对各有关变量进行ADF法的平稳性检验。首先,对农业产业结构演进指数、年末总人口数、城镇化率、非农产业GDP占比、农村人力资本、农地面积、耕地有效灌溉率、公路里程、农机总动力、农业科技经费投入、支农支出、城乡居民家庭肉类消费水平、城乡居民家庭粮食消费水平取对数,分别为lnASI,lnPOPU,lnURBN,lnNGDP,lnLABO,lnLAND,lnIRRI,lnROAD,lnMECH,lnTECH,lnCAPI,lnMEAT,lnGRAI。经检验发现,如表6-2所示,lnAIS,lnPOPU,lnURBN,lnNGDP,lnLABO,lnLAND,lnIRRI,lnRAOD,lnMECH,lnTECH,lnCAPI,lnMEAT,lnGRAI,均为非平稳变量。为此,本部分对非平稳变量进行差分法处理,处理结果如表6-2所示。差分处理后的 $\Delta \ln ASI$, $\Delta \ln POPU$, $\Delta \ln URBN$, $\Delta \ln NGDP$, $\Delta \ln LAND$, $\Delta \ln IRRI$, $\Delta \ln RAOD$, $\Delta \ln MECH$, $\Delta \ln TECH$, $\Delta \ln CAPI$, $\Delta \ln MEAT$, $\Delta \ln GRAI$ 等数据序列均在1%的显著性水平下平稳,亦即各变量均为一阶单整。

表6-2 模型变量的单位根检验

变量	ADF检验	检验形式(c,t,k)	变量	ADF检验	检验形式(c,t,k)
lnASI	-6.246662	(c,0,0)	ΔlnIRRI	-3.235457**	(c,0,0)
ΔlnASI	-5.313117***	(c,0,0)	lnROAD	-5.222002	(c,0,0)
lnPOPU	-6.345459	(c,0,0)	ΔlnROAD	-5.213515***	(c,0,1)
ΔlnPOPU	-3.255992**	(c,0,1)	lnMECH	-1.279352	(c,0,1)
lnURBN	-6.217047	(c,0,0)	ΔlnMECH	-5.446366*	(c,0,0)
ΔlnURBN	-4.313286*	(c,0,0)	lnTECH	-3.398383	(c,0,0)
lnNGDP	-1.334679	(c,0,1)	ΔlnTECH	-2.348391*	(c,0,0)
ΔlnNGDP	-3.235031***	(c,0,3)	lnCAPI	-1.813327	(c,0,1)
lnLABO	-4.224347	(c,0,0)	ΔlnCAPI	-7.923381***	(c,0,0)
ΔlnLABO	-4.213078**	(c,0,1)	MEAT	-6.139001	(c,0,1)
lnLAND	-3.325090	(c,0,1)	ΔMEAT	-4.110348**	(c,0,0)
ΔlnLAND	-2.331012**	(c,0,0)	lnGRAI	-1.352331	(c,0,1)
lnIRRI	-5.325036	(c,0,1)	ΔlnGRAI	-1.181330*	(c,0,1)

注:"***"表示在1%的显著性水平下拒绝有单位根的假设,"**"表示在5%的显著性水平下拒绝有单位根的假设,"*"表示在10%的显著性水平下拒绝有单位根的假设;c为常数项,t为趋势项,k为滞后阶数。

(2)协整检验

据前文建立的回归方程(长期均衡方程)进行回归,回归结果具体如表6-3所示,回归方程具体为:

$$\begin{aligned}\text{lnASI} =\ & 1.235\text{lnPOPU} + 0.911\text{lnURBN} + 0.215\text{lnNGDP} + 0.756\text{lnLABO} \\ & + 0.275\text{lnLAND} + 0.831\text{lnIRRI} + 0.777\text{lnROAD} + 0.621\text{lnMECH} \\ & + 0.537\text{lnTECH} + 0.898\text{lnCAPI} - 0.358\text{lnGRAI} + 0.379\text{lnMEAT}\end{aligned} \quad (式6\text{-}4)$$

从回归方程的估计结果来看,除了年末人口数、公路里程外,其他变量均通过了统计性检验,除居民家庭粮食消费水平为负外,其他变量的相关关系均为正。在影响农业产业结构演进总体特征的12个因素中,城镇化率的作用最大,人力资本、耕地灌溉率、财政支农支出较大,农机总动力、农业科技经费支出次之,居民家庭肉类消费水平、农地面积和非农产业GDP占比的作用接近且相对较小。

表 6-3　回归模型的估计结果

变量	估计结果	变量	估计结果
lnPOPU	1.235(0.207)	lnROAD	0.777(0.366)
lnURBN	0.911(0.001)***	lnMECH	0.621(0.000)***
lnNGDP	0.215(0.055)*	lnTECH	0.537(0.058)*
lnLABO	0.756(0.007)***	lnCAPI	0.898(0.000)***
lnLAND	0.275(0.079)*	lnGRAI	-0.358(0.037)**
lnIRRI	0.831(0.025)**	lnMEAT	0.379(0.036)**

注："***""**""*"分别表示在1%、5%和10%的显著性水平下，括号内的值为P值。

但是这种均衡是否构成因果关系，有待进一步加以检验。本部分进一步对各指标与农业产业结构演进结构指数进行Granger因果检验，检验结果如表6-4所示。

从因果关系的检验结果来看，公路里程和年末人口数不是农业产业结构演进指数（ASI）的原因，其他变量都是ASI的Granger原因。这与回归方程（长期均衡方程）估计结果基本一致。联系我国农业经济发展的历程和现实，回归结果有其经济合理性。

表 6-4　Granger因果检验结果

变量	零假设	F统计量	概率
lnPOPU	lnPOPU 不是 ln ASI 的 Granger 原因	1.901	0.689
lnURBN	lnURBN 是 ln ASI 的 Granger 原因	2.346	0.032
lnNGDP	lnNGDP 是 ln ASI 的 Granger 原因	1.329	0.056
lnLABO	lnLABO 是 ln ASI 的 Granger 原因	1.558	0.002
lnLAND	lnLAND 是 ln AIS 的 Granger 原因	2.475	0.044
lnIRRI	lnIRRI 是 ln ASI 的 Granger 原因	3.374	0.021
lnROAD	lnROAD 不是 ln ASI 的 Granger 原因	1.415	0.037
lnMECH	lnMECH 是 ln ASI 的 Granger 原因	2.304	0.005
lnTECH	lnTECH 是 ln ASI 的 Granger 原因	2.139	0.012
lnCAPI	lnCAPI 是 ln ASI 的 Granger 原因	2.378	0.015
lnGRAI	lnGRAI 是 ln ASI 的 Granger 原因	1.477	0.064
lnMEAT	lnMEAT 是 ln ASI 的 Granger 原因	2.467	0.078

由前文的回归结果可知，

$$u_t = \ln ASI_t - 1.035 - 0.244\ln POPU_t - 0.101\ln URBN_t \\ - 0.135\ln NGDP_t - 0.078\ln LABO_t - 0.155\ln LAND_t \\ - 0.291\ln IRRI_t - 0.811\ln ROAD_t - 0.303\ln MECH_t \\ - 0.259\ln TECH_t - 0.771\ln CAPI_t - 0.615\ln MEAT_t - 0.300\ln GRAI_t$$

（式6-5）

对包含残差序列的误差修正模型进行回归发现，估计结果并不是太理想，年末人口和公路里程的相关指标达不到要求（限于篇幅，不再具体列示估计结果），在此情况下，本书在原误差修正模型的基础上，在方程式的右边加上所有自变量的前一期一阶差分，进行检验并剔除不显著变量，最后再重新进行检验，得到误差修正模型（短期波动方程）的估计结果如表6-5所示。

表6-5 误差修正模型估计结果

变量	估计结果	变量	估计结果
C	3.511(0.079)*	lnCAPI	0.251(0.000)*
lnURBN	0.059(0.035)**	lnGRAI	-0.632(0.021)**
lnNGDP	0.137(0.028)**	lnMEAT	0.571(0.001)***
lnLABO	0.932(0.032)**	ΔlnCAPI(-1)	0.774(0.035)**
lnIRRI	0.285(0.047)**	ΔlnGRAI(-1)	-0.801(0.000)***
lnMECH	0.325(0.011)**	ΔlnMEAT(-1)	0.621(0.000)***
lnTECH	0.346(0.000)***	ECM(-1)	-0.221(0.017)**

注："***""**""*"分别表示1%、5%、10%的显著性水平。

回归方程具体为：

$$\Delta \ln ASI = 3.511 D\ln URBN + 0.059 D\ln NGDP + 0.137 D\ln LABO + 0.932 D\ln IRRI \\ + 0.325 D\ln MECH + 0.346 D\ln TECH + 0.251 D\ln CAPI - 0.632 D\ln GRAI \\ + 3.511 D\ln MEAT + 0.774 D\ln CAPI(-1) - 0.801 D\ln GRAI(-1) \\ + 0.621 D\ln MEAT(-1) - 0.221 ECM(-1)$$

（式6-6）

表6-5的估计结果表明：

经济社会条件中的城镇化率和非农产业GDP占比通过显著性检验，说明城镇化和工业化发展为农业产业发展创造了农业剩余劳动力释放和提供了工业基础，对农业产业结构演进总体特征的形成具有显著的正向影响。农业资源禀赋中的农业人力资本显著性水平较高，说明农业人力资本在农业产业结构演进特征形成中扮演着重要的角色，成为农业产业结构演进的重要推动力量。农业生产条件中的农机总动力、农业科技经费、财政支农支出均通过了显著性检验，说明农业机械化、农业技术与投入对农业产业结构的演进提供了良好的生产经营条件,制度政策的作用在农业产业结构演进总体特征的形成中也发挥了重要作用。市场需求中的居民家庭粮食消费水平、居民肉类消费水平均能通过显著性检验,证实了市场需求对农业产业结构演进总体特征形成的引导作用。

除此之外,在影响农业产业结构演进总体特征的影响因素中,财政支农支出作为农业发展的制度因素,上一期的投入状况对本期的影响较大,可见制度政策在农业产业结构演进特征形成中的预期效应明显。市场需求预期对农业产业结构演进总体特征形成的影响也较为显著,上一期居民家庭粮食消费水平对本期农业产业结构演进速度有一定的负向影响,而上一期居民家庭肉类消费水平对本期农业产业结构演进总体特征形成的影响却为正。另外误差修正项系数为-0.221,说明农业产业结构演进的短期波动偏离长期均衡,将以-0.221的力度将非均衡状态调整回均衡状态。

(3)方差分解

协整检验与因果检验虽能够说明变量之间的关系,但未能说明这种关系的具体强度。因此,本部分将利用之前确定的VAR模型进行方差分解。由Sims(1980)提出的方差分解是通过分析每个结构冲击对内生变量(通过方差度量)的贡献度,进一步评价不同冲击的重要性。相对贡献率RVR是根据第j个变量基于冲击的方差对y_i的方差的相对贡献率来观测第j个变量对第i个变量的影响。方差分解的基本模型为:

$$\mathrm{RVC}_{j \to i}(s) = \frac{\sum_{q=0}^{s-1}(\psi_{q,ij})^2 \sigma_{jj}}{\mathrm{VAR}(y,t)} = \frac{\sum_{q=0}^{s-1}(\psi_{q,ij})^2 \sigma_{jj}}{\sum_{j=0}^{k}\left\{\sum_{q=0}^{s-1}(\psi_{q,ij})^2 \sigma_{jj}\right\}} \qquad (式6-7)$$

其中,如果$\mathrm{RVC}_{j \to i}(s)$较大,则意味着第$j$个变量对第$i$个变量的影响较大,而如果$\mathrm{RVC}_{j \to i}(s)$较小,则意味着第$j$个变量对第$i$个变量的影响较小。本部分用此模型来分析各显著变量的冲击对农业产业结构演进的贡献率。农业产业演进特征的方差分解结果具体如表6-6所示。

表6-6 方差分解结果

变量	滞后期									
	1	2	3	4	5	6	7	8	9	10
标准误差	0.637	0.374	0.474	0.782	0.467	0.349	0.263	1.747	1.4523	1.562
lnASI	100.000	94.558	93.278	92.673	91.789	90.237	89.563	89.428	88.773	88.641
lnURBN	0.000	0.302	0.354	0.372	0.567	0.572	0.583	0.326	0.354	0.543
lnNGDP	0.000	0.761	0.783	0.791	0.794	0.800	0.824	0.867	0.817	0.892
lnLABO	0.000	1.971	1.153	1.164	1.198	1.321	1.322	1.325	1.345	1.341
lnIRRI	0.000	0.134	0.134	0.234	0.238	0.272	0.342	0.338	0.434	0.436
lnMECH	0.000	0.575	1.578	1.988	2.418	3.683	4.049	4.177	4.603	4.309
lnTECH	0.000	0.234	0.234	0.235	0.336	0.434	0.510	0.546	0.555	0.600
lnCAPI	0.000	1.162	2.166	2.201	2.300	2.314	2.455	2.602	2.713	2.725
lnGRAI	0.000	0.067	0.072	0.082	0.092	0.101	0.123	0.131	0.151	0.167
lnMEAT	0.000	0.232	0.245	0.256	0.259	0.261	0.273	0.254	0.254	0.343

据表6-6可知,经济社会发展水平、农业生产资源禀赋、农业生产经营条件和市场需求等因素对农业产业结构演进总体特征的形成均有不同程度和不可忽视的影响。其中农机总动力、人力资本、财政支农支出、非农产业GDP占比对农业产业结构演进总体特征形成的贡献率较大,而农业科技经费支出、城镇化率、居民粮食消费水平、居民肉类消费水平、农地灌溉率对农业产业结构演进总体特征形成的贡献率相对较小。由此可见,市场需求、技术创新及城镇化,应当是推动农业产业结构演进及特征形成的重要力量,但模型验证表明,这些因素虽发挥正向推动作用,但作用却不突出。这一方面表明居民收入未与经济发展同步、总体水平不高,在解决温饱后生活水平提高缓慢,未能对农业产业结构演进起到较大的拉动作用;另一方面也表明我国技术成果还未充分应用于农业生产,对农业产业结构演进的支撑作用未充分发挥,再一方面表明城镇化在农业产业结构演进中的协同推进作用不足,对农业产业结构演进特征形成的推动作用有限,这启示未来农业产业结构演进中应对这些因素的作用发挥进一步加以发掘。

第七章 农业产业结构演进区域特征的形成分析

农业生产具有典型的地域性,区域特征是农业产业结构演进内在规律性探索的重要层面。基于我国农业产业结构演进的历史脉络以及改革开放以来我国农业产业结构演进区域特征的典型事实,本章将从理论和实证两方面对我国农业产业结构演进区域特征形成的原因进行充分论证,剖析区域特征形成的主要影响因素及其作用机理,以揭示农业产业结构演进区域特征的规律性及形成此类特征的内在根源。

第一节 农业产业结构演进区域相似性特征形成分析

农业产业结构演进的区域相似性特征,是反映不同地区农业产业结构空间上分工和协作程度的重要表征。我国中、西部地区农业产业结构相似性增强,三大地区内部各省(区、市)之间农业产业结构相似性总体下降,但依然维持着较高的水平。关于产业结构演进相似性形成原因,不同学者进行过大量有益的探讨,主要可以归结为四类因素,即资源禀赋相似性的决定、政府行为、市场力量、产业集聚和模仿行为,上述因素对农业产业结构演进相似性特征形成的解释有重要的启示,但由于农业产业的特殊属性,需要拓展其解释的有效性和根本原因,下文将从农业产业结构演进初始状态、农业产业结构演进市场引导、政策与制度三个方面对我国农业产业结构演进相似性特征产生的原因进行深入分析。

一、区域演进起点同构性的影响

农业产业结构从一种结构状态向另一种结构状态的演进不是一蹴而就的,而是一个渐进的长期过程。与其他产业相比,农业是直接利用自然力进行的生产活动,农业生产必须遵循自然法则和农作物的生物周期特性,这一自然属性决定了农业产业结构演进更依赖于初始自然资源禀赋,从演进的起点至终点是一个以过去农业产业结构为基础,逐步更迭渐进的过程。路径依赖理论指出一个系统演进的路径敏感地取决于该系统的初始状态,系统一旦选择某方案,该系统的演进路径便会呈现出前后连贯和相互依赖的特征。我国农业产业结构演进中存在着典型的"路径依赖"(邓大才,2004;傅沂,2008)。借鉴James(2000)关于路径依赖的分析框架,图7-1展示了我国农业产业结构演进中路径依赖的运行机制。一定区域内往往具有特定的地形地貌、气候等自然资源禀赋,并决定了农业产业结构演进的起点,即依赖于特定资源禀赋这一"给定条件"的初始状态A_0,同时,自然条件在一定时期内难以快速改变,该区域在"给定条件"基础上,通过比较优势、偏好或其他随机考量选择农业产业结构状态A_1,而当这一区域产业结构形成的同时,路径依赖效应将伴随产生,并会促使这一产业结构沿着强化自身的方向向A_t结构状态发展。

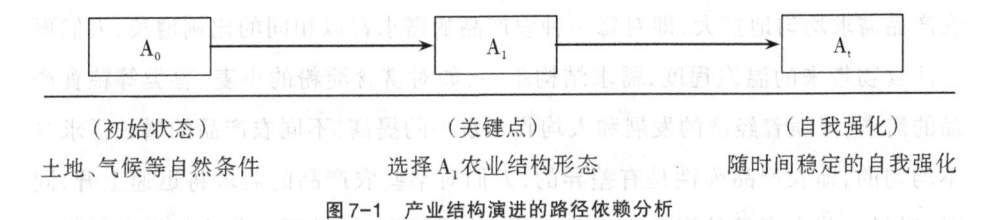

```
┌─────┐         ┌─────┐         ┌─────┐
│ A_0 │ ──────> │ A_1 │ ──────> │ A_t │
└─────┘         └─────┘         └─────┘
```

（初始状态）　　　　　　（关键点）　　　　　　（自我强化）

土地、气候等自然条件　　选择A_1农业结构形态　　随时间稳定的自我强化

图7-1 产业结构演进的路径依赖分析

资料来源:借鉴James Mahoney,2000,"Path depence in historical sociology",Theory and society 29:507-548.

农业生产的自然属性和农业产业结构演进的路径依赖特点,决定了对区域农业产业结构演进相似性原因的探究,首先应追溯至研究期初区域农业产业结构状态。改革开放初期,计划经济时期延续下来的区域封闭状态以及农产品严重紧缺的历史背景下,农业生产主要以满足人们生活的基本生存需求为目标,地方政府追求自给自足的农业产业结构,各地农业产业部门结构大致相同,"农业产业结构以种植业为主、种植业以粮食生产为主"是农业产业结构演进的初始状态。1978—1985年,我国东、中、西部三大地区农业产业结构演进相似性很高,相似系数平均值达0.998,三大经济区内部省(区、市)间的农业产业结构演进也都维持了高相似的状态,1978年,东部地区除海南省与其他各省(市)农业产业结构演进相似系数在0.8以下,其他东部省(市)之间的农业产业结构演进相似系数均高达0.98;中部省份之间农业结构演进相似系数达0.996;西部省(区、市)中除西藏与其他省(区、市)农业结构演进相似系数普遍偏低外,其他西部省(区、市)农业产业结构演进相似系数均值高达0.96。具有同构性的产业部门结构"初始状态"成为我国农业产业结构的演进起点,对农业产业结构变动的影响贯穿于农业产业结构演进过程的始终。

二、区域市场需求变动趋同性的作用

市场需求与变化是农业结构演进方向及趋势特征形成的条件。改革开放后,随着农村要素流动与商品贸易限制的逐步解除,市场机制成为资源配置的根本手段,农业产品区域市场一体化程度不断提高。农村经济逐步建立起一套更为有效的交易制度,并通过价格机制为生产者和消费者提供有关资源相对稀缺性的信息(黄季焜,2008)。恩格尔定律揭示了食物市场需求与收入之间的密切关系,表明市场需求往往与经济发展水平相关。不同的经济发展阶段,人们对食物的需求具有不同特征,在农业生产率和收入水平低下的时期,人口增长会导致农产品需求均匀地扩大,即对每一种农产品的需求都以相同的比例增长,人们更关注食物带来的温饱程度,需求结构单一,如对富含淀粉的小麦、薯类等粮食产品的需求;但随着经济的发展和人均收入水平的提高,不同农产品的增长需求是不均匀的,即农产品弹性是有差异的,人们对某些农产品的需求将迅速上升,同时,对另一些农产品的需求则增长缓慢,甚至下降,如对更具营养价值食物的追求和低质农产品的淘汰(梅尔,1966)。因此,市场需求的变动直接影响着农业产业结构演进的方向。

一定区域范围内,人们的饮食习惯及食物消费偏好更为接近,对食物的市场需求变动更为同质,如南方对稻谷的日常消费高于北方,北方对小麦的日常消费高于南方;另一方面,在更大区域范围内,随着经济发展水平的提高和市场一体化的深入,人们消费需求的趋同性也在进一步增强。随着消费者收入水平的提高,在一体化的区域市场条件下,高收入弹性农产品需求增长迅速扩大,为农产品生产决策者提供了市场以扩大对此类农产品的生产。如果高收入弹性农产品的需求增长速度快于其生产的速度,其预期价格就会提升,这种潜在利益就会诱导相应农业产业的生产者产生积极的供给反映;反之,当市场对某种农业产品的消费需求大幅缩减,同样也可能引致相关农业产业的萎缩,农业产业结构的演进受制于市场需求的变化。在上述市场规律的作用下,市场信号引导不同区域在一定程度上遵循相同或类似的发展路径,对市场需求变动的趋同性和对利益追求的一致性,使得分权化的各省区在农产品市场、农业生产项目等方面展开竞争,对本地产品的保护性措施和对商品跨省区流动的阻断,导致农业产业结构演进区域相似性特征的形成。

三、制度与政策同质性的引导及约束

政府是农业产业结构演进特征形成的推进主体,制度与政策通过对农业产业结构演进提供激励或施加约束,成为农业产业结构演进方向及趋势特征形成的重要条件。以家庭承包经营为基础、统分结合的双层经营体制为特征的农村基本经营制度使农民生产经营自主权由必须执行国家下达的集体统一种植计划、没有自主制订生产计划的权利到农民逐步获得了独立的农业生产经营自主权以及收益索取权的充分尊重,农民的生产积极性得到极大的激发,重构了农业产业结构演进的微观基础。以农产品市场流通和自由贸易为特征的农业市场化改革直接影响农业供给反应的强度,实现了农业资源配置由计划安排生产到根据市场需求安排生产的重大转变。此外,农业科技制度、农村户籍改革制度以及农村非农产业发展等一系列农村制度的渐次推进,根本性地改变了中国农业生产和发展的经济社会环境。

在国家产业激励制度与政策安排下,相关产业受到扶持,释放出利好的预期,易于引导各区域农业争相增加相关产业的发展,进而容易导致各区域相关产业份额的快速增加;相反在产业约束制度与政策安排下,相关产业发展受到抑制,对各区域相关产业发展产生约束效应,进而可能导致相关产业的减少甚至消失,在同质性制度与政策的引导和约束下,各区域农业产业结构演进会遵循一致性的变动趋向。

地方政府在经济发展过程中出台的地方政策和发展战略对农业产业结构的演进在某种程度上也起着重要的作用。财政分权和以经济指标为核心的官员考核制度,使得地方政府在经济发展过程中容易忽视本地经济资源特性,注重追求附加值高、资本密集型产业的发展,同时政治与经济地位类似的省(区、市)更有激励去模仿其他省(区、市)成功的经济发展战略和产业政策,这种理性模仿策略势必造成区域产业结构趋同(贺灿飞等,2008)。由于地方官员的晋升博弈,在很大程度上会导致区域市场分割,从而推高区域间产业结构的相似性。地方政府为了保证本地区GDP增长以及税收收入,大力招商引资,发展短期内能获得较大经济增长的产业,并以此干预政府和企业的投资导向(方红生等,2009),共同利益驱动的地方政策体系也会促使区域农业产业结构演进的趋同。

第二节 农业产业结构演进区域差异性特征形成分析

与农业产业结构演进的区域相似特征相对应,区域差异性特征也反映了农业产业结构演进中农业产业空间分布和专业化程度。改革开放以来,我国东、中、西部地区以及各省(区、市)农业产业结构演进差异性特征趋强,这一特征的形成主要受到资源禀赋、经济发展、基础条件、技术水平差异等因素的影响。

一、区域资源禀赋差异的决定

资源禀赋理论认为,一个地区在任一给定的时间点拥有给定的资源要素禀赋,这些要素禀赋由土地(自然资源)、劳动力和资本构成,生产要素禀特征决定了生产中使用要素的结构,而该地区产业结构又由其要素禀赋结构内生决定。资本存量丰富的地区,资本要素价格相对便宜,从而易于形成大量使用资本的产业和产品;同样,劳动力存量丰富的地区,劳动力价格相对便宜,从而易于形成劳动密集型的产业和产品。我国幅员辽阔,各地区在历史起点、经济发展水平、地形地貌和气候条件等方面存在诸多差异,反映了一定地域范围内资源要素的基本特征和丰裕程度,自然资源禀赋的差异不仅对农业产业结构初始状态的形成具有决定性作用,而且为各地区因地制宜地推进农业生产区域专业化,并通过区际商品交换实现收益提供了物质基础。资源要素的禀赋决定了区域农业产业结构的初始状态,但劳动力、资本等资源要素的流动性也会使资源约束条件发生改变,要素资源会遵循市场机制和"理性人"假设进行流动和配置,以实现最大价值。因此,后天资源约束条件的变化对区域农业产业结构演进差异性特征的形成也有着重要的影响,资源要素流动往往与农业产业结构演进也有着紧密的联系。

耕地资源是农业生产最基本的生产资料和劳动对象,耕地资源的数量和质量直接影响区域农业产业结构的构成及其变化。平原地区耕地平整连片,更利于机械作业的大田作物生产;相比之下,丘陵和山地地区农地地块细碎分散,节约土地、附加值高的蔬菜、水果等经济作物或畜牧业生产更为有利。随着城镇化的推进,耕地逐年减少,特别是东南沿海等经济发达区域耕地被占用的情况更为严峻,农业生产面临更强的农地资源约束。农地资源的变化对农业产业结构演进方向产生了重要影响,如近年东部沿海地区和大中城市农业结构中不断缩减粮食、油料、棉花等大宗农产品生产,而附加值高的鲜活、特色农产品生产占比不断提高(苗齐,2009)。

水资源也是农业生产不可或缺的最基本条件,尤其对于灌溉用水依赖较大的农业产品的生产意义更为重大。我国水资源缺乏,特别是工业化快速发展中与农业用水的竞争也成为农业产业发展面临新的制约因素。水资源的丰裕情况影响着区域农业产业的选择,成为农业产业结构差异的一个因素。但随着水利设施条件的改善,耕地有效灌溉面积得到不断扩展,农业产业结构演进的空间布局也发生了显著变化,如20世纪80年代以来粮食生产重心北移,水利设施改善是其中重要的影响因素(杨春,2009),河南、山东两省引黄灌区粮食产量稳定在每亩500千克以上,成为高产稳产的粮食基地;渭北、宁夏、内蒙古河套引黄灌区也成为西北地区的粮仓(李萌,2007)。

二、区域基础条件及投入水平差异的影响

交通、能源、农田水利等基础设施建设能够直接或间接地降低农产品的销售成本,给生产者以更高收益预期的激励,对农业产业结构的选择与发展具有潜在影响。改革开放以来,我国农业生产的基础条件和投入整体上得到大幅度的改善,但区域间因经济发展水平不同而产生的基础条件与投入水平的差异也是不争的事实。

交通设施的完善能够降低农产品的运销成本,缩短农产品产地和市场之间的距离,为农户农业生产提供更加完善的市场条件,对鲜活农产品,特别是牛奶、蔬菜等易腐且市场容量大的鲜活农产品具有特殊重要的意义。交通改善运销成本的降低可以刺激产量的增加,同时使远离城市(市场)的农区具备市场条件,促进农业产业的发展。通信设施建设能够促进信息在城乡之间的传输更为通畅和实时,如电视、电话、广播等设施将农产品的供需信息及时传送至农户,有效解决市场信息的闭塞和不对称。能源设施建设能够为农户解决电、气、水的供应问题,特别是农田水利基础设施建设直接影响农业生产效率,良好的农田水利设施能够带来农业生产专业化水平的提高和农业生产人力成本的节约,增加农业生产的收益。因此,不同区域在交通、通信、水电气供应等方面的基础条件的差异会带来农业产业结构选择的差异,并推动着产业结构向基础设施具有自身比较优势的方向演进。

资金投入是较短时期内改善农业生产基础条件的重要途径,资金的充裕程度和在产业内不同部门的投向偏好对农业产业结构演进产生影响。受投资倾斜政策、投资者偏好、资金回报率等因素的影响,资金总量和资金供应结构在农业产业不同部门的配给对农业产业结构的形成和变化产生影响。区域间资金投入水平的差异,会影响不同区域农业产业发展重点和农业产业结构演进趋向的基本差别。

三、区域技术进步水平差异的作用

农业技术是决定农业生产成本的一个重要因素,技术的进步与扩散能够带来生产力的提升和生产要素的替代,通过影响农业生产要素的相对价格影响部门间资源要素的配置,进而促进区域农业产业结构比较优势的形成。主要的农业技术进步体现在品种技术、种养技术、化学技术、设施和机械技术等方面的创新与发展。区域间技术进步速度不同,生产率增长速度不同,从而促使不同区域农业各产业生产成本和比较优势的差异,影响农业产业结构演进差异性特征的形成。表7-1显示了主要农业技术及其可能引起的区域农业产业结构演进特征形成的差异。

表7-1 技术进步与区域农业产业结构差异

技术进步类型	技术进步水平	农业产业结构差异性特征
品种技术	传统品种	耗费土地、劳动力,不利于多种经营
	现代品种	节约土地、劳动力,利于发展多种经营
化学技术	低效农药、化肥	耗费劳动力,产出效率低,不可持续
	新型农药、化肥	节约劳动力,提高产出,食品安全
种养技术	传统耕作和喂养	耗费劳动力、土地
	现代耕作和科学喂养	节约劳动力、土地
设施和机械技术	传统设施和机械	耗费劳动力
	现代机械、设施、田间管理、精准农业等	节约劳动力、土地

农业品种技术通过对生物资源进行优选和培育,不断改进生物内部的遗传基因,提高农业产出率,如优良育种技术对农作物单产水平的提高,改良蛋鸡品种对禽蛋产量的提高等,农业产出率的提高能够节约出资源用于其他农业产品的生产。农业品种技术还可以通过选育适宜于机械化操作、管理和设施生产的农业品种,减少对劳动力的需求,提高劳动生产率,使节约出的劳动力从事其他

农业生产成为现实。此外,农产品品种技术在品质改良方面的应用,能够提升农产品质量,满足市场对农产品品质的不同需求,如富有特定价值的高品质动植物新品种,推动了农业产业结构的调整,又如基因育种技术等品种技术拓展了农产品食用以外的功能,如从玉米中制取乙醇,研制出新的能源,拓宽了农产品的市场需求。

创新的化学技术,如新型农药和化肥,以少的投入量提供更高效能作物所需营养和要素,减少农业面源污染,保护土壤,提高农产品的质量,促进农业产业结构演进层次和水平的提高。先进的种养技术和机械技术能够增强农民从事农业生产的专业性,减少效率损失,提高农业生产的产出率,增加农民从事农业生产的收益,如先进的栽培技术、牲畜科学喂养技术等,先进的种养技术为农业产业结构演进提供回旋余地。

设施技术集合了农业设施结构、材料、装备、控制和管理决策等先进科技,为农业生产创造了环境和条件,一定程度上拓展了农业生产的季节性、地域性的限制,为农业产业结构演进提供有效手段,如温室大棚、食用菌栽培等设施技术突破了农业所依赖的自然条件的限制。以农药和化肥为代表的农业化学技术的进步能够节约土地,提高劳动生产率,促进农业生产的有效产出。机械技术能够替代劳动力成为农业生产效率提高的重要手段,如机械耕种、机械播种、机械播撒农药等现代技术大大提高了作业面积和作业效率,其推广和应用对农业产业结构的变迁有重要的影响。

因此,农产品品种技术、化学技术、种养技术、设施和机械技术进步水平和应用水平的差异会直接导致区域间农产品产出率、劳动生产率和产品层次等方面的差异,进而引致区域农业产业结构演进差异特征的形成。

第三节 农业产业结构演进区域集聚性特征形成分析

区域集聚性特征反映了农业产业结构演进方向与模式在地区布局中变化的空间特征,改革开放以来,以主要农产品空间布局变化为表征的农业产业结构演进表现出显著的空间集聚特点,农业产业结构由以自然资源决定的"先天性"集聚特征向资本、技术影响的"后发性"集聚特征转换。近年关于产业空间集聚特征的经验研究较多,如布鲁哈特等(Brulhart and Torstensson,1996)通过对欧洲产业空间变动的研究发现区域集聚的产业大多具有较大规模经济特征。艾米提(Amiti,1999)发现地理集中的产业具有密集使用中间产品的特征。空间集聚性特征的内在原因可以归结为两类因素,一类是经济地理理论和比较优势理论强调的区位条件、土地资源、人口密度等因素对区域农业产业结构初始状态的决定,另一类可归结为新经济地理理论强调的运输成本节约、技术进步、劳动力流动、规模经济等因素对区域农业产业结构演进格局与方向的影响。在上述研究成果基础上,本书从区域比较优势、技术突破和区域结构政策三个方面对农业产业结构演进区域集聚性特征的形成进行分析。

一、区域产业比较优势的诱导

新经济地理理论认为,规模经济、投入产出关联与贸易成本的相互作用所形成的比较优势是促使产业地理集中的主要因素,当一个地区获得初始的发展优势,就会通过正反馈机制,在本地市场效应、前后向联系等集聚力作用下,吸引生产要素与经济活动的进一步集聚,从而形成中心—边缘分异的经济空间结构。关于比较优势诱导农业产业区域集聚的文献也从不同角度对此问题进行了研究,如 Elli-son and Glaeser(1999)指出产业的区位受多种自然优势所影响;Traistaru and Martin-cus(2003)认为需求区位和比较优势是制造业相对地理集中的主要驱动因素。

比较优势理论指出每一个地区都应当根据其自身的禀赋特征进行生产,在根据相对成本差异确定最优的产业地理集中地时,各地区的禀赋和技术差异,以及要素的密集度是主要考虑的因素。在比较优势理论中,李嘉图的相对利益贸易理论强调劳动生产率的比较差异,而"赫克—俄林"模型则强调生产要素资源的相对丰裕程度,即资源禀赋状况。他们认为如果没有这些差异,在固定规模收益和完全竞争的条件下产业的经济活动会在各个地区均匀地分布。因此,在现实经济中,受成本和利润驱使,产业将越来越集中在具有比较优势以及集聚效应显著的区域,从而逐步实现基于比较优势的专业化分工。

但随着资本的积累和技术的进步,资源要素的相对价格也会发生变化,从而进一步影响具有潜在比较优势的产业类型,推动最优产业结构的选择和演变。假设在一个开放、自由、竞争并只生产一种产品的市场经济中,如图7-2,D、D_1、

C、C_1是等成本线,其斜率代表资本和劳动的相对价格。等产量线上的各点代表生产既定数量的某种产品的可能生产技术或所需要的不同资本和劳动组合。在一个资本价格相对昂贵而劳动力相对便宜的经济系统中(如C、C_1所表示),生产既定数量的产出,采纳A点劳动密集技术的产业成本较低,当劳动的相对价格上升(如D、D_1所表示),采用B点的资本密集型技术的产业成本较低。因此,劳动力、资本等要素的相对价格所决定的要素比较优势是农业产业结构演进方向的重要依据。

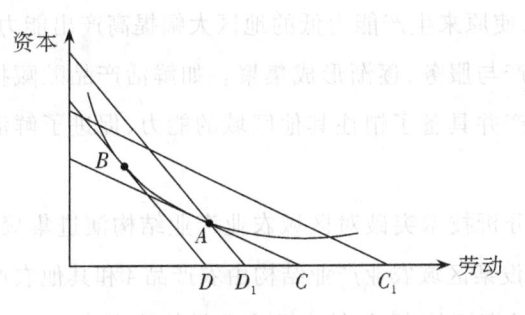

图7-2 比较优势差异与产业结构

在同一个区域不同发展阶段的经济体要素禀赋结构也可能存在不同,从而每个阶段的最优产业结构也相应不同。如图7-3,假设一个拥有三个不同产业的经济,I、J、K代表三个产业的等产量线,如果劳动力相对丰裕,等成本线是C,则该经济在I和J产业具有优势。假设随着资本相对丰裕的提高,等成本线变化到D线,该经济的比较优势将相应变化,则该经济产业结构相应变化,在K产业中相对具有优势。

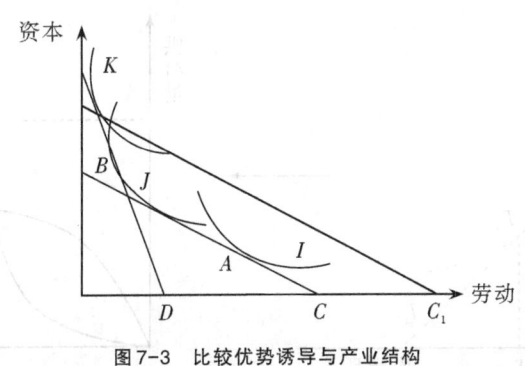

图7-3 比较优势诱导与产业结构

因此,不同区域比较优势的差别以及区域不同阶段比较优势的变化,会诱导区域农业产业的选择及由此决定的农业产业结构演进趋向,从而促进农业产业向更具比较优势的地域集中,实现农业产业结构演进的空间优化布局。

二、区域产业技术突破的作用

关键农业技术的突破对区域农业产业结构集聚特征形成能够产生不同程度的作用。首先,农业产业技术突破能够创造生产条件,使原本不具有生产基础的地区具备生产能力,创造产业结构集聚的可能性。如寒地水稻技术使稻谷的大量生产拓展至高寒地区,形成新的稻谷产区。其次,农业产业技术突破能够提高生产效率和产出,使原来生产能力低的地区大幅提高产出能力,同时拉动该产业及其相关产品生产与服务,逐渐形成集聚。如鲜活产品贮藏技术促进了产区鲜活产品的大量生产并具备了销往其他区域的能力,促进了鲜活农产品产区农业生产的集聚效应。

为了进一步分析技术突破对区域农业产业结构演进集聚特征形成的作用,如图7-4所示,假设某区域农业产业结构由农产品A和其他农产品组成,I_0代表区域农业生产面临的资源约束,初始农业产业结构形态为S_0,代表区域农业生产效用的无差异曲线,P_0为该区域农业生产的均衡点;随着关键技术的突破,该区域面临的资源约束得到一定程度的释放,从I_0变化至I_1,使得该区域具备更高的农产品A生产能力,农业生产的最佳均衡点由P_0移动至P_1,农业产业结构形态由S_0演进为S_1,农产品A在农业产业结构中的份额不断增加,图7-5显示了农产品A在技术支撑下,供给能力不断提高,生产曲线改变,技术突破成为推动农业产业结构演进集聚特征形成的重要力量。

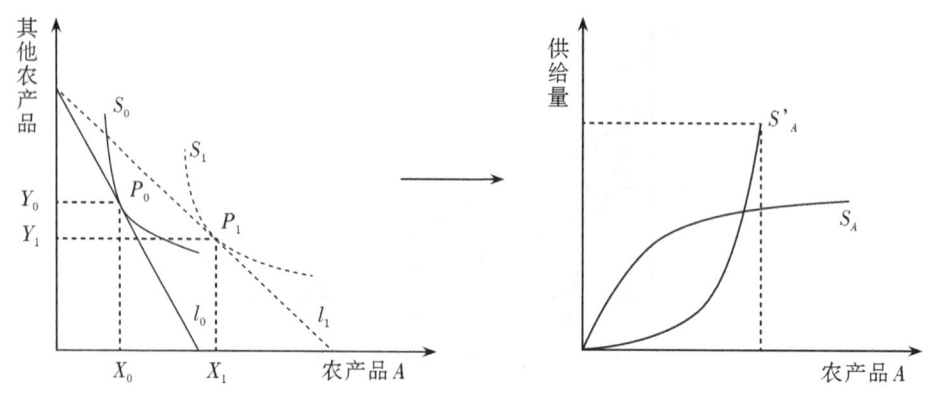

图7-4 技术突破条件下农业产业结构变动

图7-5 技术突破条件下农产品供给能力提升

改革开放以来,我国农业生产领域的技术创新取得了明显成效,农产品产出大幅提高,推动农业生产空间布局显著变化,并呈现出农业产业结构演进中的集聚特征。以水稻为例,随着20世纪80年代水稻旱育稀植技术、抛秧技术、"超级稻"技术、高效优化栽培技术等生产技术的突破,大大扩大了北方地区稻谷的适种范围,使北方稻谷不仅品质上有特点,且单产水平也达到相当的水平,稻谷种植重心在中国北方逐步形成集聚(杨春,2009)。1978—2013年东北地区稻谷产量占全国稻谷产量的比重由11.5%增加至19.5%。技术突破不仅对种植业空间集聚产生影响,对畜牧业生产也产生重要作用,如中国奶业空间结构演化发生了显著改变,奶业生产出现由自然资源优势区域向资本优势区域集中,由市场资源匮乏区域向市场资源富集区域集中的演化趋势(道日娜,2009)。

三、农业区域结构政策调整的促进

农业产业结构演进中,政府及其政策工具起着重要作用。作为一个转型中的国家,政府在产业空间分布中具有不容忽视的重要影响(Young,2011)。改革开放以来,政府的农业区域结构政策目标不仅要保证本国农业在世界农业结构体系中的合理位置,又要充分发挥国内各区域优势,促进区域农业生产的专业化、经济发展与协作(钟甫宁,2000)。为此,政府基于比较优势的作物区域专业化布局等政策目标,通过一系列政策手段逐步建立农业区域分工体系,激励各地区重点发展具有比较优势的农业生产,这在一定程度上促进和加速了农业产业结构演进中区域集聚特征的形成。

影响农业产业结构集聚特征形成的主要区域产业结构政策包括:一是农业商品基地建设政策。改革开放以来,我国政府在全国范围内选取若干个特定区域为某种农产品的集中产区,进行重点扶持,较大规模地增加其农产品商品量,并使其在全国或地区的商品经济中占有重要地位,并长期稳定地成为某种农产品集中生产的地区。如苏浙太湖平原、湖南洞庭湖平原、四川成都平原等粮食量生产基地,江汉平原、黄淮平原、南疆等棉花生产基地,海南、广西、云南等特产香料和水果生产基地,大小兴安岭、长白山区、云贵高原等木材生产基地,四川、湖南、河南等生猪生产基地等。二是政府直接投资政策。政府通过对某一地区进行大规模投资,如土壤改良、水利设施等农业基础设施投资,极大地改善该地区农业生产状况;或者通过地区性项目投资或补贴,促使该地区生产优势的形成,间接地产生了农业生产的区域聚集效应。三是税收、信贷等政策工具。为调整区域农业产业结构,通过税收、信贷等手段,对特定区域给予税收优惠、贷款优惠等扶持政策,促进该区域农业产业的快速发展,为区域专业分工创造条件。

此外,从地方政策层面看,我国的地方政府既是利益主体又是管理主体,为促进本地区经济发展,在规划本地经济增长,决定投资方向、重点的时候,往往受到地方利益的驱动,致力于实行局部利益导向和地方保护色彩的区域产业结构政策,从而引致地方政府设置多种壁垒以阻碍商品跨区域流动,使地区范围内形成新的集聚,但同时也在一定程度上消解了宏观层面的区域专业化分工。

第四节 农业产业结构演进区域关联特征形成分析

随着市场化的不断深入,我国区域间封闭的经济状态被打破,促进了区域间要素的流动,以及由此产生的区域间经济关联的不断增强。关于产业区域关联的探索,学者们取得诸多重要成果,如 Rosenstein-Rodan(1943)提出了"大推进理论",强调产业间和地区间的关联互补性,主张在各产业、各地区之间均衡部署生产力,实现产业和区域经济的协调发展。Friedmann(1972)提出"核心—边缘"理论,认为任何区域都是由具有强大经济竞争优势的中心和处于依附地位而缺乏经济自主的外围两部分组成,资源、市场、技术和环境等的区域分布差异的空间二元结构客观存在,并随时间推移而不断强化。Kurgman、Fujiat等(2001)构建了区域经济的"中心—外围模型"并诠释了区域间具有互补和协调的关联性。刘普等(2009)指出区域发展存在外部性,区域之间存在不同程度的联系并指出了区域关联效应和协调机制。改革开放以来,我国农业产业结构演进表现出显著的区域关联特征。本书借鉴上述理论的优秀成果,从市场条件、区域经济外部性和交通运输三方面分析农业产业结构演进区域关联特征形成的内在原因。

一、农业产品及服务统一市场形成提供的可能

开放型市场条件是区域经济主体之间存在交易的前提,对农业产业结构演进关联特征的形成具有重要的影响。改革开放以来,随着市场自由贸易限制的逐步解除,蔬菜、水果、鱼类和畜产品等非国家战略性产品首先开始了市场价格改革,到20世纪90年代末,政府退出了对大多数农产品市场和价格的干预,粮食

市场化改革经历了多次反复后,21世纪初粮食市场化改革全面启动,市场交易限制被取消,政府正式颁布并明确了粮食价格的完全市场化(黄季焜,2008)。农产品市场化改革和贸易自由化使市场有效发挥作用,确保农业生产者能够有效获得生产资料和进入产品销售渠道的机会,区域经济逐渐打破封闭的格局,建立起统一的农业产品及服务的区域一体化市场环境,农产品市场变得越来越整合和高效,为区域间农业产业结构演进的关联特征形成提供了可能。

在统一市场的条件下,各经济主体在农产品的供给中形成一定结构的竞争关系,农产品的供需行为遵循市场价值规律的引导。对于农产品的供给主体而言,改进农产品及服务的营销体系也变得日益重要。梅尔(1988)指出,一方面商品化加速使得农民能够更大比例提供商品化的农产品,另一方面收入的增长引起对水果、蔬菜等高收入弹性农产品的需求以及对市场服务需求的增加,对于这类易腐农产品和更高的服务需求,营销体系变得更为重要。改革开放以来,伴随着市场自由化改革的加速推进,农产品及服务营销体系不断升级,起到鼓励增加生产、丰富农产品的品种、降低价格、增加生产者和消费者效用的重要作用,农产品市场交易行为空前繁荣(Huang et al.,2008),推动劳动力及资源的流动和优化配置,增进区域间的经济关联,促进农业产业结构演进区域关联特征的形成。

二、区域经济发展及其外部效应创造条件

新空间经济学理论认为经济的发展在空间地域上不是相互独立的,而是呈现出不同程度的空间关联性,相邻的区域之间对其本区域的经济或其他方面发展会产生一个促进或者抵消的作用,强调一个经济主体选择某种行为的边际收益会受到其他参与主体行为的影响,从而当其他经济主体采取某种特征战略时,该经济主体也要提高采取协同战略的激励。Hirschman(1958)认为在一国的经济社会中,各区域产业之间存在相互联系和相互影响的依存关系。Ying(2003)指出中国经济增长在区域间存在着较强的相互影响。改革开放以来,随着市场化改革的深入和区域经济的发展,区域间的经济联系日益紧密。

为进一步分析区域经济发展及其溢出效应对农业产业结构关联特征的影响,借鉴刘普等(2009)构建的区域关联外部性模型(如式7-1),假设一国内部某一地区 j 的成本收益函数为 R_j,那么其函数形式可以表达为:

$$R_j = R(X_{1j}, X_{2j}, X_{3j}, \cdots, X_{nj}, C_{1i}, C_{2i}, C_{3i}, \cdots, C_{ni}, P_j) \qquad (式7-1)$$

式中，$X_{1j}, X_{2j}, \cdots, X_{nj}$ 表示地区 j 为了增加自身收益而投入的各项经济资源，$C_{1i}, C_{2i}, \cdots, C_{ni}$ 表示区域 i 对区域 j 所产生的影响，这些影响视为是区域 i 对区域 j 的成本影响，由于区域 i 和区域 j 均为平等的经济主体，可以认为区域 i 对区域 j 产生了外部性，P_j 为国家宏观经济政策对区域 j 施加的影响。将模型应用于区域间农业产业结构演进关联性特征形成的分析中，假定区域 j 生产的农产品全部输出至区域 i，则区域 i 通过消费、投资、贸易进口对区域 j 产生正向的关联效应。当区域 i 的经济发展更快，国民收入进一步提高时，对区域 j 可能产生更强的乘数关联效应。此外，区域 i 的农业技术创新或农业项目的规模经济会无形扩散至临近区域，从而产生空间溢出效应。随着经济社会的发展，除了经济关联外，区域间也会产生社会、生态等方面正向或负向的关联，使得区域间的依存和联结更为紧密。

改革开放以来，随国民经济的快速发展，我国农业发展的区域专业化程度不断提高，东、中、西三大经济区之间以及各省（区、市）之间经济关联不断增强，东部地区向中、西部地区具有明显的溢出效应（Groenewold et al.，2007）；中国各省（区、市）间通过地理位置的空间相邻、投资消费结构的相似等产生稳定的空间溢出效应，实现农业产业结构演进的空间关联。随着经济发展，交通条件和贮存技术快速改善，空间相邻较远的区域间也通过供需链条实现紧密的联结，农业区域分工专业化，实现区域溢出效应，促进了区域间农业产业结构演进关联特征的显现。

三、交通运输便捷化对区位约束的削弱

运输成本是区域贸易中的关键性因素，并对其起着重要的影响。新空间经济学将运输及其成本视为经济增长的一个内生变量（Krugman，1993），认为交通运输条件的改善可以在一定程度上削弱区位等自然因素对区域的约束，拓展区域可达性，降低运输成本，增进区域间要素和产品的流动，加强区际经济联系紧密性。交通运输是完成区域经济系统内生产要素和产品空间位移的主要载体。农产品的特性决定了大多数农副产品不易长期贮存，作为农产品进入流通领域的重要手段，交通运输的状况对农业资源的充分利用、农产品进入市场以及农业地域分工产生重要影响。首先，交通运输设施的改善，能够降低运输成本高引起的销售费用，有利于区域内农产品向距离更远的区域运销，进而促进区域产品产量的增加，加强了区域间农业发展的关联；其次，交通运输条件的改善，有利于区

域间交易成本的降低,推动市场交易的便利性,促进产业产生外部性,进而增强区域间农业产业的关联,有利于农业生产的地域分工和空间布局的合理化。第三,交通运输对区域间农业产业关联影响的强度,主要取决于运输费用在具体农业产品价值中的比例,运输成本占比较高的农业产业在区际的关联对交通运输条件的依赖更强。

随着国民经济的发展,我国交通基础设施建设投入力度不断加大,支撑区域经济联系的铁路、公路、内河、民航等各运输方式的运输里程均得到较快速的增长,有力地保障了区域间的空间联系。1978—2013年,我国铁路总运营里程数由5.17万千米增加到10.13万千米,公路总里程由89万千米增加至435.6万千米,民航里程数由14.9万千米发展至410.6万千米,内河航道里程数虽增加不明显,但运输质量明显提高。我国区际农产品贸易日益紧密和活跃,农产品物流总额由1991年的3 232亿元增加至2013年的12 748亿元。交通运输便捷化促进了区际联系,推动着农业产业结构演进关联性特征的形成。

第五节　农业产业结构演进区域特征形成模型

上文对农业产业结构演进区域特征的形成进行了理论分析,市场需求、资源禀赋、基础条件等主要因素在农业产业结构演进区域特征形成中具有重要影响,而这些因素产生作用的程度及效应如何还需要通过实证分析加以验证,本节通过建立计量经济模型,对各主要因素在农业产业结构演进区域特征形成中的作用进行论证。

一、变量选择与数据说明

(1)变量选择

基于研究目的和上文对农业产业结构演进区域特征形成的分析,选取农业产业结构演进指数(ASI)作为被解释变量。选取农业资源禀赋、农业生产条件、市场需求、社会经济发展水平四类变量作为解释变量,具体解释变量的选取、定义和赋值说明如下:

①农业资源禀赋变量。为反映不同区域农业产业结构演进的资源禀赋状况的差异,选取各省(区、市)人均耕地面积、农业劳动力、财政支农水平分别代表各

省农业产业结构演进中土地、劳动力和资本的禀赋状况。农业产业结构的基础，可用各省(区、市)种植业与养殖业产值的比值表达,反映农业产业结构初始状态对农业产业结构演进区域特征形成的影响。

②农业生产条件。选取水利条件、公路密度、技术支撑力代表各省(区、市)农业生产条件,其中技术支撑力主要表达各省农业科研及推广能力,按照1993—2013年各省(区、市)农业科技投入的水平由高到低划分为三个投入水平等级:3,2,1,来表达各(区、市)技术支撑力的差别。

③市场需求。选取人口规模和居民食品消费水平作为反映各省农业产品的市场需求情况的解释变量。

④社会经济发展水平。选取城镇化水平、人均GDP来反映区域经济社会发展水平。

计量经济模型中各变量的类型、名称、符号和定义如表7-2所示。

表7-2 变量定义与赋值

变量类型	变量名称	变量符号	变量定义与赋值
被解释变量	农业结构演进指数	ASI	各省(区、市)农业产业结构演进指数
解释变量			
农业资源禀赋	人均耕地	LAND	各省(区、市)人均耕地面积
	农业劳动力资源	LABO	各省(区、市)农林牧渔业从业人员数量
	财政支农水平	CAPI	各省(区、市)农业劳动力平均占有的财政支农支出
	农业产业结构基础	INDS	各省(区、市)种植业产值与养殖业产值的比值
农业生产条件	水利条件	IRRI	各省(区、市)耕地有效灌溉面积比
	公路密度	ROAD	各省(区、市)每平方千米国土公路里程数
	技术支撑力	TECH	各省(区、市)农业科研及推广能力
市场需求	人口	POPU	各省(区、市)年末常住人口数
	居民食品消费	RUCO	各省(区、市)居民人均食品消费支出
社会经济发展水平	城镇化水平	URBN	各省(区、市)城镇人口占总人口的比重
	人均GDP	SOEC	各省(区、市)人均地区生产总值

(2)数据说明与变量描述

根据研究目标,本部分进行经济计量分析所采用的数据为1978—2013年为样本期间的中国30个省(区、市)(重庆市除外)农业产业结构演进区域特征分析面板数据。文中的因变量农业产业结构演进指数(ASI)利用历年《中国农村统计年鉴》各省(区、市)农业产值数据按照公式3-1计算获得,解释变量数据来源于历年《中国统计年鉴》《中国农村统计年鉴》《中国农业年鉴》《中国国土资源年鉴》和《新中国六十年统计资料汇编》等统计资料,以及中宏网、EPS、国家统计局网站公布数据。对上述变量整理并进行数据的总体性描述,如表7-3所示。

表7-3 变量的总体性描述

变量类型	变量	观测值	平均值	标准差	最小值	最大值
被解释变量	农业结构演进指数	1 080	0.69	0.07	0.53	0.88
农业资源禀赋	人均耕地(acre/person)	1 080	2.33	1.98	0.26	13.56
	农业劳动力资源(0 000 person)	1 080	1 017.88	848.74	33.38	4 333.00
	财政支农水平(yuan/person)	1 080	1 348.29	4 356.18	2.69	53 965.39
	农业产业结构基础(%)	1 080	2.16	1.37	0.56	9.16
农业生产条件	水利条件(%)	1 080	0.52	0.23	0.07	0.99
	公路密度(kilo/kilo^2)	1 080	3 686.53	3 481.83	127.4	20 052.38
	技术支撑力(虚拟变量)	1 080	2.01	1.37	0.56	9.16
市场需求	人口(0 000person)	1 080	3 848.29	2 530.15	178.82	10 644
	居民食品消费水平(yuan.person^{-1})	1 080	820.86	748.40	68.41	5 334.57
社会经济发展水平	城镇化水平	1 080	0.33	0.18	0.076	0.076
	人均GDP(yuan.person^{-1})	1 080	10 846.49	15 863.57	175.00	100 105

二、模型设定与估计方法选择

根据研究目标和数据结构特点,模型依照式3-29设定的农业产业结构区域特征形成分析的面板数据模型(Panel Data Model),其具体模型如下:

$$ASI_i = \beta_0 + \beta_1 LAND_i + \beta_2 LABO_i + \beta_3 CAPI_i + \beta_4 INDS_i + \beta_5 IRRI_i + \beta_6 ROAD_i$$
$$+ \beta_7 TECH_i + \beta_8 POPU_i + \beta_9 RUCO_i + \beta_{10} URBN_i + \beta_{11} SOEC_i + \mu_i$$

(式7-2)

式中,β_0为常数项,β_1、β_2、β_3、β_4、β_5、(式3-4)、β_7、β_8、β_9、β_{10}、β_{11}为待估参数,u_i为误差项。在进行分析之前,对面板数据及模型设定形式等进行必要的检验。

(1)面板数据的单位根检验

选择同根情形下的LLC检验和不同根情形下的Im-Pesaran-Skin检验进行面板数据的单位根检验,如表7-4所示,结果表明,除变量IRRI、TECH和POPU的原数列平稳外,其他变量都是非平稳的,不平稳变量在经过一阶差分后都表现为平稳,为此可以推断,各变量都是同阶单整,为I(1)。不能直接进行回归,而应该先证明变量间存在协整关系后,才能回归分析。

表7-4 面板数据的单位根检验结果

变量	LLC检验	IPS检验	平稳性
ASI	3.0499	-1.1835	不平稳
一阶差分	-1.4416**	-6.8719***	平稳
LAND	-0.9697	0.15277	不平稳
一阶差分	-7.0861***	-6.8562***	平稳
LABO	0.8457	0.4690	不平稳
一阶差分	-4.7107***	-3.4826***	平稳
CAPI	-0.0392	0.47331	不平稳
一阶差分	-5.3161***	-7.6211***	平稳
INDS	0.4856	0.4216	不平稳
一阶差分	-2.9727***	-2.8178***	平稳
IRRI	-1.5045*	-1.9332**	平稳
ROAD	-0.8526	-0.1434	不平稳
一阶差分	-5.9439***	-4.8549***	平稳
TECH	-3.9666***	-2.6639***	平稳
POPU	-6.4641***	-5.3304***	平稳
RUCO	0.2883	0.41728	不平稳
一阶差分	-5.2671***	-6.2217***	平稳
URBN	0.0746	1.4058	不平稳
一阶差分	-1.3315*	-3.5092***	平稳
SOEC	-0.4816	0.6661	不平稳
一阶差分	-2.4357**	-2.8187**	平稳

注:"*""**""***"分别表示在置信水平10%、5%、1%下显著。

(2)面板数据的协整检验

采用Kao检验进行面板数据的协整检验,结果如表7-5所示。

表7-5 面板数据的协整检验结果

检验方法	统计量	T统计量	P值
Kao检验	ADF	-7.4119	0.0000

上述结果表明,各变量间存在协整关系,可进行模型回归分析。

(3) 个体影响确定

在进行面板数据分析之前,首先面临的问题是要确定个体效应的影响形式,即如何在随机影响模型和固定影响模型中进行选择。为此,先建立随机影响模型,然后检验该模型是否满足个体影响与解释变量不相关的假设,如满足就将模型确定为随机影响的形式,反之则确定为固定影响的形式。采用Hausman检验该假设是否成立,检验结果如表7-6所示,可见个体影响形式符合固定效应的假定。

表7-6 Hausman检验结果

原假设	统计量	自由度	P值	结论
个体随机效应	5.2566	11	0.0000	拒绝原假设

(4) 面板数据模型形式确定

面板数据模型形式分为变系数模型、固定效应模型和不变系数模型三种。如果模型形式设定不准确,估计结果将与所要模拟的经济现实偏离甚远。用F检验可以有效避免模型选择偏误,改进参数估计的有效性,F协方差检验的主要假设为:

$$H_1: \beta_1 = \beta_2 = \cdots = \beta_n$$
$$H_2: \alpha_1 = \alpha_2 = \cdots = \alpha_n$$
$$\beta_1 = \beta_2 = \cdots = \beta_n$$

其中β、α分别为三种模型的自变量和常数系数,如果接受H_2则样本数据符合不变系数模型,检验结束;如果拒绝H_2,则要进一步检验H_1,如果接受H_1,则认为样本数据符合固定效应模型,反之为变系数模型。在假设H_2下检验的统计量为F_2,假设H_1下检验的统计量为F_1。结果如表7-7所示:

表7-7 面板模型形式设定检验结果

	变系数模型	固定效应模型	不变系数模型
模型自由度k	11	11	11
截面个体数N	30	30	30
样本时间长度T	36	36	36
F_2统计量	\multicolumn{3}{c}{0.5867}
F_2临界值	\multicolumn{3}{c}{$F_{0.05}[(N-1)(k+1), N(T-k-1)]=F_{0.05}[348,720]=1.1615$}
F_1统计量	\multicolumn{3}{c}{—}
F_1临界值	\multicolumn{3}{c}{—}

从上表结果可以看出，$F_2 < 1.1615$，接受假设H_2，面板的模型形式应选择不变系数模型，该模型也称为混合回归模型。

三、结果分析与讨论

利用STATA12.0软件，对混合回归模型进行估计，结果如表7-8所示。

表7-8 面板模型估计结果

解释变量	变量代码	系数	标准误	T值	P值
人均耕地	LAND	0.0024	0.0045	0.54	0.592
农业劳动力资源	LABO	0.0287	0.0041	6.98	0.000
财政支农水平	CAPI	0.0041	0.0012	3.50	0.000
农业产业结构基础	INDS	0.1419	0.0026	55.60	0.000
水利条件	IRRI	0.0186	0.0040	4.63	0.000
公路密度	ROAD	−0.0023	0.0028	−0.83	0.406
技术支撑力	TECH	−0.0019	0.0008	−2.43	0.015
人口	POPU	−0.0615	0.0130	−4.72	0.046
居民食品消费量	RUCO	−0.0134	−0.0020	−6.58	0.000
城镇化水平	URBN	−0.0038	0.0033	−1.15	0.250
人均GDP	SOEC	0.0204	0.0046	4.49	0.000
常数项	Cons	−0.2333	0.0139	−16.83	0.044
R^2		0.4460			
调整后R^2		0.4403			
F统计量		78.1881			

表7-8的估计结果表明：

农业资源禀赋因素中的农业劳动力资源、财政支农水平和农业产业结构基础均对农业产业结构演进区域特征形成有正向影响，而且在1%的显著性水平上。而农业资源禀赋中的人均耕地面积与农业结构演进区域特征形成不相关，我国人均耕地面积少且变化很小，在同一土地政策条件下区域间人均耕地资源差异对农业产业结构演进区域特征形成的影响不明显。农业生产条件因素中的水利条件对农业产业结构演进区域特征形成有正向的影响，技术支撑力对农业产业结构演进区域特征形成有负向的影响,公路密度在农业产业结构演进区域特征形成中不相关,水利条件和技术支撑力都在1%的水平上显著,说明各省农业生产条件的改善促进了本地区农业产业结构的演进,对农业产业结构演进区域特征形成有重要影响,而交通条件的改善本应发挥重要作用,但验证结果可能昭示我国各省(区、市)间农业分工与协作的区际联系还不够深入,各地农业产业发展对交通条件的利用还不够充分。市场需求因素中的代理变量居民食品消费量与农业结构演进指数呈负相关,说明市场需求对农业产业结构演进具有一定的拉动作用,促进了各区域农业产业结构演进构成的变化。城镇化水平对区域特征形成有负向影响,表明从区域层面伴随城镇化进程的加快,大量青壮年劳动力的流失对农业产业结构演进造成一定负向影响。人均GDP对农业产业结构演进区域特征形成有正向影响,人均GDP高的地区往往对农业发展的资金支持能力强,有利于推动农业产业结构演进。

第八章 农业产业结构演进部门特征的形成分析

改革开放以来,农业各部门内部结构变化显著,呈现出鲜明的演进特征。基于前文对农业产业结构演进的过程以及农业产业结构演进部门特征的分析,本章深入分析种植业离粮倾向、养殖业非猪倾向、种养业占比区间收敛、各产业生产要素替代活跃等部门演进特征的形成机理,并构建经济计量模型对其进行实证检验,以明晰我国农业产业结构演进部门特征的关键决定因素,为农业产业部门结构调整提供决策参考和借鉴依据。

第一节 种植业结构演进离粮倾向特征形成分析

随着农业生产力的不断提高,种植业内部农产品种类日益丰富,供给能力大幅提高,但不同产业发展趋势差异也日趋显著。小麦、玉米、水稻等粮食作物播种面积占比总体快速下降,蔬菜等作物种植面积占比快速增加,种植业内部结构变动显著并呈现出明显的离粮倾向特征。种植业内部产业结构离粮特征的呈现与农业生产能力的提升、粮食生产的比较收益、市场需求转换等直接相关。

一、粮食需求满足提供的条件

在经济发展的低收入阶段,人口增长迅速,粮食消费尚未得到满足,解决粮食问题则成为农业生产的首要任务,但随着经济发展、居民收入提高以及工业化取得相当进展后,粮食消费需求得到满足,其重要性不断下降,种植业内部结构调整问题逐渐凸显(速水佑次郎、神门善久,2003)。改革开放初期,我国面临粮食供给短缺的严峻局面,农业发展的战略目标一直聚焦于粮食产量的增加。改革开放以来,随着家庭承包经营制度的逐步确立,农业生产经营主体的粮食生产积极性得到极大激励,特别是农业技术的不断创新,进一步促进着我国粮食生产能力的快速提高,粮食单产和总产实现连年增长,到2013年我国粮食产量达到60 193.84万吨,比1978年增长97.5%,2004年以来实现"十连增"。粮食生产不仅解决了居民对粮食基本需求的满足,而且实现了居民生活水平质量的提升,为种植业内部结构的变动提供了条件和保障。

伴随经济的快速增长和城镇化水平的不断提高,城乡居民收入水平得到显著提高,生活水平快速改善。到2013年,城镇居民人均可支配收入达26 955元,比1978年增长76倍,农村居民人均纯收入达8 896元,增长66倍,城乡居民生活实现由温饱不足向全面小康迈进。城乡居民家庭粮食需求也随之发生了明显变化,粮食需求增长更为缓慢,以粮食需求为主转向粮食需求下降、肉蛋果蔬等食物需求较快增长的食物结构不断升级。农村居民家庭人均粮食消费量(原粮)由1978年的247.8千克下降到2012年的164.3千克,城镇居民家庭人均粮食购买量由1981年的145.4千克下降到2012年的78.8千克。根据唐华俊、李哲敏(2012)的测算,从1995年开始到2004年,中国居民大部分年份的人均粮食年需求量绝对值波动幅度不大,均在10公斤以内。

粮食生产能力的大幅提升以及居民食品消费结构的升级,使我国粮食基本需求得到供给保障成为现实可能。也正是粮食需求得以满足的供给条件的具备,促进种植业内部结构快速转换,粮食占比快速下降,种植业结构演进的离粮倾向特征逐渐凸显,成为种植业结构演进的明显趋向特征。

二、粮食生产经营效益低的影响

市场对农产品与农业生产服务的需求是农业生产活动的重要指示器和基本依据。对于粮食生产经营者而言,只有遵循市场需求供给规律,才能收回生产成本和获得相应利润。在一定市场需求条件下,农业生产经营者是否选择从事某项具体农业生产经营活动或产业并向市场提供特定类型和一定数量的农产品,取决于该项农业生产经营活动或产业所能带来的潜在收益高低。而一项具体生产经营活动或产业的收益高低则主要与该生产经营活动或产业所提供产品或服务的需求收入弹性和附加值、该生产经营活动或产业的资源产出率和劳动生产率等直接相关。

与非农部门提供的产品相比,农产品的生活必需程度高,需求的价格弹性和收入弹性相对较低,而在农产品中,作为食物来源和原料来源的粮食,其需求收入弹性更低。正如我们一再强调的市场需求是一切生产经营活动开展和发展的基本动因,只有市场前景和市场需求旺盛的产品和服务所对应的生产经营活动或产业才更具发展优势。因此,所提供产品及服务的需求收入弹性越大的农业生产经营活动或产业,获利机会更多,其所提供产品及服务也更具预期收益空间的诱惑。在无其他障碍条件下,选择高需求收入弹性农产品与服务的生产经营活动或产业也成为农户生产经营的一种理性选择。附加值反映生产经营活动或产业所提供产品及服务的价值在减去物资消耗后的剩余,是对生产经营活动或产业增值功能的反映。显然,某种农业生产经营活动或农业产业的附加值功能越强,对生产经营者就越有利。在没有其他障碍的情况下,选择从事高附加值的农业生产经营活动或产业也成为农户农业生产经营活动的理性选择。生产经营活动或产业的生产效率体现为资源产出率和劳动生产率,反映生产经营活动或产业对生产要素的利用水平,也反映生产要素投向某一特定生产经营活动或产业的产出水平。某项农业生产经营活动或产业的生产效率越高,生产要素的生产潜力和农户农业生产经营能力得到更有效的发挥,其所提供的单位产品及服务更具生产成本和市场竞争优势,则此项农业生产经营活动或产业也更易在农业生产经营者的产业选择中获得青睐。

农户是农业生产的微观主体,农户的农业生产决策直接影响种植业结构的变动。在粮食需求收入弹性和附加值、粮食生产产出率和劳动生产率等因素的综合作用下,作为理性决策者,农户会在有限的资源投向比较收益更高的农业生产经营活动或产业,如果将所有农户的农业生产决策视为一个具有时间向量的农业产出过程,则从长远看,伴随种植业结构的演进,在外部条件不变情况下收益低的农作物占比将持续走低,甚至被淘汰。范成方、史建民(2013)指出粮食生产的比较收益在不断下降,并对粮食、油料、蔬菜和苹果种植成本收益进行了比较,发现粮食的成本利润率低于其他三种农作物。根据《全国农产品成本收益资料汇编》的历年相关数据对三种粮食生产成本及收益情况进行整理和计算发现,1978—2012年我国粮食生产成本大幅提高,由1978年的每亩58.23元增加到2012年的936.42元,增长了16倍,其中生产成本增加了13.8倍,土地成本增加了74.5倍,每亩土地耗费劳动力的数量减少,但劳动力成本快速提高。同期,粮食生产收益波动较大,每亩净利润具有明显阶段性,1978—1993年粮食生产收益持续提升,由1978年的每亩-2.18元增加至1993年的92.33元。1994—1997年粮食生产净利润陡增,其中1995年每亩223.91元。1998—2003年粮食生产利润快速下滑,甚至2000年净利润降至每亩-3.22元,粮食生产农户收益低迷。随着国家对粮食生产支持力度的不断加强,2004—2012年粮食生产收益再次增加。但2005年以来粮食生产总成本的快速增加显著抵消了利润的增长,严重抑制了粮食生产收益的空间,种植业结构演进的离粮特征在农业生产比较收益的驱动下逐渐显著。

三、种植业多元发展的要求

改革开放以来,在消费者食品需求多元化、农业资源多样性的开发等因素共同作用下,我国种植业结构演进由以粮食生产为主的单一结构向粮、经、作多元结构转换,进而表现为粮食作物播种面积占比的下降和其他农业作物占比的快速上升,种植业结构的离粮特征凸显。

市场需求作为农业生产经营活动开展的基本前提,也是种植业结构演进的根本动力。发达国家和地区发展历史表明,虽然各国饮食传统有所不同、工业化进程有早有晚,但随着城市化、工业化发展及人们收入增加,各国居民的食品消费结构普遍会出现对以肉奶蛋为代表的保护性食品需求增加、对以谷物为代表的热能食品需求降低现象,普遍出现由于食品消费结构升级引起的肉奶蛋及水果蔬菜产业的份额在农业中比重上升的规律。改革开放以来,伴随经济的快速发展和居民收入的增长,传统以单一粮食产品消费为主的消费格局已经发生改变,谷物类食物需求逐渐降低,肉蛋奶水果蔬菜消费需求比重不断上升,居民需求日益多元化,需求结构不断升级,种植业部门内产业发展多元化,进而推动了种植业结构由粮食为主的单一结构向多元化结构发展,加速了种植业的离粮倾向特征的形成。资源的多样性也决定了不同作物适宜生产和发展的条件不同,如土壤类型、湿度、温差、光照条件等决定了宜种的作物类型,适合此类资源特性的作物生产才能得到较好的发展,否则会造成生产经营活动的受损。随着人们认知能力的提高和技术的进步,资源的多样性得到有效开发,农业生产条件得到拓展,如温室技术、无土栽培技术等,通过创造或改进生产条件促进非粮食产业快速发展。

市场需求的多元化和资源的多样性开发引导着种植业的多元化发展,进而离粮特征成为种植业结构演进的必然而合理的结果。但需要特别指出的是,随着粮食需求得到基本满足,种植业结构演进必然会产生离粮倾向,但作为人口大国,离粮的趋向应得到充分的认知,否则会为我国粮食安全问题埋下隐忧。

第二节　畜牧业结构演进非猪倾向特征形成分析

畜牧业是肉、蛋、奶等高质量蛋白质食物的重要来源,在缺少现代化投入的经济发展水平较低阶段,还是农业生产中畜力和肥料的重要来源。随着经济水平的提高,养殖业非食物功能虽在退化,但其提供食物的功能在加强,同时由于畜产品的收入需求弹性较强,畜牧业成为农户农业收入的重要来源,与种植业生产相结合还有利于家庭收入的稳定和农业生产的可持续发展。1978年以来,我国畜牧业快速发展,以猪肉为主的产出结构变动显著,牛、羊肉和禽肉的产出大幅增加,对猪肉的消费替代作用增强,畜牧业结构演进表现出显著的非猪倾向特征。导致畜牧业演进非猪倾向特征形成的可能性因素很多,本节主要从非猪畜产品市场需求拉动、生猪产业的高风险以及生猪产业的高粮耗等因素分析其对非猪倾向特征形成的影响及其作用机理。

一、市场对非猪畜禽产品需求快速增长的拉动

与上一节中市场需求在农业部门结构变动中的拉动作用相同,养殖业中非猪畜禽产品需求的快速增长是畜牧业结构演进中非猪倾向特征形成的重要原因。

改革开放以来,伴随经济社会发展和居民收入水平的提高,对畜禽产品的消费需求发生了巨大改变,由高脂肪、低营养、低蛋白且类型单一为特征动物源食品需求阶段,逐步向追求低脂肪、高营养、高蛋白且种类丰富的需求方向转变。动物源食品消费需求增长中,鸡、鸭、鱼、奶类的需求增长幅度最高,牛、羊肉的需求增长幅度次之,猪肉在动物源食品消费中仍占重要地位但需求增长的幅度却在逐年下降。1978—2012年,牛奶作为膳食结构中重要的营养食品越来越受到我国居民的青睐,对乳品的需求快速增长,奶消费量大幅提高,其中城镇居民人均鲜奶购买量由1981年的4.1千克增加到2012年的14千克,平均每年人均增加300克;农村居民人均消费奶及制品由1982年的0.7千克增加到2012年的5.3千克,平均每年人均增加约130克。禽肉和禽蛋是居民生活中成本较低的动物性蛋白质的重要来源,在提高生活水平和改善膳食结构中起到重要作用。在传统消费观念中,禽肉和禽蛋常被视为补品,用于老年人、孕妇和病人等恢复身体的营养食物,随着人们收入水平的提高、消费观念的转变,非猪禽肉发展为日常生活的重要消费产品,成为猪肉的主要替代品。1980年我国农村居民人均家禽出售

量仅为0.61千克,到2012年这一数量增加至8.09千克;同期,农村居民人均蛋类出售量由1.07千克增加至10.13千克。家禽出栏量由1992年的31.9亿只增加到2012年的120.8亿只,平均每年增加4.4亿只。

非猪畜禽产品的旺盛市场需求对农户生产抉择产生稳定而持久的获利预期,刺激农业生产经营者在非猪畜禽产品生产中的投入和供给,拉动非猪畜禽产业的快速发展,从而引致畜牧业结构演进过程中非猪倾向特征的逐渐显著。

二、养猪业高风险造成的冲击

农业生产经营者是否选择从事特定的农业生产经营活动或产业,不仅考察该农业生产经营活动或产业所能带来的可能收益,也同样关注选择从事该农业生产经营活动或产业的可能风险,即农业生产经营主体的产业选择决策是对特定农业生产经营活动或产业的预期收益和可能风险综合权衡的结果。

可能风险和预期收益对农业生产经营者农业生产经营活动或产业选择的影响,在农业生产经营者可能风险可承受能力和可能收益需求既定基础上,可通过农业生产经营者选择从事不同农业生产经营活动或产业概率高低的比较来实现。设在农业生产经营者现有资源要素特征条件下,其可选择的农业生产经营活动或产业共有两项,分别为l_1和l_2。其中,第l_1种农业生产经营活动或产业的预期收益为E_{l_1}、可能的风险为R_{l_1},那么农业生产经营者从事该农业生产经营活动或产业效用为V_{l_1};第l_2种农业生产经营活动或产业的预期收益为E_{l_2}、可能的风险为R_{l_2},那么农业生产经营者从事该产业效用为V_{l_2};而在农业生产经营者现有资源要素条件下,其从事农业生产经营的风险可承受能力为R_l、最低预期收益为E_l,其从事农业生产经营活动的效用为V_l。那么,农户选择产业l_1和l_2的概率P_{l_1}和P_{l_2}分别为:

$$P_{l_1} = \begin{cases} P\left[V(E_{l_1}, R_{l_1}) > V(E_l, R_l)\right]; & R_{l_1} < R_l \\ 0; & R_{l_1} > R_l \end{cases} \quad (\text{式}8\text{-}1)$$

$$P_{l_2} = \begin{cases} P\left[V(E_{l_2}, R_{l_2}) > V(E_l, R_l)\right]; & R_{l_2} < R_l \\ 0; & R_{l_2} > R_l \end{cases} \quad (\text{式}8\text{-}2)$$

将式(8-2)减去式(8-1),整理可得,

$$P_{l_2} - P_{l_1} = \begin{cases} P\left[V(E_{l_2},R_{l_2}) > V(E_l,R_l)\right] - P\left[V(E_{l_1},R_{l_1}) > V(E_l,R_l)\right]; & R_{l_1} < R_l, R_{l_2} < R_l \\ P\left[V(E_{l_2},R_{l_2}) > V(E_l,R_l)\right]; & R_{l_1} > R_l, R_{l_2} < R_l \\ -P\left[V(E_{l_1},R_{l_1}) > V(E_l,R_l)\right]; & R_{l_1} < R_l, R_{l_2} > R_l \\ 0; & R_{l_1} > R_l, R_{l_2} > R_l \end{cases}$$

(式8-3)

由式8-3可知,当特定农业生产经营活动或产业 l_1 和 l_2 的可能风险均在农业生产经营者可承受范围内,那么其选择从事 l_1 和 l_2 概率之差为两项农业生产经营活动或产业的综合效用高低决定;当农业生产经营活动或产业 l_1 可能风险超过农业生产经营者的可承受能力、农业生产经营活动或产业 l_2 可能风险低于农业生产经营者的可承受能力,那么农业生产经营者将放弃选择 l_1,而是否选择从事农业生产经营活动或产业 l_2 则与 l_2 产业的效用是否大于农业生产经营者期望效用概率决定;当农业生产经营活动或产业 l_1 和 l_2 的可能风险均大于农业生产经营者的可承受范围,那么无论综合效用多高,农业生产经营者都不会选择二者中的任何一个,只能转而寻求其他出路。

生猪养殖业作为我国畜牧业的传统产业,大量散养户和规模养殖户并存,在畜牧业发展中所占比重一直较大。在传统生猪养殖阶段,散户生猪养殖能够起到分散家庭经营风险和储蓄的作用(Fafchamps,1998;DeeVon Bailey,1999)。但近年,随着市场化程度的不断提高和生猪养殖规模化的扩大,生猪价格波动愈加频繁,生猪养殖业风险加大。在外部不确定因素的冲击下,疫病频繁发生、公共卫生事件及市场供需信息不对称带来的价格大涨大跌等给生猪养殖业带来巨大风险。此外,仔猪和饲料价格的快速上涨,推高了生猪生产成本,进一步加剧了在生猪养殖生产上的审慎抉择。因此,生猪养殖业风险不断加大的冲击直接影响着畜牧业结构演进中非猪倾向特征的显现。

三、养猪业高粮耗带来的约束

在市场条件下,农业生产经营者通过投入生产要素、产出产品和通过成本扣除而获得利润来维持,而是否具备基本生产要素条件和生产经营条件的优越程度对其产业选择具有重要的决定作用。设农业生产经营者从事特定农业生产,对某项基本生产要素的需要量为 D_k、可承受的单位要素成本为 $\bar{C}_k$,而现实中农业生产经营者可获取该项农业生产要素的量为D'_k,单位要素成本为$\bar{C}'_k$,那么,基本生产要素条件的好坏直接影响了农业生产经营者生产的成本和可能的收益空间,对其产业选择施加了重要影响。当$D'_k \geq D_k$,则从事该项农业生产具备了基本条件,有了从事该项农业产业的可能;当$D'_k < D_k$,则从事该项农业生产的基本条件不具备,无法从事该项农业产业。在基本要素条件具备的情况下,即当$D'_k \geq D_k$,若$\bar{C}'_k > \bar{C}_k$,则农业生产经营者从事该产业无利可图,从而不会选择从事该产业;若$\bar{C}'_k \leq \bar{C}_k$,则农业生产经营者从事该产业有利可图,且随着$\bar{C}'_k - \bar{C}_k$等不断增加,农业生产经营者从事该产业的积极性越高。养猪业的发展也不例外,除受市场需求和风险的影响外,养猪业生产经营基本条件也是养猪业顺利发展的重要影响因素。

养猪业生产经营基本条件主要包括圈舍、劳动力及喂养技能、饲料等,而这些要素中,饲料的成本占养猪业成本的70%~80%,而饲料主要来源于原粮及粮油产品的加工副产品,作为高耗粮产业,养猪业与粮食生产有着紧密的联系,研究也表明20世纪80年代以前,生猪生产与粮食产量呈现高度正相关关系,20世纪80年代后生猪生产的增长速度明显高于粮食生产速度,相关性依然很强(黄英伟、汪涓,2007)。近年,种植业离粮特征显著,同时粮食生产结构变动中的饲料粮发展滞后,其供给增长的速度无法满足养殖业快速发展中饲料用粮的需求增速。《中国统计年鉴》相关数据表明,2000年到2012年,粮食市场价格持续增长,十余年增幅达143%。粮食价格的增长波动通过饲料市场价格传导给生猪养殖市场,养猪业生产成本不断被推高,高耗粮的产业特征决定了养猪业面临极大制约,也直接对畜牧业演进中的非猪倾向特征的形成施加了重要的影响。

第三节 农业产业结构演进农牧业占比区间收敛特征形成分析

作为农业的两大主要产业部门,种植业和畜牧业在1978—2013年间的产值在农业总产值中的占比趋于稳定,两部门产值占比之和稳定在一定的区间,表现出显著的区间收敛特征,即农业产业结构演进趋于稳态。农业产业结构演进中呈现如此特征的原因主要受到农牧两部门所提供农产品的市场需求趋稳和资源要素配置改进空间限制的双重作用。

一、主要农产品及农业服务数量需求趋稳的决定

农产品及农业服务数量的市场需求是农业生产发展的基本依据和重要条件。市场需求变动促进农业产业选择及其发展演进,对农业产业结构演进的产业构成变化形成产生重要影响。农产品及农业服务需求旺盛的产业会给农业生产者以获利预期的市场信号,从而激励农业生产经营者的进入,促进此类农业产业的发展;同样,随着农产品及农业服务需求的变化,农业产业的选择和发展也随之相适应,引起相应农业产业的壮大或萎缩,进而促进农业产业结构演进中部门特征的形成。

种植业和畜牧业是农业产业结构中的两大重要部门,也是居民日常所需主要食物需求的主要来源。改革开放以来,我国农业生产力快速提高,农产品的供给能力大幅提升,不断满足着人们对粮食等基本食物的需求,彻底解决了满足生存需要的吃饭问题。伴随经济快速增长和居民生活水平的不断提高,食品消费结构也随之发生显著变化。城乡居民的食物消费结构经历了主粮替代时期(1978—1985年)、主副食替代时期(1986—2002年)、加工食品替代期(2003年至今)的演变过程。在这一过程中,不断实现着以粮食消费为主的传统食物结构,向粮食消费逐渐减量、肉奶蛋及果蔬类消费量稳步增长的转换升级。这一食品需求结构的转换,推动着我国农业产业结构演进中表现出种植业占比的逐步下降和养殖业占比的快速上升演进特征。但与西方国家以动物源食物消费为主不同,我国居民的饮食结构中以植物源食物消费为主的饮食传统和习惯不会快速转换,并在较长时间内延续,较大基数的人口数量及其饮食习惯决定了我国居民对种植业提供的粮食等农产品的需求依然保有较大的量而不会大幅度地持续下降,如此,在一定食物消费量的生理条件约束下,主要农产品及农业服务总量需求趋稳,进而决定了农业产业结构中种植业和畜牧业占比出现收敛特征的形成。

二、现有农业生产要素配置改进空间的限制

对于特定的产业,除一定的市场需求制约下,在无大量新生资源要素和无显著技术进步条件下,其可利用资源要素的总量是有限的。而特定技术条件和技术进步速度条件下,通过有限要素配置改进来提高产业产能、效率的空间也是十分有限的。如此,特定产业在生产总值中所占的比重是提高还是降低,还会受制于其可利用资源要素配置改进的空间大小。对要素配置改进空间大小的解释,

生产可能性边界理论(Production Possibility Frontier,简称PPF)能够给予有力的支撑。生产可能性边界线理论指出,在给定数量的资源条件下,所能够生产的最大数量的产品,在数学上表示为一道边界。边界内部是能够达到的,但存在效率损失,边界之外则是不能达到的,在边界上是能达到的产量中最有效率的。现假定在一定资源要素条件下,可从事两种产业:种植业和畜牧业,即资源要素可在这两项产业间配置(如图8-1所示)。

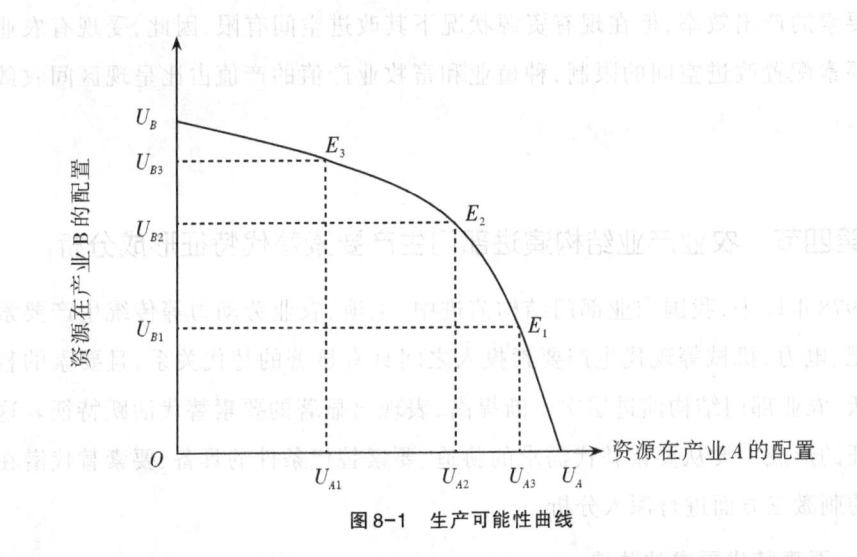

图8-1 生产可能性曲线

如图8-1所示,横轴和纵轴分别表示,在一定技术条件下,种植业和畜牧业在一定资源要素条件下可能的产出状况。若无明显的技术进步,则PPF表现为平面上的一条曲线,也称为生产可能性曲线(Production Possibility Curve,PPC),两项产业的配置只能沿着固定的曲线内移动,则资源要素在二者之间配置空间受限。若种植业和畜牧业得到了充分的发展,则会在生产可能性边界上来回移动。

1978年以来,伴随经济持续高速增长和城市化进程的加快,我国农业生产面临日益严峻的资源约束。从耕地资源看,1979—2003年耕地面积减少1 107.9万公顷[1],2004—2011年耕地面积减少了167.6万公顷[2],耕地资源受到工业化和城镇化的双重挤占,资源空间难于扩张;从劳动力资源看,大量农村劳动力进入非

---

[1] 封志明,等.中国耕地资源数量变化的趋势分析与数据重建:1949—2003[J].自然资源学报,2005(1):35-43.

[2] 数据来源:根据相关年份国土资源年鉴数据整理.

农就业,并形成了劳动力从农村、农业部门向城市、非农部门的大规模流动,1978—2012年,农林牧渔劳动力从28 455.6万人下降到27 032.3万人,农村中农业劳动力和非农劳动力的比值从1978年的93:7转变为2012年的50:50[①],大量优质青壮年劳动力的转移也为农业现代化进程提出严峻挑战;从水资源看,人均水资源量为2 300立方米,低于世界人均水平的1/4,且分布也极不均衡(李彦等,2007)。现有技术条件下,农业生产要素配置改进空间受到刚性约束;技术进步能够改进资源要素的产出效率,但在现有资源状况下其改进空间有限,因此,受现有农业生产要素配置改进空间的限制,种植业和畜牧业产值的产值占比呈现区间收敛特征。

第四节 农业产业结构演进部门生产要素替代特征形成分析

1978年以来,我国农业部门结构演进中,土地、农业劳动力等传统生产要素与化肥、电力、机械等现代生产要素投入之间具有显著的替代关系,且要素的替代活跃,农业部门结构演进层次不断提高,表现出显著的要素替代活跃特征。这一特征的形成主要从要素替代需求的胁迫、要素替代条件的具备、要素替代潜在收益的刺激三方面进行深入分析。

一、要素替代需求的胁迫

改革开放以来,随着工业化和城镇化进程的加速推进,农地资源、水资源等重要的农业生产资源不断被挤占,大量青壮年劳动力资源、资本资源等受要素边际收益规律的作用不断从农村向收益更高的非农部门转移,农业发展面临更为严峻的资源约束。刚性资源要素约束必然要求农业生产要通过技术创新等方式来实现现代要素对传统要素的替代,要素替代需求的胁迫是农业产业结构演进中要素替代活跃特征形成的重要原因。

首先,要素替代需求胁迫促进相对丰裕要素对相对稀缺要素的替代。要素的丰裕抑或稀缺决定了农业生产经营者获得此类要素可得性的难易程度,一方面以稀缺要素为主要投入物的产业,因要素可得性难度大,从而通过增加要素投入来扩大产业规模的难度加大,且一旦投入物被消耗或损毁会失去收益的来源,另一方面以稀缺要素为投入物往往意味着付出更高的直接成本或机会成本,从

---

① 数据来源:中华人民共和国统计局数据库年度数据。

而使农业经营成本增加,获益空间受限,生产风险增大。从而农业生产经营者往往会寻求丰裕要素进行对稀缺要素替代,以实现农业生产经营活动的顺利展开和可持续经营。如近年,随着非农工作机会的增多,部分地区劳动力变得相对稀缺,通过机械化社会服务来进行农业生产经营作业更为"划算",从而实现了资本对劳动力的替换,又如水资源稀缺的地区,节水灌溉技术变相实现了资本对部分用水的替代,促进了农业生产经营的开展和农业部门结构的演进。

其次,要素替代需求胁迫促进相对高效要素对相对低效要素替代。农业生产资源要素能效的高低往往直接决定了农业生产经营活动的投入产出效益。投入同样数量的生产要素,高能效要素的产出会高于低能效要素的产出,从而促进农业生产效率的不断提高,如生产经营活动中化肥对传统农家肥的大规模替代,促进农作物产出效率,大型机械技术对传统畜力、人力的替代,使单位劳动力作业面积大大提高,促进了劳动生产率的大幅提高,进而在要素替代中实现农业发展,此外,在具体农业生产过程中,随着农业技术进步和投资增强,之前无法利用和难以利用的低成本、高效率资源要素将得到有效利用,也促进要素替代,推进农业产业结构的演进进程。

再次,要素替代需求胁迫促进低成本要素对高成本要素替代。农业生产经营者要实现利润最大化,寻求成本降低是这一动机指导下的理性选择,低成本要素对高成本要素的替代是降低投入成本的重要途径。在具体的农业生产经营过程中,若某一生产要素的成本在逐渐提高,那么农业生产经营者就会千方百计地寻求其替代要素,产生要素替代的需求,如机械对劳动力的替代和化肥对土地的替代等;即使部分农业资源要素本身的成本未发生显著变化,但若市场上出现了比该要素成本更低而效用等同甚至更高的新型要素或成本较低的其他要素,那么为了追求利润最大化,该项农业生产要素被替代的需求将越来越迫切,如现代化农业生产技术对传统农耕技术的替代。

二、要素替代条件改善带来的可能

农业生产经营活动中产生的要素替代需求的实现过程,还取决于这种替代过程的实现所需基本条件是否具备或条件好坏。假设农业生产经营发展过程中由于种种原因,需用 j 要素替代 i 要素,要素替代所需基本条件的集合为 U_D,而现实中相应基本条件的集合 U_D',那么, j 要素替代 i 要素能否顺利进行则取决于基条件的优越程度。当 U_D' 所提供的条件优于 U_D，则 j 要素替代 i 要素的条件优越，要素替代发生的可能性较大；当 U_D' 所提供的条件与 U_D 所提供的条件基本相同，则 j 要素替代 i 要素的条件基本具备，则要素替代具备了发生的可能；而当 U_D' 所提供的条件未达到 U_D 的基本要求，则 j 要素替代 i 要素的基本条件并不具备，则要素替代的可能性较低甚至为零。由此可见，要素替代能否顺利实现，首先受制于要素替代基本条件的具备与否或优越程度高低。

农业生产经营中实现要素替代需求所要具备的条件主要包括技术进步带来的可能性和投资追加创造的可能。随着城镇化、工业化和农业现代化的快速发展，机械、化肥、农药、良种等现代生产要素或投入物的技术研究取得重大进展，使得对土地、劳动力等日益稀缺和成本提高的传统要素的替代作用越来越强，有力地推动了农业产业结构的演进。同时，国家在农业技术创新和推广中的资金投入和支持使得农业技术进步成果在农业生产经营者中广泛应用，而无须支付高昂的成本。此外，水利、交通、能源、通信等农业基础设施和社会化服务水平得以不断提高，为部分高成本、低产出率、低效益农业要素逐渐被低成本、高产出率、高效益生产要素的替代提供了基本条件且条件越来越优，这些条件的改善逐步提高了这些农业生产要素之间的替代活跃程度，推动着农业产业结构的演进，促使农业产业结构演进过程中替代活跃特征的形成和显现，演进层次和水平不断提高。

三、要素替代可能风险的制约和潜在收益的吸引

利润最大化理论表明，当一种投入要素的边际收益大于边际成本时，就会激励生产者增加该要素的投入。农业生产过程中，农户以利润最大化作为产业选择的基本依据和根本出发点，要素替代所带来的风险制约与收益吸引是农业产业结构演进中要素替代特征形成的重要因素。假设农业生产经营者从事农业生产活动时，对 j 要素替代 i 要素的风险可承受能力为 R_D、期望收益为 E_D、期望效用水平为 V_D。又设农业生产经营者选择 j 要素替代 i 要素的要素替代风险为 R_D'、要素替代预期收益为 E_D'、要素替代效用分别为 V_D'。那么，当 $R_D' > R_D$，则无论 E_D 与 E_D'、V_D 与 V_D' 的关系如何，农业生产经营者都不会选择用 j 要素替代 i 要素；当 $R_D' \leqslant R_D$，而 $E_D' \geqslant E_D$，则 $V_D' > V_D$，农业生产经营者会选择用 j 要素替代 i 要素；当 $R_D' \leqslant R_D$，而 $E_D' < E_D$，则农业生产经营者是否会选择用 j 要素替代 i 要素，取决于

$V'_D = V(E'_D, R'_D)$ 是否大于 $V_D = V(E_D, R_D)$。

由此可见，农业生产经营者理性选择生产要素替代的过程，不仅是传统农业生产的改进过程，更是提高农户潜在收益和风险防控能力增加的过程。要素替代可能产生的对风险的制约和潜在的收益对农业产业结构演进过程中要素替代活跃特征形成具有重要作用。随农业技术的进步和农业投资的逐渐增加，要素替代效应带来了农业生产风险的可保性逐渐提高和农业生产的收益性逐渐提高，农业产业结构演进过程中农业生产要素间的替代越来越活跃。

第五节 农业产业结构演进部门特征形成模型

上文对农业产业结构演进部门特征的理论分析可以厘清各相关因素在农业产业结构演进部门特征形成中的作用及机理，而这些因素对农业产业结构演进部门特征形成的影响方向、强度及效应还需通过实证分析进一步加以验证。本节通过建立计量经济模型，对各主要因素在农业产业结构演进部门特征形成中的作用进行实证分析。

一、变量选取与数据来源

(1) 变量选取

基于以上研究目的，选取种植业与畜牧业产值的比值（农牧比）作为被解释变量，选取的耕地面积、草地面积等变量为农牧业生产资源禀赋的解释变量，选取有效耕地灌溉面积比、公路里程、农机总动力、农业科技人员、财政支农支出、支农资金等变量为农业生产经营条件的解释变量，选取居民家庭人均粮食消费水平、居民家庭人均肉类消费水平等变量为市场需求的解释变量。各变量的名称、符号、定义与赋值情况如表8-1所示。

表8-1 变量定义与赋值

变量类别	变量名称	变量符号	变量定义与赋值
被解释变量	农牧比	ZYB	种植业和畜牧业产值在农业总产值中占比的比值
解释变量			
资源禀赋	耕地面积	LAND	耕地面积数
	草地面积	GRAS	草地面积数
	耕地有效灌溉面积比	IRRI	有效灌溉耕地占耕地总面积的比重

续表

变量类别	变量名称	变量符号	变量定义与赋值
生产经营条件	公路里程数	ROAD	农村公路总里程数
	农业机械总动力	MECH	农机总动力数
	农业科技人员	TECH	农业科技人员总数
	支农支出	ACAP	财政用于支持农业生产的总额
	支农资金	CAPI	财政支农资金总额
市场需求	居民家庭粮食消费水平	GRAI	城乡居民家庭人均购买粮食数量
	居民家庭肉类消费水平	MEAT	城乡居民家庭人均购买粮食数量

(2)数据来源及处理

为了能够准确反映变量的变动水平,有关数据均为权威机构发布的宏观数据资料。文中被解释变量农牧比根据历年《中国农村统计年鉴》公布的种植业和畜牧业产值数据(按当年价格计算)计算整理;耕地面积数据源自历年《中国农业年鉴》及《中国国土资源统计年鉴》,草地面积数据源自中宏统计数据库(其中缺失的1978—1982年数据以1983年数据替代),有效灌溉面积根据国家统计局网站公布相关数据计算获得,公路里程数据源自国家统计局数据库,农机总动力和农业科技经费投入数据源自国家统计局数据库,财政支农支出数据源自《新中国60年统计资料汇编》,城乡居民家庭粮食消费水平和肉类消费水平数据均源自国家统计局数据库。

二、模型设定与估计方法选择

为避免"伪回归",首先对变量的平稳性进行检验,采用 Dickey and Fuller (1981)提出的 ADF 单位根检验方法。若检验结果显示数据为平稳序列则可直接回归,估计各变量对产业结构特征的影响;若检验结果显示数据为非平稳变量,此时便需要对非平稳变量进行平稳化处理,本部分仍通过差分法进行处理直至变量平稳。若差分处理后的数据平稳则需要通过协整检验来分析这些变量间是否存在某种平稳的线性关系,以进一步确定相关变量之间的符号。需要注意的是对于一个单独序列来说,可能是非平稳的,但是,多个非平稳序列的线性组合却可能是平稳的,如果确实成立,那么这些平稳时间序列之间就被认为具有协整关系。为此,本部分仍借鉴 Engle 和 Granger 提出的协整检验方法,通过以下几个步骤进行协整检验和回归模型建构。

(1)建立回归方程(长期均衡方程)得出残差序列。农业产业结构的演进是一个复杂的过程,促成农业产业结构演进部门特征形成的影响因素较多,而这些因素的作用方向、方式、强度不同,且相互关联、协同发挥作用。由于农业产业结构演进部门特征形成与影响因素的非线性关系,宜采用式3-32非线性函数来描绘它们之间的关联,模型的具体表达式为:

$$\ln ZYB_t = \alpha_0 + \alpha_1 \ln LAND_t + \alpha_2 \ln GRAS_t + \alpha_3 \ln IRRI_t + \alpha_4 \ln ROAD_t \\ + \alpha_5 \ln MECH_t + \alpha_6 \ln TECH_t + \alpha_7 \ln ACAP_t + \alpha_8 \ln CAPI_t \\ + \alpha_9 \ln GRAI_t + \alpha_{10} \ln MEAT_t + u_t$$

(式8-4)

(2)判断残差序列的平稳性。对长期均衡方程进行回归,得到估计方程,进而可求出残差序列,其具体形式为:

$$u_t = \ln ZYB_t - \alpha_0 - \alpha_1 \ln LAND_t - \alpha_2 \ln GRAS_t - \alpha_3 \ln IRRI_t - \alpha_4 \ln ROAD_t - \alpha_5 \ln MECH_t \\ - \alpha_6 \ln TECH_t - \alpha_7 \ln ACAP_t - \alpha_8 \ln CAPI_t - \alpha_9 \ln GRAI_t - \alpha_{10} \ln MEAT_t$$

(式8-5)

(3)建立误差修正模型(短期波动方程)。据估计得到的残差序列,令误差修正项目$ECM_t = \hat{u}_t$,建立误差修正模型(短期波动方程),方程形式具体如下:

$$\Delta \ln ZYB_t = \beta_0 + \beta_1 \Delta \ln LAND_t + \beta_2 \Delta \ln GRAS_t + \beta_3 \Delta \ln IRRI_t + \beta_4 \Delta \ln ROAD_t \\ + \beta_5 \Delta \ln MECH_t + \beta_6 \Delta \ln TECH_t + \beta_7 \ln ACAP_t + \beta_8 \Delta \ln CAPI_t \\ + \beta_9 \Delta \ln GRAI_t + \beta_{10} \Delta \ln MEAT_t + \delta_1 ECM_{t-1} + \varepsilon_t$$

(式8-6)

三、实证结果分析与讨论

(1)单位根检验

利用STATA12.0软件对各有关变量进行ADF法的平稳性检验。首先,对农牧比、耕地面积、草地面积、有效耕地灌溉面积比、公路里程、农机总动力、农业科技人员、支农支出、支农资金、居民家庭粮食消费水平、居民家庭肉类消费水平取对数,分别为lnZYB,lnLAND,lnGRAS,lnIRRI,lnROAD,lnMECH,lnTECH,lnACAP,lnCAPI,lnGRAI,lnMEAT。经检验发现,如表8-2所示,lnZYB,lnLAND,lnGRAS,lnIRRI,lnRAOD,lnMECH,lnTECH,lnACAP,lnCAPI,lnGRAI,lnMEAT均为非平稳变量。因此,需要对非平稳变量进行差分法处理,处理结果如表8-2所示。差分处理后的ΔlnZYB,ΔlnLAND,ΔlnGRAS,ΔlnIRRI,ΔlnROAD,ΔlnMECH,ΔlnTECH,ΔlnACAP,ΔlnCAPI,ΔlnGRAI,ΔlnMEAT等数据序列均在1%的显著性水平下平稳,亦即各变量均是一阶单整的。

表 8-2 单位根检验结果

变量	ADF检验	检验形式(c,t,k)	变量	ADF检验	检验形式(c,t,k)
lnZYB	-7.246662	(c,0,0)	ΔlnMECH	-5.426326*	(c,0,0)
ΔlnZYB	-2.313117***	(c,0,0)	lnTECH	-3.396247	(c,0,0)
lnLAND	-3.345459	(c,0,0)	ΔlnTECH	-1.334356	(c,0,0)
ΔlnLAND	-5.255992***	(c,0,1)	lnACAP	-6.345361	(c,0,0)
lnGRAS	-3.342719	(c,0,0)	ΔlnACAP	-2.397303	(c,0,0)
ΔlnGRAS	-2.111454	(c,0,0)	lnCAPI	-3.813327	(c,0,1)
lnIRRI	-6.235457*	(c,0,0)	ΔlnCAPI	-3.923781***	(c,0,1)
ΔlnIRRI	-3.235457***	(c,0,0)	MEAT	-5.139001	(c,0,1)
lnROAD	-7.222002	(c,0,0)	ΔMEAT	-4.140348***	(c,0,0)
ΔlnROAD	-2.213415***	(c,0,1)	lnGRAI	-3.352731	(c,0,1)
lnMECH	-1.209352	(c,0,1)	ΔlnGRAI	-1.181630*	(c,0,1)

注:"***"表示在1%的显著性水平下拒绝有单位根的假设,"**"表示在5%的显著性水平下拒绝有单位根的假设,"*"表示在10%的显著性水平下拒绝有单位根的假设;c为常数项,t为趋势项,k为滞后阶数。

(2)协整检验

根据前文建立的回归方程(长期均衡方程)进行回归,回归结果具体如表8-3所示,回归方程具体为:

$$\begin{aligned}
\ln ZYB = & 3.672 - 0.875\ln LAND - 0.327\ln GRAS - 0.070\ln IRRI \\
& - 0.444\ln ROAD - 0.575\ln MECH - 0.821\ln TECH - 0.092\ln ACAP \\
& - 0.355\ln CAPI - 0.417\ln GRAI - 0.533\ln MEAT
\end{aligned} \quad (\text{式}8\text{-}7)$$

从回归方程的估计结果来看,除了支农资金变量外,其他变量均通过了统计性检验,各变量的相关关系均为正。在影响农业产业结构演进部门特征形成的上述十个变量中,耕地面积的作用最大,农业科技人员数量的作用次之,公路里程、农机总动力、居民家庭肉类消费水平、居民家庭粮食消费水平、支农支出的作用再次之,耕地灌溉率和支农支出的作用接近且相对最小。

表 8-3 回归模型估计结果

变量	估计结果	变量	估计结果
lnLAND	-0.875(0.007)***	lnTECH	-0.821(0.044)**
lnGRAS	-0.327(0.001)***	lnACAP	-0.092(0.000)***
lnIRRI	-0.070(0.055)*	lnCAPI	-0.355(0.158)

续表

变量	估计结果	变量	估计结果
lnROAD	−0.444(0.007)***	lnGRAI	−0.417(0.000)***
lnMECH	−0.575(0.025)**	lnMEAT	−0.553(0.066)*

注:"***""**""*"分别表示在1%,5%和10%的显著性水平下,括号内的值为P值。

但是回归结果显示的这种均衡是否构成各变量间的因果关系,尚待进一步加以检验。为此,本节将进一步对各指标与农牧比的关系进行Granger因果检验,检验结果如表8-4所示。

表8-4 Granger因果检验的结果

变量	零假设	F统计量	概率
lnLAND	lnPOPU不是ln AIS的Granger原因	1.901	0.012
lnGRAS	lnURBN不是ln AIS的Granger原因	1.407	0.005
lnIRRI	lnNGDP不是ln AIS的Granger原因	2.304	0.156
lnROAD	lnROAD不是ln AIS的Granger原因	1.415	0.037
lnMECH	lnMECH不是ln AIS的Granger原因	1.320	0.032
lnTECH	lnTECH不是ln AIS的Granger原因	2.139	0.019
lnACAP	lnACAP不是ln AIS的Granger原因	2.306	0.715
lnCAPI	lnCAPI不是ln AIS的Granger原因	2.308	0.051
lnGRAI	lnGRAI不是ln AIS的Granger原因	2.372	0.038
lnMEAT	lnMEAT不是ln AIS的Granger原因	2.361	0.064

从表8-4显示的检验结果来看,耕地有效灌溉率和支农支出不是农业产业结构演进中农牧比(ZYB)的原因,其他变量都是农业产业结构演进中农牧比(ZYB)的Granger原因。这与回归方程(长期均衡方程)估计结果基本一致。

接下来,对包含残差序列的误差修正模型进行回归,本节在原误差修正模型的基础上,在方程式的右边加上所有自变量的前一期一阶差分,进行检验并剔除不显著变量,最后再重新进行检验,得到误差修正模型(短期波动方程)的估计结果如表8-5所示,回归方程具体为:

$$\begin{aligned} \ln ZYB = & 1.272 - 0.655\ln LAND - 0.282\ln GRAS - 0.035\ln IRRI \\ & -0.221\ln ROAD - 0.345\ln MECH - 0.658\ln TECH \\ & -0.044\ln ACAP - 0.298\ln CAPI - 0.317\ln GRAI - 0.208\ln CAPI(-1) \\ & -0.400\ln GRAI(-1) - 0.591\ln MEAT(-1) - 0.537 ECM(-1) \end{aligned}$$

(式8-8)

表 8-5　误差修正模型的估计结果

变量	估计结果	变量	估计结果
C	1.271(0.001)***	LnACAP	-0.044(0.071)**
lnLAND	-0.665(0.005)**	lnCAPI	-0.298(0.000)***
lnGRAS	-0.282(0.056)*	lnGRAI	-0.317(0.035)*
lnIRRI	-0.035(0.001)***	LnCAPI(-1)	-0.208(0.000)***
lnROAD	-0.221(0.043)**	LnGRAI(-1)	-0.400(0.000)***
lnMECH	-0.345(0.041)**	lnMEAT(-1)	-0.591(0.000)***
lnTECH	-0.658(0.000)***	ECM(-1)	-0.537(0.000)***

注:"***""**""*"分别表示在1%,5%和10%的显著性水平下,括号内的值为P值。

表8-5的估计结果表明:

反映资源禀赋的耕地面积、草地面积通过显著性检验,说明农业资源禀赋中的农地资源对农业产业结构演进过程中畜牧业和种植业的发展形成较大的制约,产业规模进一步扩大,对农业产业结构演进部门特征的形成具有显著的正向影响。反映农业生产经营条件的农机总动力、农业科技经费、财政支农支出均通过了显著性检验,说明农业机械化和科技化对农业产业结构部门演进的提升提供了良好的生产经营条件,使农牧业生产投入逐渐增加、农牧部门规模不断扩大,表明财政和科技的政策支持作用在农业产业结构演进部门特征的形成中也发挥了重要作用,各因素对农业产业结构演进中农牧产业演进特征形成均有不同程度的影响。市场需求中的居民家庭粮食消费水平、居民肉类消费水平均能通过显著性检验,证实了市场需求对农业产业结构演进部门特征形成的引导和抑制作用。

除此之外,在影响农业产业结构演进部门特征的影响因素中,财政支农支出作为农业发展的制度因素,上一期的投入状况对本期的影响较大,可见制度政策在农业产业结构演进中的预期效应明显。市场需求预期对农业产业结构演进部门特征的影响也较为显著,上一期居民家庭粮食消费水平和肉类消费水平对本期农业产业结构演进部门特征有一定的负向影响。另外误差修正项系数为-0.537,说明农业产业结构演进的短期波动偏离长期均衡,并将以-0.537的力度将非均衡状态调整回均衡状态。

（3）方差分解

协整检验与因果检验虽能够说明变量之间的相互关系，但未能说明这种关系的具体强度。因此，本节将利用之前确定的VAR模型进行方差分解。由Sims提出的方差分解是通过分析每个结构冲击对内生变量（通过方差度量）的贡献度，进一步评价不同冲击的重要性。相对贡献率RVR是根据第j个变量基于冲击的方差对y_i的方差的相对贡献率来观测第j个变量对第i个变量的影响。方差分解的基本模型为：

$$\mathrm{RVC}_{j \to i}(s) = \frac{\sum_{q=0}^{s-1}(\psi_{q,ij})^2 \sigma_{jj}}{\mathrm{VAR}(y,t)} = \frac{\sum_{q=0}^{s-1}(\psi_{q,ij})^2 \sigma_{jj}}{\sum_{j=0}^{k}\left\{\sum_{q=0}^{s-1}(\psi_{q,ij})^2 \sigma_{jj}\right\}} \quad \text{（式8-9）}$$

其中，如果$\mathrm{RVC}_{j \to i}(s)$较大，则意味着第$j$个变量对第$i$个变量的影响较大，而如果$\mathrm{RVC}_{j \to i}(s)$较小，则意味着第$j$个变量对第$i$个变量的影响较小。本节用此模型来分析各显著变量的冲击对农业产业结构演进的贡献率。农业产业演进部门特征的方差分解结果具体如表8-6所示。

表8-6 方差分解结果

变量	滞后期									
	1	2	3	4	5	6	7	8	9	10
标准误差	0.637	0.374	0.474	0.782	0.467	0.349	0.263	1.747	1.4523	1.562
lnYZB	100.000	94.558	93.278	92.673	91.789	90.237	89.563	89.428	88.773	88.641
lnLAND	0.000	0.402	0.454	0.472	0.467	0.472	0.483	0.426	0.454	0.443
lnGRAS	0.000	0.661	0.683	0.691	0.694	0.600	0.624	0.667	0.617	0.692
lnMECH	0.000	0.475	1.478	1.488	2.318	3.583	3.949	4.077	4.503	4.409
lnTECH	0.000	0.334	0.334	0.335	0.436	0.534	0.610	0.646	0.455	0.700
lnCAPI	0.000	1.062	2.066	2.101	2.200	2.414	2.355	2.502	2.613	2.625
lnGRAI	0.000	2.138	1.325	1.346	1.390	1.522	1.545	1.556	1.596	1.608
lnMEAT	0.000	2.203	1.398	1.42	1.457	1.582	1.595	1.579	1.599	1.684

据表8-6可知，农牧业资源禀赋、生产经营条件和市场需求等因素对农业产业结构演进部门特征的形成均有不同程度和不可忽视的影响。其中居民粮食消费水平、居民肉类消费水平对农业产业结构演进部门特征形成的贡献率最大，财政支农支出的作用次之，农机总动力、农业科技人员、草地面积和耕地面积对农业产业结构演进部门特征形成的贡献率相对较小。

第九章 研究结论及政策启示

本书借鉴产业结构演进理论等相关理论与文献,采用理论分析与实证分析、定性分析与定量分析相结合的方法,研究我国1978—2013年农业产业结构演进的总体特征、区域特征、部门特征及其成因,探寻农业产业结构演进特征形成的影响因素、作用路径和内在机理,为今后农业产业结构演进提供科学依据和有价值的参考。通过分析研究,得出以下结论及启示。

第一节 研究结论

通过分析研究,本书得到以下结论:

(1)1978—2013年,农业产业结构的偏态格局明显改变,其演进渐趋优化和稳定。在此期间,虽种植业、林业、畜牧业和渔业都有很大发展,但种植业占绝对主导地位的状况已显著改变,其产值占比由80%下降至53%,下降了27个百分点;畜牧业占比较低的状况显著改变,其产值占比由15%上升至29%,增加了14个百分点;渔业比重过低的局面得到根本改变,其产值占比由2%增加到10%,增加了8个百分点;林业比重低的状况也有一定改善,其产值占比由3%增加到4%,增加了1个百分点。反映在综合水平上,农业产业结构演进指数(ASI)也由0.815降至0.616,表明一业独大的结构状况已经改变,多业协同发展格局正在形成。土地产出率与劳动生产率的测定表明,农业产业结构演进层次、水平逐步提高。而环境指数、耕地人口承载指数、经济指数的测定表明,农业产业结构演进的生态、资源、经济可持续性下降。Moore结构变化值测定表明,农业产业结构演进速率呈现明显的阶段性和波动性,2003年波动性开始减小、速度减缓,2006年后进一步减弱,表明农业产业结构演进趋于稳定,这一特征也得到了ASI值的有效支持,2003年以后的十年间ASI在0.61~0.62范围内小幅变动。模型实证分析表明,宏观经济、市场需求、要素供给、政策导向、生产经营行为,是影响农业产业结构演进特征形成的重要因素,正是这些因素的综合作用,才促进了演进特征的形成。

(2)1978—2013年,区域农业产业结构演进的相似性有所减弱、差异性有所增强、集聚和关联特征逐步凸显。相似系数和差异系数测定表明,1978—1985年我国东、中、西部农业产业结构演进相似性极高、差异性很小,1986—2013年中部和西部农业产业结构演进相似性一直较高,而东部与中、西部之间差异性逐步显现,表明东、中、西三大地区的这一演进虽已出现分化,但差异化发展极不充分,各大地区的区位差异、资源差异、经济发展水平差异、技术进步差异、市场需求差异在农业产业结构演进中的作用还未得到充分发挥。三大地区内各省(区、市)农业产业结构演进相似系数逐渐下降(西藏除外),但仍处高位,表明三大地区内省级辖区还未充分利用各自优势,特色产业不突出,更未使优势特色产业形成地区农业的主导。空间基尼系数测定表明稻谷集聚性下降、小麦集聚性增强、玉米区域集聚性稳定、生猪区域集聚性变动不大、肉牛及羊肉生产区域集聚程度明显增强。对ASI及Moran's I指数的检验表明,东部各省(市)间农业产业结构演进的相关性很强(相关系数0.78~0.99),中部各省间相关系数次之(相关系数0.71~0.9),西部各省(区、市)农业产业结构演进的相关系数较低,表明东部和中部内部各省(市)农业产业结构演进正在形成分工协作、相互依存的格局,而显然西部各省(区、市)演进中这样的格局尚未形成。模型实证表明,区域农业产业结构演进特征形成受资源禀赋、基础条件及投入水平、技术进步、演进初始状态等多种因素影响,资源禀赋、基础条件及投资、技术进步差异决定了区域结构演进特征及形成的差别,而相似初始结构、同一的制度与政策又使区域结构演进特征及形成具有某些相似性。

(3)1978—2013年,农业部门内部结构演进的离粮、非猪倾向凸显,且要素替代活跃、演进层次及水平提高。在此期间,种植业中的粮食播种面积和产值占比双下降,蔬菜、水果等经济作物种植面积和产值占比双上升,产业结构特征偏向指数测定表明,种植业结构演进的离粮特征明显;畜牧业中的生猪养殖业产品占比和产值占比双下降,肉牛、肉羊、家禽、奶牛养殖业产品占比和产值占比大幅上升,产业结构特征偏向指数测定表明,畜牧业结构演进中非猪倾向明显。农业部门结构演进中,技术替代自然资源、设施及设备替代劳动力、新型生产资料替代传统生产资料等十分活跃,这一替代使稀缺资源得以节省,要素产出率和劳动生产率大幅提高,农业产业结构演进层次和水平得到提升。模型实证表明,农产品市场需求变化、农业资源禀赋及生产条件、产业技术进步、不同产业收益差距等,是农业部门内部结构演进的重要影响因素,这些因素共同作用下推动这一演进的进程及部门特征的显现。

(4)20世纪90年代中后期以来,种植业和畜牧业两大部门产值占比渐趋稳定、变幅收窄,但其内部结构演进活跃。1997—2013年,种植业产值占农业总产值比重由58.23%降至53.09%,畜牧业产值占农业总产值比重由28.73%上升到29.32%,种植业产值占比渐进下降,年际变幅较小,畜牧业产值占比渐进上升,年际变幅较小。这两大农业主要部门产值占农业总产值比重由86.96%下降至82.41%,下降较小,且年际降幅很小。2006年以来,这一趋势更处于较为稳定的状态,表现出明显的收敛特征。这表明种植业和畜牧业产品生产与需求基本达到平衡,种植业占比较高(超过50%)、畜牧业占比较低(接近30%),是由我国居民以植物源食品为主,动物源食品为辅的消费习惯所决定的。由此可以推断,在相当长时期内,我国农业产业结构演进不会步入西方发达国家以畜牧业为主的演进轨迹。与此同时,种植业和畜牧业内部结构演进十分活跃,种植业中粮食作物播种面积减少了95.65万公顷,而经济作物、水果种植、蔬菜种植面积分别增加了1 146.96万公顷、372.3万公顷、916.13万公顷,畜牧业中猪牛羊肉产量分别由3 596.25万吨、440.87万吨、212.82万吨增加到5 493.03万吨、673.21万吨、408.14万吨,猪肉占比由68.26%下降至64.36%、牛肉占比由8.37%下降至7.89%、羊肉占比由4.04%上升至4.79%,禽肉占比由19.33%上升至22.96%。

(5)农机总动力、财政支农、经济发展水平对农业产业结构演进特征的形成推动作用巨大,而市场需求、科技创新、城镇化的推动作用相对较小,农机装备水平提高,有利于提高劳动生产率和要素产出率,还有利于提高作业水平、增加产出、节约成本,对农业产业结构演进的产业构成、产业占比、发展层次与水平都能产生直接影响。财政支农和经济发展水平决定农业投入的多寡,而农业投入多少既决定传统产业的改造,又决定新兴产业的生成与发展,对农业产业结构演进中的传统产业转型、产业选择及规模确定、技术及生产方式采用等均有直接影响。从理论上讲,市场需求、技术创新及城镇化,应当是推动农业产业结构演进及特征形成的重要力量,但模型验证表明,这些因素虽发挥正向推动作用,但作用却不突出。这一方面表明居民收入未与经济发展同步、总体水平不高,在解决温饱后生活水平提高缓慢,未能对农业产业结构演进起到较大的拉动作用;另一方面也表明我国技术成果还未充分应用于农业生产,对农业产业结构演进的支撑作用未充分发挥,再一方面表明城镇化在农业产业结构演进中的协同推进作用不足,对农业产业结构演进特征形成的推动作用有限。

第二节 政策启示

农业产业结构演进特征是农业产业结构演进内在规律性的重要表征,也是农业产业结构演进功能和效应的指示器。通过对总体特征、区域特征和部门特征的测定和研判,能够增强对我国农业产业结构演进趋势、构成变化、层次和水平、空间布局、产业关联等规律性的认知,通过对农业产业结构演进特征形成的内在原因和机理的分析,可以深入了解和准确把握农业产业结构演进的关键因素和内在逻辑,拓展了农业产业结构演进理论对现实的解释力,对农业产业结构优化调整具有重要的应用价值。从本研究的结论可以得到如下政策启示。

一、增强工业化和城镇化对农业产业结构演进的协同推进作用

本研究表明,工业化和城镇化对我国农业产业结构演进有重要影响,促进工业化和城镇化的快速发展,增强对农村劳动力的吸纳与转移能力,扩大农产品市场需求,进而拉动农业技术创新和农业劳动报酬的提高,促进农业产业结构的演进。

以工业化为动力,推动农业产业结构演进。一是加快农资工业的发展,为种植业发展提供高效专用肥料、无毒无残留农药、可降解塑膜制品,为养殖业提供营养及安全的饲料、高效无残留兽药、安全及无公害饲料添加剂,为农业产业结构演进提供生产资料支持。二是加快发展农业装备工业,为农业发展提供先进设施及设备、高效节能工程机械、作业机械、运输机械,为农业产业结构演进提供装备支持。三是加快发展农副产品加工业,促进农业的规模化及专业化生产,拓展农副产品利用空间,实现农副产品加工增值,为农业产业结构演进提供产后支持。

借力城镇化,推进农业产业结构演进。城镇化进程一方面吸纳农业资源及要素,对农业发展形成压力,另一方面也增加了城镇人口对农业产品的刚性需求。前者迫使对农业产业结构进行调整,以适应发展面临的新形势,后者拉动农业产业结构调整,以增加农产品的生产与供给,二者从不同方面推动农业产业结构的演进。当然城镇化发展也应当节省资源,以免给农业产业结构演进造成不易克服的困难。同时,要完善与城镇化相适应的社会保障体系,提高城镇人口的消费能力。

二、加大农业技术进步与投入,促进农业产业结构演进层次的提高

对农业产业结构演进特征及其形成的分析表明技术进步是农业产业结构演进的重要推动力量,通过影响农业生产率和要素产出率、节约农业生产要素、提高农业产出等对农业产业结构演进特征的形成施加影响。为此,应加快农业技术进步与投入,促进农业产业结构演进层次、水平和绩效的提高。

(1)促进要素节约型技术的研发和投入。伴随工业化和城镇化的加快推进,农业生产对土地节约、劳动力节约型农业技术的需求更为迫切。机械技术、设施技术、良种技术等农业技术具有更高生产力水平、更具科技含量,能有效促进现代要素对传统要素的替代,促进农业生产方式发生根本性转变,形成适应生产要素供给和产品需求变化的技术进步源泉。为此,应当加强顶层设计,合理配置农业科技资源,优化体制环境,建立运转高效的新型农业科技体系,稳定支持农业基础型和应用型农业科技研究,为农业产业结构演进创造条件。

(2)促进农业产品品种技术的研发和投入。新产品的出现、现有品种的改良升级等品种技术的进步能够带来新的生产领域,增强农业产品供给弹性,从而能够直接或间接带来生产效益的提高,促进农业产业结构的演进。应当加强对农产品品种技术的研发和投入力度,以优良品种和节本增效技术为重点,同时扶持农业生物制剂、新型肥料等相关领域的技术进步进程和产业化,加快农业产品品种技术的创新、成果转化和应用推广。

(3)促进农业生产设施改善技术的研发和投入。农业设施技术及与此相关的新技艺等技术的研发和投入可以改变农业生产前沿面,促进农业生产效率的提高,进而促进农业产业结构演进。应加强农作物温室设施技术、集约型种养技术、智能化圈舍技术等农业生产设施及其配套设备技术的研发和投入力度。以

提高设施农业的质量、效益为根本,配合品种技术等培育适于温室栽培条件的农作物新品种,研究开发环境监控技术、新材料及配套设备设施,降低使用成本,扩展适用地域范围。加强草食肉畜和家禽的集约养殖技术和工厂化设施技术,促进其规模化、产业化,加速畜牧业由食粮畜禽为主的结构向草食畜禽为主的结构转变。

三、完善社会化服务体系,促进农业产业结构演进适应市场需求转换

完善农业社会化服务体系,是提高农业生产组织化程度、解决农业小生产与大市场矛盾、促进农业产业结构优化调整的重要手段。

(1)加强农业技术服务体系建设。农业技术服务的发挥在于促进农业技术使用效益的实现,这在很大程度上取决于农业技术推广的机制,以及与此相关的技术人员作用的发挥和农业生产者劳动技能水平的提高。应当进一步完善农业技术推广体系,使政府、技术人员、农业生产者、农业生产组织成为农业技术服务体系中的主体,在农业生产实践活动中,充分发挥各自优势,使农业科技服务的供需信息在各主体间及时传递和转换,使农业技术服务与农业现实发展需求相适应。在这一过程中,政府应当加强和完善农业科技成果市场化,为农业科研成果在生产中的推广应用提供有效的渠道,同时使农业生产者能够便捷地获得农业科技成果和相应技术的服务与培训,在此基础上,提高农民的组织化和技能化水平,通过发挥政府机构服务效能,构建多个主体之间的融动协调机制,进而形成一个系统而健全的农业技术服务体系,提高农业生产效率,降低农业成本,为农业产业结构演进的效益增强动力。

(2)加强农业信息服务体系建设。农业信息在农业和农村经济结构调整中发挥着日益重要的作用,农业信息服务的构建及其传导机制的形成,是农业市场体系建设的重要内容,通过农业产品供需信息在生产者和消费者之间的有效对称传导,引导农业生产,对农业产业结构演进特征形成具有重要的作用。首先,政府应当成为农业生产提供信息服务及相关政策扶持的主体,加快农业信息资源开发利用,推动农村信息服务站、信息网络等基础设施建设和农业信息发布和查询体系的构建,使现代化的农业信息网络进村入户,成为农户获取农业资讯的重要工具;其次,加强农业信息服务队伍建设。应根据各地农业经济发展的实际进行科学规划,建立起政府、农业科研机构、村集体经济组织等参与的农业信息供给反馈回路体系,为农户提供可得的、有价值的市场供求信息、价格信息等市场信息服务。同时加强农民的教育培训,提高农民信息获取的能力,让农民真正成为农业信息网络建设的受益者和真正的市场主体。

(3)加强农业生产服务体系建设。完善的农业生产服务体系是农业生产资料接续供应和农业生产实现规模效率的保证。农业生产服务体系的建设应包括农资供应、施肥植保、机播机收、加工运销等纵向一体化的生产全过程服务。在农业生产服务体系建设中,应当鼓励和培育农机服务产业化建设,加大对农业机械化建设的投入和补贴力度,鼓励发展多种形式的农机服务组织,形成系统的农机服务产业群,加强政府的调控能力和区域间的沟通协作,为开展规模化农机服务创造条件,保障农机作业的市场秩序。加强和支持农村流通体系建设,促进产前农用物资和产后农产品的运销网络优化,发展现代农产品流通方式,同时鼓励发展农产品的贮运保鲜及精深加工的引进开发,保障农产品质量和市场可达性,降低农产品成本,提高农业市场运销效率,推进农业市场体系建设和农业产业结构演进进程。

四、以区域比较优势为导向,引导农业产业结构演进的差异化和空间优化

改革开放以来,我国区域农业产业结构演进的差异性逐步趋强,主要农产品在空间布局上表现出集聚特征,区域农业产业结构在逐步形成比较优势,但区域农业产业结构演进的同构性依然较高,区域比较优势的发挥和分工协作水平不高。因此,促进区域比较优势的发挥和专业化分工协作,是农业产业结构演进的重要任务。

(1)突出区域比较优势,培育具有持久竞争力的区域农业产业体系。农产品的需求价格弹性小,区域之间农业产业同构性严重,会造成相同农产品的过度供给,导致农产品价格下降和资源利用的无效率。各区域应根据区位优势、自身禀赋状况及经济发展的要求调整农业产业结构演进方向,生产具有差异性的农产品,培育具有地区特色的品牌农业产业,不断强化区域分工所带来的效率效益、规模效益和贸易收益,从而使该区域形成有竞争优势的产业体系,促进区域产业结构的优化。

(2)实施区域协调政策,促进区域分工与协作。作为农业产业结构演进特征形成的推进主体,地方政府应当在全国、区域和省际多个层次上详细考察和分析农业生产的相对比较优势,确定农业生产结构演进的方向和具体调整方案,促进区域优势的发挥和区域特色分工的形成。为了协调区域间的相对利益,作为中央一级的有关政府主管部门,应当全面细致详细地分析并且动态地了解不同地区农业生产的相对比较优势格局,制订有关区域协调政策,如运用优惠政策引导农业生产者转向生产高收益同时具有较高风险的产品;通过财政补贴政策,对优势产区扩大生产进行保护,对劣势产区生产转产进行补贴,从而达到生产合理布局和生产结构调整的目的,促进农业产业优势格局的形成,以保证地区局部和全国整体资源配置效率提升和农业产业结构演进的空间优化。

(3)强化区域产业的配套体系的建立,使区域间的农业产业链得以丰富。强化区域农业产业配套设施的建设,发挥区域间在农业产业链条上的功能优势。如加强欠发达地区的基础设施的建设,使农产品的生产和销售与其他区域间的市场连接;发达地区应加强农产品的深加工配套设施的建设,这样形成了区域之间的合作。积极引导农产品在区域间的协调互动,减少区域封锁和区域间的同质竞争,打破区域间的要素市场分割,建立区域间的利益共享和风险共担机制,构筑起不同经济主体间的资源配置机制和地区间的协同运作机制。

五、以生产条件的改善为基础,为农业产业结构演进提供保障

前文研究显示基础条件的改善对农业产业结构演进特征形成具有重要作用,良好的基础条件能够促进农业生产效率和效益得到充分发挥,加快农业产业结构演进,优化农业产业结构,为此,应从如下三个方面加强农业基础条件改善。

(1)加强农村交通运输体系和通信设施建设,降低农产品的运输成本,提高市场可达性和交易效率。交通运输体系改善有利于促进和扩大农业生产要素、农产品、技术、信息等在区域内部及区域间的流动,对农业发展空间联系范围和资源配置效率有重要影响。应当加大对农村交通基础设施的投资和建设力度,增加基础设施总体规模,提高运输体系的覆盖范围和运输密度。此外还应加强农村电网、通信、广播电视等基础设施建设,增强农业供销信息覆盖深度和广度,改善农产品的交易环境,降低农产品交易费用,提高对农业产业结构演进的基础支撑作用和保障能力。

(2)推进水利设施建设,提高农业综合生产能力和农业生产效率。水利是农业生产的命脉,农业综合生产能力的提高和产业结构的演进对农村水利设施提出了更高的要求,应建立以政府为主导的农业水利设施投入机制,增加政府财政对农业水利设施建设的投入,加强以小型水利设施为重点的农田基本建设,同时也应注重建设具有较强辐射带动作用的重点水利工程。

(3)加强水土保护和环境建设,确保农业生产的质量和可持续性。农业产业结构演进中,过度种植、化肥等农用化学品的大量投入等导致农田土壤生物性状退化、耕层变薄、基础地力下降。加强耕地的保护和改良,加大农业面源污染综合治理,提高农业生产的产地环境,确保农业生产的质量和可持续性,为农业产业结构演进质量提高提供基础条件。

六、以政策调整为手段,引导农业产业结构优化演进

本书的分析表明,政策对农业产业结构演进特征形成具有重要的激励或抑制作用。农业政策中的激励机制会推动目标产业的快速发展,相反则会抑制目标产业发展。政府在农业产业结构演进特征形成中的重要作用毋庸置疑,其监督、引导和服务作用的发挥十分重要。

首先,作为农业产业结构演进特征形成的推进主体,地方政府也是一方利益主体,具有追求自身经济利益和政治资本的动机和愿望,出于地方财政收益的考虑,存在对市场供求信号的扭曲和放大状况,如不顾当地资源情况,极力干预农民对农产品生产项目的选择,行政性推广种养项目,往往一哄而上、结构雷同,进而造成市场短期内趋于饱和,价格大跌,又一哄而散,市场波动剧烈。因此,政府对农业生产项目的评估和推广应充分重视当地的资源条件、农户利益和生计的可持续性,政府作用不应超出引导、监督和服务的范畴,推动农业产业结构演进,应明确政府的职能,完善体制机制,破除农业产业结构演进障碍。

其次,政府还应逐步减少对粮食和其他农产品市场流通的行政干预,通过政策调整和制度创新,提高农产品市场一体化程度,形成开放、竞争、有序的全国农产品统一大市场,为农产品的流通创造良好的市场环境。如通过政策扶持农产品市场体系,建设辐射面广、商品容量大、服务功能全和交易规范的农产品批发市场。鼓励和推进农业专业服务组织建设,培养和健全市场中介组织,把千家万户的小生产和千变万化的大市场紧密联系起来,形成规模生产基地,实现市场联协会、协会带农户的有效结合,发挥其在保护农民利益、沟通市场信息、组织产品运销等方面的作用,推动农业产业结构的优化演进。

第三节　研究展望

　　农业产业结构演进问题是农业经济领域研究的传统命题,同时随着时空转换,农业产业结构演进问题又是一个常新的命题。本书从农业产业结构演进的总体特征、区域特征和部门特征三个层面深入探寻农业产业结构演进特征的形成机理,由于农业产业系统的复杂性以及农业产业结构演进特征的多层次性,尚存在一些有价值的研究内容未在本书中进一步深入探讨,具体有以下三个方面:

　　(1)农业产业结构的演进是一个复杂长期的渐进过程,这一过程在不同时段、不同区域具有不同的特征,这些特征又折射出农业产业结构演进的内在规律性。由于研究目标的限定,本书对农业产业结构演进特征进行了总结,对演进特征形成进行了系统分析,但对演进规律未进行深入探讨,这也是在未来研究中能够继续深入拓展的空间。

　　(2)由于农业产业结构的多层次性,对其演进及特征形成的分析,可用农业产业部门相关资料也可用农业产业相关资料,直接利用具体的产业相关资料进行分析效果会更好。因农业产业的详细且长时序资料获取困难,本书主要利用农业产业部门相关资料进行分析,无法深入到部门内每一类农产品之间结构关系的研究,使分析的具体性受到一定约束。

　　(3)本书对农业产业结构演进特征的分析遵循"总体—区域—产业"这一宏观—中观—微观的逻辑思路,但根据农业产业结构演进的特性,也可以从其他的观测视角切入,如从过程特征、取向特征和水平特征三个层面对农业产业结构演进特征进行分析等逻辑思路,而从不同层面和同一层面中不同特征进行分析能够丰富和拓展对农业产业结构演进规律性的认识。

参考文献

[1] Laintner, J.Structural Change and Economic Growth. Review of Economic Studies, 2000(67):545-561.

[2] Colin, C. The Conditions of Economic Progress(3rd Edition). London:MacMillan Place of Publication,1957.

[3] Coase,R.H. The Nature of the Firm.Economica,1937:386-405.

[4] Karagiannis,G.W.,Furtan,H..Induced Innovation in Canadian Agriculture.Canadian Journal Agricultural Economics,1990,38(1):1-21.

[5] Lu, Y..Impacts of Technology and Structural Change on Agricultural Economy, Rural Communities and Environment.American Journal of Agricultural Economics,1985,67(5):1158-1163.

[6] Gale, H.F..Why Did the Number of Young Farm Entrants Decline? American Journal of Agricultural Economics,1993,75(1):138-146.

[7] Sumner,Daniel,A..Farm Programs and Structural Issues in U.S.Agricultural Policy:The 1985 Farm Legislation.American Enterprise Institue,1985.

[8] Forrster,J.W..Dynamic Models of Economic Systems and Industrial Organizations. System Dynamics Review ,2003,19(4):329-345.

[9] 约翰·梅勒.农业经济发展学[M].北京:农村读物出版社,1988.

[10] 霍利斯·钱纳里,谢尔曼·鲁宾逊,摩西·赛尔奎因.工业化和经济增长的比较研究[M].吴奇,王松宝,等译.上海:上海三联书店,1995.

[11] 农业部软科学委员会课题组.中国农业进入新阶段的特征和政策研究[J].农业经济问题,2001(1):3-8.

[12]西蒙·库兹涅茨.各国的经济增长[M].北京:商务印书馆,2005.

[13]速水佑次郎,神门善久.农业经济论[M].沈金虎,等译.北京:中国农业出版社,2003.

[14]黄季焜,等.制度变迁和可持续发展:30年中国农业与农村[M].上海:上海人民出版社,2008.

[15]林毅夫.制度、技术与中国农业发展[M].上海:格致出版社,1992.

[16]道格拉斯·诺斯.理解经济变迁过程[M].钟正生,邢华,等译.北京:中国人民大学出版社,2008.

[17]张红宇.中国农村的土地制度变迁[M].北京:中国农业出版社,2002.

[18]速水佑次郎,弗农·拉坦.农业发展的国际分析[M].中国社会科学出版社,2000.

[19]黄宗智.中国的隐形农业革命[M].北京:法律出版社,2010.

[20]程名望,史清华.经济增长、产业结构与农村劳动力转移——基于中国1978—2004年数据的实证分析[J].经济学家,2007(5):49-54.

[21]刘彦随,陆大道.中国农业结构调整基本态势与区域效应[J].地理学报,2003(3):381-389.

[22]周宏,褚保金.合理农业产业系统结构的综合评价方法[J].农业技术经济,2002(2):15-18.

[23]李宝瑜,高艳云.产业结构变化的评价方法探析[J].统计研究,2005(12):65-67.

[24]李成贵.中国农业结构的形成、演进与调整[J].中国农村经济,1999(5):18-24.

[25]干春晖,余典范,郑若谷.中国产业结构的关联特征分析——基于投入产出结构分解技术的实证研究[J].中国工业经济,2011(11):5-15.

[26]高更和,李小建.产业结构变动对区域经济增长贡献的空间分析——以河南省为例[J].经济地理,2006(2):270-273.

[27]王雅鹏.农业结构调整的动力机制分析[J].经济问题,2001(2):54-56.

[28]熊德平,冉光和.论我国农业产业结构调整的制度创新[J].农业现代化研究,2002(6):442-446.

[29]张晓山,李周.新中国农村60年的发展与变迁[M].北京:人民出版社,2009.

[30]钟甫宁,蔡昉,等.中国正在进行的农业改革[M].北京:中国财经出版社,1999.

[31]李敬,陈澍,万广华,付陈梅.中国区域经济增长的空间关联及其解释——基于网络分析方法[J].经济研究,2014(11):4-16.

[32]钟勇.产业结构演进机理研究[D].北京:中国人民大学,2004.

[33]黄季焜,等.制度变迁和可持续发展——30年中国农业与农村[M].上海:格致出版社,2008:120-149.